Social Injustice: Essays in Political Philosophy

社会非正义

【爱尔兰】维托里奥·布法切（Vittorio Bufacchi）　著

洪燕妮　译

江苏人民出版社

图书在版编目（CIP）数据

社会非正义/（爱尔兰）维托里奥·布法切著；洪
燕妮译. --南京：江苏人民出版社，2020.10
书名原文：Social Injustice
ISBN 978-7-214-22683-9

Ⅰ.①社…　Ⅱ.①维…②洪…　Ⅲ.①社会学-研究
Ⅳ.①C91

中国版本图书馆 CIP 数据核字（2020）第 054407 号

江苏省版权局著作权合同登记号：图字 10-2017-335 号

书　　　　名	社会非正义
著　　　　者	［爱尔兰］维托里奥·布法切
译　　　　者	洪燕妮
责 任 编 辑	戴亦梁
装 帧 设 计	许文菲
责 任 监 制	王列丹
出 版 发 行	江苏人民出版社
出版社地址	南京市湖南路 1 号 A 楼，邮编：210009
出版社网址	http://www.jspph.com
照　　　　排	江苏凤凰制版有限公司
印　　　　刷	江苏凤凰通达印刷有限公司
开　　　　本	652 毫米×960 毫米　1/16
印　　　　张	14.5　插页 3
字　　　　数	188 千字
版　　　　次	2020 年 10 月第 1 版　2020 年 10 月第 1 次印刷
标 准 书 号	ISBN 978-7-214-22683-9
定　　　　价	40.00 元

（江苏人民出版社图书凡印装错误可向承印厂调换）

谨以此书纪念布莱恩·巴里教授(1936—2009)

译者的话

　　早在我攻读哲学博士学位期间,当写作关于"苏格兰启蒙学派与马克思正义思想传承关系"的论文时,一次偶然地在图书馆外文室关注过《社会非正义》一书,阅读过后产生了把第十三章"21 世纪的社会主义模式:自由社会主义、民主社会主义和市场社会主义"译介到中国学术界的想法(这篇译文后来有幸发表于《国外理论动态》)。令人高兴的是,还记得第一次以邮件的方式联系布法切教授时,他非常欢迎我翻译他的作品。在此后的交谈中他开始鼓励我翻译《社会非正义》的其他章节,最后作为书籍出版。后来正好受委托翻译这本书时,我毫不犹豫地答应了。我将准备出版此书中文版的消息告诉布法切时,他还积极推动了爱尔兰考克大学的出版资助事宜,为整个翻译工作提供了重要的支持。在此一并感谢爱尔兰考克大学对于此次翻译工作的大力支持和资助。

　　为了更为详尽地理解布法切写作这本书的意图,以及他本人的整体研究思路,我曾与他进行过关于《社会非正义》一书的集中对话。在这个访谈中,很多关于本书的要旨得以凸显,为此,我愿意将其附二下文,以作为"译者的话"之一部分。①

---

① 本部分发表于《政治思想史》2016 年第 2 期,其中部分文字有修订。

洪燕妮：正义问题已经成为人文社会科学研究中的"热点问题"，这对于处于转型期的中国来讲，不纯粹是出于理论偏好，它更具有现实指向。正是在社会主义市场经济建设过程中，出现了各种各样对于"社会非正义"的批判，人们渴望一种更具正义性的社会制度，这召唤着学者以学术的方式介入以融入社会，因此，非常高兴能与教授您作一次交流，希望您能够坦诚地发表理论上的看法，或者对中国现实的一些看法。

布法切教授：好的，能把我的访谈以中文的形式发表，让更多中国朋友了解我的思想，应该说是我的荣幸。

洪燕妮：2015年初，我翻译了您的论文《21世纪的社会主义模式：自由社会主义、民主社会主义和市场社会主义》（以下简称《21世纪的社会主义模式》），给了中国学术期刊《国外理论动态》，很快得以发表并引起研究正义的一些学者的关注。据我所知，有一些学者想进一步了解您关于社会非正义的看法。我们知道，自20世纪70年代罗尔斯的《正义论》一书出版之后，在政治哲学领域中，关于社会正义的书籍和文章可谓蔚为壮观，正义几乎成为政治哲学最热的关键词。然而，这些作品只是聚焦于"正义"，而不是关注"社会非正义"这一主题。因此，当我在整理关于社会正义的文献时，您的《社会非正义》一书很快就抓住了我的眼球。现在请您谈谈您是如何聚焦于这一主题的。

布法切教授：首先，特别感谢中国朋友对《21世纪的社会主义模式》的厚爱。《社会非正义》这本书是一部关于政治哲学的论文集，说到我对社会非正义的兴趣，得从我的博士阶段开始说起。我用了四年时间（1990到1994年）在伦敦政治经济学院获得政治哲学博士学位。那段时间，我已经意识到罗尔斯于1971年发表的《正义论》将改变政治哲学的研究趋向，于是，我们也参与到《正义论》的讨论中。我们确信，在未来的300到400年，罗尔斯的著作仍会引起人们的关注。在西方政治思想史上，罗尔斯将成为像霍布斯、洛克和穆勒一样被人缅怀的思想家。我们有幸与罗尔斯生于同一个时代,他(逝于 2002 年)生前的文献也将成为我们研究的重要文本。

所以,当我刚读博士的时候,每个同学都打算研究罗尔斯。关于社会正义的论文、书籍是如此之多,这些作品皆受到罗尔斯的启示,因此,人们惊讶地发现,21 世纪前 10 年的哲学系,如同福特车间生产福特汽车一般,人们在学术领域上都在对罗尔斯的资料进行加工。我也是"罗尔斯工厂"中的一分子。对此,我引以为豪。在伦敦政治经济学院,我师从布莱恩·巴里(Brian Barry)教授,他是一位原创型的政治哲学家,对罗尔斯的著作也深有研究,他主要是对罗尔斯的正义理论进行批判性研究。1989 年,巴里教授发表了《正义诸理论》,接着在 1995 年他又发表了《作为公道的正义》,2005 年发表了《社会正义何以重要》。巴里教授的哲学著作的独特之处在于,他意识到社会非正义。巴里教授(逝于 2009 年)确信政治哲学的目标或我们这些政治哲学家的职责在于,揭示社会非正义并阐明其原理。

以一种关注社会非正义的视角来思考社会正义,是巴里教授给我的重要启发,这就是我最近发表《社会非正义》一书献予巴里教授的原因所在。对于很多同情社会主义传统的政治哲学家来说,如巴里教授,政治哲学的目标在于揭示和抨击社会非正义。我相信,这也是秉承马克思主义传统的伟大哲学家(如恩格斯、葛兰西和罗默)的使命所在。我希望自己能够沿着这些人的足迹前进。

在完成了博士论文之后,我先后在英国的曼彻斯特大学、美国的耶鲁大学、爱尔兰的都柏林大学和考克大学(我现在工作的地方)从事教学和研究工作。令我很惊讶的是,在政治哲学方面,关于社会正义的文献已经相当多而且非常详尽,但是很少有人提及社会非正义。当然,在社会非正义方面,也有稀少的一些重要著作,如朱迪丝·施克拉(Judith Shklar)的《不公之面》(1990)、艾利斯·杨(Iris Marion Young)的《正义与差异政治》(1990),以及南希·弗雷泽(Nancy Fraser)和霍耐特的《再分配抑或承认？》（2003）。相较于每年大量的关于社会正义的论文和著作的问世，关于社会非正义的著述则显得凤毛麟角。这里，我并不是说社会正义过于理论化，但我确实觉得社会非正义缺乏理论关注。

我认为，社会正义与社会非正义之间的关系如下：社会非正义是现代社会发展的主要障碍，也是各国政府急于处理的主要问题，而社会正义理论则是这些问题的解决方法。因此，在我们阐释社会正义理论之前，我们必须清楚地意识到待解决的问题：社会非正义。我的《社会非正义》这本书正是致力于引起人们对社会非正义问题的关注。

洪燕妮：据您所说，社会非正义的研究方法在于"哲学的经验分析法"，这种方法与以往的政治哲学家所提倡的纯粹抽象法有很大的不同。您认为这种方法真的适用于社会非正义的研究工作吗？

布法切教授：我感觉哲学和经验研究之间存在紧密的关系。一些哲学家认为，哲学与经验研究之间的联姻是不太自然的一件事情，因为哲学从定义上讲是一门抽象的推理理论，而经验研究则主要是自然科学方法。对于那些习惯用纯粹法来阐释哲学原理的哲学家来说，他们不乐于接受纯粹的理念世界是从经验世界和科学研究中抽象出来的看法。

当然，对于许多领域的哲学家来说，推理具有优先性，这是因为他们难以想象，脱离了推理，我们如何研究逻辑。但是，我认为，政治哲学的情况是不一样的。政治哲学要求我们结合哲学的抽象法与经验研究来推进政治实践。我认为，政治哲学家有必要很好地学习社会科学，尤其是那些研究社会非正义的政治哲学家。

一位政治哲学家能够实现政治哲学化，换句话说，他能够运用哲学推理原则解释政治学的问题。一个人要想成为一名出色的政治哲学家，他必须掌握两门技术：具有良好的哲学知识，同时也能熟知政治学。政治学原理具有多面性，理论性只是其中一个方面，其他方面则包括历史性、制度性、实践性或经验性等。一名出色的政治哲学家应该能够深知政治学的每个方面。

这就是我认为经验哲学不能混同于应用哲学的原因所在。应用哲学仅仅是一种将理论运用于解决问题的哲学,它主要的是一种理论,它优先于或独立于任何经验数据,它是一种用于解决实际问题的理论:其始点在于勾勒现实世界的历史数据和经验数据。经验哲学并不仅仅是一门应用性理论(这种理论被阐释为一种独立于任何事物的假说),相反,经验哲学承认理论受经验事实的影响,它穿梭于哲学原理与经验事实之间。

让我们回到社会非正义的问题。我认为,只有一个人遭受了非正义的待遇之后,才能完全理解社会非正义的内涵。然而,有过非正义遭遇的人并不总能准确地说出他们的观点和意见。因此,为了理解社会非正义的问题,哲学家必须学会倾听那些社会非正义的受害者的心声。这正是经验研究的重要性所在:研究社会非正义的哲学家,需要学会倾听遭受社会非正义者的心声和切身体会他们的遭遇。我认为,马克思如果没有阅读他的好战友恩格斯的经验性的论著《英国工人阶级状况》(1844)的话,那么,马克思的《资本论》则不一定能够顺利完成。我建议那些对社会非正义和社会不平等感兴趣的朋友,除了重读马克思和恩格斯的作品外,不妨也读读法国经济学家托马斯·皮凯蒂(Thomas Piketty)杰出的经验性著作《21世纪资本论》(2014)。

在研究社会非正义的时候,我试图结合严格的哲学分析和历史或者经验的研究。譬如,当我写作关于民主理论的文章时,尤其是论证决策过程中公开透明的公共协商时,我的观点是基于20世纪90年代美洲中部(危地马拉)的玛雅社会传统而阐发的。当我写作关于剥削的文章时,我阅读了大量的历史、经济史和人类学著述。当然,在我关于暴力的三本书中,我所采用的是社会学、政治学、心理学和性别研究的经验研究法。

洪燕妮:我知道,您曾提到过社会非正义涵盖三个向度,分别指向不同的社会非正义问题,即分配不均、排他性和去权力化。您能给我们说说这三个概念的含义以及三者的关系吗？

布法切教授：当然可以。作为世界公民，如果有一件事是我们可以要求政府为我们做的，那就是让我们生活在一个正义的社会中。我相信政治哲学家的职责就在于通过揭示一个正义社会的要求以提高社会正义度，即揭示正义社会和正义世界的必要制度。我们如此渴望培养和维护一个正义社会的原因正在于我们希望消除社会非正义，即如前所述的解决社会非正义缺乏理论关注的问题。

因为社会非正义现象具有普遍性和可见性，从而被认定为好像我们不需要社会非正义理论。应该说，社会非正义无须哲学加以审查的看法是有误的。譬如，奴役、殖民主义、极权主义和种族大屠杀等现象，众所周知是社会非正义的表现，那么，我们为什么还需要一种社会非正义理论来解释这些现象呢？这是因为人们直觉某件事是错的和人们知道或了解某件事是错的存在一定的差别。我们需要一种社会非正义理论来告诉我们为何有些政治实践和制度是错的，我们该如何去修改这些错的东西。

而且，许多社会非正义与奴役、殖民主义、极权主义、种族灭绝并没有太大关系。譬如，人们无法享受好的社会护理或医疗保健服务，或成为制度化裙带关系、性别主义、种族主义的被欺凌者，或遭受特定环境政治的迫害，或生活和工作于水深火热之中，或沦为不当政策的受害者等，这些都是社会非正义的现象。我们有必要从这些非正义的现象中找出一个共同点，我认为，任何一个建构正义社会的意图必须始于对非正义现象的研究。如果我们不理解社会非正义，那么也不可能进一步讨论社会正义。

在我的《社会非正义》一书中，我试图阐释一种社会非正义的解剖学。直到现在我仍未完成对社会非正义的研究，在该书中我曾提到社会非正义的三个向度：分配不均、排他性和去权力化。分配不均的内容包括权利、自由、机会和资源等方面的分配不均，根据分配标准无法顾及每一个人,特别是无法顾及那些享受不到福利的人。当行动或政策目标的实施排斥一部分人导致其无法享受被分配的权利、自由、机会和资源等福利时,这种非正义则具有排他性。当一个人遭到压迫和剥削时,那么,这种非正义则具有去权力化的性质。受害者被剥夺行动权时,则进一步增强了非正义的排他性。

洪燕妮:今天,在激进左翼中,比如南希·弗雷泽等所注重的身份政治,或者福柯对所界划的"正常与非正常"的批判,乃至朗西埃强调的"无分之分"等,都触及了社会非正义问题。但是,似乎他们的研究又往往只是强调您所说的其中一种而已。我在研究中觉得,只有整合并切入到历史唯物主义中,方能够更为有效地展开社会非正义批判。

布法切教授:是的,不过对我来说,受害者遭遇非正义的经历至少是这三个方面中的一种,有时还不止一种。社会非正义的三重向度的重要性在于,它们能够警醒我们对非正义现象的自我知觉。每当我们看到人们被剥夺权利和遭到排斥时,这种警钟就会响起。

写《社会非正义》一书的时候,我就已经意识到我的分析存在某些不足,那就是认知向度。也就是说,那些经历过社会非正义的人群通常也经历了认知非正义,反之亦然。米兰达·弗里克(Miranda Fricker)的一本引人注目的著作《认知的非正义》(2007)详细阐述了认知非正义的观点。据弗里克称,认知非正义具有两种形式,即证言非正义(testimonial injustice)和诠释非正义(hermeneutic injustice)。证言非正义发生于人们认为一个人不可靠从而不信任他时,这种认知向度的形式广泛存在,而女性往往成为受害者。诠释非正义发生于人们无法意识到自身的遭遇时,因为人们被剥夺了社会解释的必要言语和资源。比如,有时人们无法意识到他们是社会非正义的受害者,因为他们已经丧失了判断非正义遭遇的能力。

社会非正义是一种复杂的社会现象。我在论证社会非正义的三重向度(分配不均、排他性和去权力化)时已经提到了这点。关键是我们要记住社会非正义的受害者不仅受到了物质侵害,而且还受到了认知侵害。

洪燕妮:剥削通常被描述为与社会正义相关的术语。根据伍德和胡萨米关于马克思与正义的争论,剥削是证明马克思社会正义理论的有力证词。在这个意义上,您是如何看待社会非正义的?

布法切教授:剥削可能是社会非正义的原型,社会非正义的三重向度(分配不均、排他性和去权力化)是剥削的表现。当然,马克思关于剥削理论的文献至今仍旧十分重要,尽管在马克思主义内部,就我们是否应该将剥削理解为马克思的一般社会正义理论或社会非正义理论的一部分的问题存在争议。一些马克思主义者拒绝承认马克思主义是一门道德理论。这些学者认为马克思并不持有关于社会正义的主张。这点我不敢苟同。我认为马克思同时也是一位道德理论家。今天我们说马克思是一位道德理论家,抑或说马克思的文本值得一读的缘由,正是在于马克思对资本主义的经济基础和道德上的缺陷的批判为我们提供了一种无与伦比的分析法。马克思的这种精神值得美国和中国学习。然而,虽然21世纪的资本主义与19世纪马克思所经历的资本主义相比在很多方面发生了改变(前者比后者更精细化),但其本质是一致的。

关于剥削,我认为有两个问题值得一提:第一,为什么会发生人剥削人的情况? 第二,如果人们自愿地参与到剥削关系中,那么这种关系仍旧是非正义的吗?

我认为,引起人剥削人状况的原因有很多,基于货币或经济利益的剥削只是其一。或许传统的马克思主义者过于注重经济层面的剥削,即通过剥削手段从别人那里榨取经济利益(剩余价值)。当然,这种分析是对的。然而,经济收益并不是剥削的唯一动机,或者对剥削者来说,还有其他比获利更为重要的东西。剥削者希望通过剥削确立权力,而经济动机只是解释和论证其剥削行为合法性的方便之词而已。受剥削者不仅被剥夺了应有的生产酬劳,而且被视为一种次级阶层,被视为遭到排斥和被剥夺权利的结果。剥削过程剥夺了受害者的权利,并增强了"不法行为者"(the wrong doers)的权力。权力欲望使得一些人在道德上轻视他人。

一个值得我们深思且颇具趣味的问题在于,剥削的产生是否发生在人们自愿为他人干事的时候,哪怕他们领着微薄的工资、在不人道的环境中工作,而他们的雇主却获得了所有的金钱和权力。我相信答案是肯定的,原因有二。其一,自愿选择只有在人们具有选择的余地时才能发挥作用。如果除了剥削之外别无他选,那么,这种选择就不能算是自愿选择。因此,只要人们被迫和被强制去做某事,这种行为就可以认为是非正义的。其二,回到我前面提到的认知非正义的问题。有时人们接受某种生活方式和工作条件,是因为他们并没有意识到自己能够而且应该得到更好的生活和工作条件,当他们怨声载道时,几乎没有人会愿意倾听他们的心声或相信他们说的话。

剥削是世界各国亟待解决的重大问题。由于资本主义似乎是唯一的游戏,一种无情且难以逃避的力量,所以,今天我们比过去的150多年更需要马克思。

洪燕妮:在我译介的《21世纪的社会主义模式》中,您提到了三种社会主义模式(自由社会主义、民主社会主义和市场社会主义)具有各自的缺陷,由此,您设想了一种新型的社会主义模式以克服这些缺陷。在您看来,这种社会愿景为什么不会在资本主义社会中发生呢?

布法切教授:很荣幸你将我的论文翻译成中文介绍给中国人民。社会主义史的问题之一在于,它折射出一种我们从未见过的期望之光,尤其是在短时期内。这是对任何一种传统的诅咒,它与激进的变革,甚至与革命息息相关。革命之后带来的往往是与梦想和期盼相距甚远的失望。北非和中东最近发生的政治事件和"阿拉伯之春"(埃及、利比亚、突尼斯、也门)的遭遇使我们想起,革命只是历史变迁的开始而不是终结。

社会主义要求人们拥有耐性。政治变革和制度变革可以很快完成,但文化和思维方式的变革则需要很长一段时间。有时我们只是为了后代利益而实现变革。冷战的结束对社会主义来说是最好不过的事情,因为现在的社会主义不再自动地与集中的、计划的苏联模式相结合。社会主义的核心不仅应该通过经济制度来界定,还应该通过道德价值和政治原则来界定:首当其冲的是平等原则,其次是公正原则、宽容原则、自由原则、民主原则和人权原则。离开了平等原则,所有其他的原则皆成为空话。

我认为,社会主义不会触发资本主义那样的危机。我同意马克思的如下看法:资本主义的危机是由资本主义自身固有的矛盾所引发的。然而,社会主义必须整装待发,提前准备好危机的到来。社会主义应该被视为一种合法的更替,是一个可行的且持续性的而非即刻爆发的过程。我所认为的社会主义应该是:一种兼顾个人权利(自由社会主义)、实行集思广益的协商民主(民主社会主义)而非排斥市场体系(市场社会主义)的社会模式。

社会主义与自由主义并不矛盾,社会主义应该从自由主义的传统(即包括 17 世纪的霍布斯、洛克,18 世纪的孟德斯鸠、康德和潘恩,19 世纪的托克维尔和穆勒,20 世纪的罗尔斯和德沃金在内的诸学者的理论传统)中学习和吸收理论精华。这些思想家完善了个体权利和民主理论。市场体系在不破坏民主和人权的条件下,将进一步巩固权利和民主。

冷战的结束带来了最坏的资本主义,如同一次欢快且无止境的酒会派对。然而,如今的西方正在经历着酒醒后的头痛状态,崭新而黯淡的现实正在向它们走来。所有的一切,将不得不发生一次重大的改变。

市场体系的很多方面是值得赞许的甚至是必要的,但是支持市场体系并不意味着排斥一切国家干预或限制。一个有效的市场体系的最大威胁不是国家及其干预,而是商品和服务供应的垄断。

洪燕妮:是的,中国自改革开放以来,在这方面有很深的实践体会。

布法切教授:在先进的资本主义社会里,富人和穷人的差距越来越大,皮凯蒂的经济史巨著《21世纪资本论》叙述了这一点,它告诉我们资本主义要想保全自身必须实现自身的改革。一个真正的社会主义者必须持有乐观的态度,因此,我认为,他应该让资本主义看到一个真实的社会主义议程,即民主、自由和市场导向的社会主义,而不是让资本主义把它当成一个威胁。

市场体系不止一种,欧洲的市场体系不同于美国的市场体系和亚洲的市场体系。我们所选择的社会可以说是受到社会主义者观念的影响。斯堪的纳维亚与美国和印度有很大的差别,斯堪的纳维亚的社会模式值得其他国家效仿。

洪燕妮:根据马克思的看法,私有制不可能实现真正的社会正义,对这点您是怎么看的? 换句话说,您认为人类有可能彻底消除社会非正义吗? 如果可能,那您能够给我们提供这种社会愿景吗?

布法切教授:私有制是一个复杂的概念。私有制具有许多不同的模式,但是在我们社会的运作中,它似乎只有一种模式:私有制的法则是至高无上且神圣不可侵犯的,任何对私有财产权的抵触都被视为非正义的行为。这种看法是不可理喻的。支持私有财产权,并不意味着个体享有永无止境且不受限制的财产垄断。这并不是理解私有财产权概念的唯一方式。除了私有财产权外,财产权还包括公有或集体财产权。同时,一个人或公司能够享有私有财产,同时必须接受特定的使用限制。换言之,我们应该将财产所有权者视为财产的监护者而非绝对的占有者。

罗尔斯并不反对财产,但他对资本主义也进行了强烈的抨击。在《正义论》中他引介了一个十分重要的新概念:"财产所有权的民主"。这一观念源自1977年诺贝尔经济学奖得主詹姆斯·米德(英国著名经济学家)的《效率、平等和财产所有权》一书,该书于1965年首次出版。罗尔斯称财产所有权的民主是取代自由放任和福利资本主义的用词。财产所有权的民主这一概念的核心,在于限定正义社会可容纳的福利不平等的程度。如果我们真的相信平等的政治自由(罗尔斯正义社会的首要原则),那么,我们将无法容忍极端的福利不平等,因为这些不平等现象为不同人群的政治自由和民主自由的不平等辩护,这实质上就是一种社会非正义。

在一个实行财产所有权的民主的社会中,**强**的福利分配政策保证了整个社会广泛的福利分配,尤其是诸如教育机会和技能培训的机会的分配,它是一种最合理的分配模式。因此,社会主义社会的目标不仅在于援助处于危机中的弱势群体,还在于设定合理的社会平等和经济平等的度,从而保证所有公民能够自觉管理自身事务。另一种方法在于把握财产所有权的民主之目标,即一个正义社会应当预先设定人类资本和资源再分配的分配制度。在预先分配方面,最熟为人知的专家当属马丁·奥尼尔。奥尼尔在英国约克大学从事政治理论研究,他在讨论罗尔斯的财产所有权的民主方面出版了《财产所有权的民主:罗尔斯及其超越》这本书,该书由奥尼尔本人和泰德·威廉森合编,2012年由布莱克威尔出版社出版。

洪燕妮:欧洲现代性道路告诉我们,自由主义模式、苏联的传统社会主义模式和民主社会主义模式皆遇到了瓶颈。然而,被称为"中国道路"的中国社会主义模式引起世界人民的关注。对于中国未来的发展,您能给我们提些建议吗?

布法切教授:我认为,西方人民无法想象中国在过去30年所发生的巨大变化,甚至连中国本国人民对这些年来的经济发展(人均GDP比1980年翻了五番)都难以置信。世界人民将目光聚焦于中国,每个人都想知道中国能否走出一条可持续的社会主义道路,时间将见证这一切。

中国在经济上取得的成功是有目共睹的,然而,中国社会的某些方面仍旧没能跟上其经济革新的步伐,这从长远上看是有问题的。沿袭波普尔的思路,我们可以把这种对强大的经济的要求称为"开放的社会"。开放的社会是权威主义的天敌,在一定程度上,这种开放社会应当认识和尊重个体的权利,允许各种不同的新思维和多重声音的存在。开放社会中的美好生活应当是这样的：政治决策形成于一种信任的氛围中，政治程序透明、公正、灵活且开放。我不是一个中国社会学和政治学专家，但是我认为，在中国的开放之途上仍旧有许多未完成的事项。

在过去的 200 年间，包括美国在内的诸强国的经济发展将个体自由、个人的创造性置于首位，这些国家允许个人的诉权，这绝不是一个巧合。虽然我不清楚中国学界是怎样解读约翰·穆勒（即密尔）的，但我认为穆勒的著作值得中国所有的大学生读一读。穆勒是 19 世纪最有影响力的经济学家之一，其著作《政治经济学原理》也是影响深远的经济学著作之一。穆勒的著作《论自由》极其推崇个体自由。19 世纪最伟大的经济学家之一同时也是最推崇个体自由的学者之一，这也不会是个偶然，因为穆勒清楚个体自由是现代经济的唯一根基。在《论自由》中穆勒写道："一个社会怪人的数量往往跟这个社会天才、武士和勇士的数量成正比，因此，怪人的缺乏正标志着这个时代的危险。"穆勒的这句话是写给 19 世纪 50 年代的英国的，如今这句话同样适用于中国。

中国的社会主义模式要想立足并领先于世界之林，就必须向世界人民展示作为"中国道路"的社会主义模式也能兼顾个体自由和个体权利，同时中国也应当向世界人民展示自身公开透明的民主程序。为了中国人民的利益及其经济基础的未来，我们不企望这种变化在一夜之间完成，而是在变化前争取更多的进步从而为变革做好充分的准备。

中国面临的另一个困境在于，一方面经济发展带来了巨大的社会财富，另一方面这种发展会不断扩大社会不平等和经济不平等。不平等的扩大不利于社会发展，中国也不例外。经济权力很快会转变为政治权力，这就是为什么政治和经济不平等对民主制度有害而无利的原因所在。如果中国不能够很好地处理经济不平等的问题，那么，其前景将比人们预想的还要令人失望。中国领导人或许可以考虑一下穆勒对个体自由的看法，以及罗尔斯对"财产所有权的民主"的建议，这些学者的理论能够为美国和其他的资本主义国家所采用，中国为什么不能呢？

洪燕妮：当然，关于您的这个建议，特别是在社会主义市场经济建设过程中，您对于个体权利等问题还只是站在一个西方人的视角来看待问题，可能还存在着一些基于不了解中国而产生的误判。毫无疑问，中国的发展是全方位的，不仅仅是经济发展，在个体的权利等方面，一直坚持社会主义原则。另外，您提到中国应该关注社会不平等问题，关于这方面无论是政府还是学术界都在积极地加以研究，正像您所说的，这需要拥有耐心。再次感谢您！

如上，我们相信，通过这一本书的译介，人们可以加深对社会非正义的理解，也期待学术界能够在政治哲学研究中有一次"社会非正义研究的转向"，从而真正切中社会发展中非正义的现实本身，并寻求积极的解决方案。

作者另附的中文版序言

对于一个西方学者来说,自己的书籍能够在中国译介和出版是无上光荣的事情。中国在世界的舞台上扮演着重要的角色,不仅仅是在政治和经济上,而且在哲学上。我们生活在一个令人振奋的年代,东西方哲学在相互交融的过程中碰撞出璀璨的火花:这一交互性的促进发展态势早就应该有,这是一种顺应历史潮流的发展趋势。实现不同文化相互交融的第一步,应该是促成更高程度的相互尊重、相互包容。当然,最重要的就是要相互理解。我在爱尔兰考克大学哲学系从教18年,这所大学是爱尔兰所有高校中率先开设中国哲学课程的大学。从个人角度来说,在最近两年来,我有幸接触到来自中国的年轻博士后欧阳霄,并指导他的论文《重思人权的统一性:以文化多样性和理解为个案研究》。我真心希望能够在未来与中国的大学和学生有进一步的学术交流与合作。

虽然我的《社会非正义》一书没有谈及中国,但我相信其中的某些主题一定能够引起中国学者一定的兴趣。中国的经济迅猛发展,这让世界上其他的很多国家羡慕。直到2015年,中国已经成为经济发展最快的大国。过去30年,中国的经济增长率平均达10%。自1987年以来,中国在脱贫方面取得巨大成就,这在一定程度上可以说是中国经济向前发展的结果。然而,眼见不为实,经济发展的同时,需要警惕社会非正义的问题。对许多国家来说,贫困是可怕的灾难。然而,还存在某种与贫困一样的灾难,那就是:社会和经济的不平等。

事实上,经济发展的势头越猛,经济增长的速度越快,不平等和非正义就越猖獗,这表现在我们再熟悉不过且永恒的社会问题中:腐败、裙带关系、边缘化、歧视和剥削。中国的经济增长已经带来了经济上的不平等,经济不平等是造成社会非正义的根源。我们需要谨记的是,社会主义社会的当务之急是应该与不平等和非正义做斗争。

富有影响力的牛津经济学家托尼·阿特金森(Tony Atkinson)2017年辞世,他是《不平等:应该怎么做?》(2014)的作者,他使得不平等研究和均衡成为经济学分析日益关注的重要话题。诺贝尔经济学奖得主约瑟夫·斯蒂格利茨(Joseph Stiglitz)在 2012 年出版了一本重要的书籍《不平等的代价:当今分工社会对我们未来的危害》。在哲学方面,来自哈佛大学的道德哲学家托马斯·斯坎伦(Thomas Scanlon)在《不平等何以重要》(2018)中称,缓和不平等之所以是鼓舞人心且势在必得之举,其原因有多重,其中包括其能降低剥削的程度、规避不可接受的权力和控制形式、减少影响程序正义的潜在威胁。另外,降低社会不平等程度的一个必要原因,同时也是最重要的原因在于:防止诋毁身份的差异性。诋毁身份的举措,与其说是把某些人视为矮人一等,不如说是玷污某人的自尊和降低生产率的行为。正是基于以上这些原因,我希望我的书能够引起中国学界关于社会非正义的威胁因素的讨论。

最后,我非常感谢这本书的译者洪燕妮。感谢她为本书的翻译和出版工作的推进做出的努力。洪燕妮工作态度认真,具有宝贵的学术良知,过去几年的合作表明她更是我的良师益友。

维托里奥·布法切
2017 年 11 月于爱尔兰考克大学

目　录

前言致谢

这本书旨在凸显社会非正义在道德和政治研究领域的地位,让更多
的当代政治哲学家关注社会非正义问题,为普遍存在的现实问题提供理
论支持。深入解析社会非正义的性质是解读政治哲学的基础。然而,关
于社会非正义理论的设想有很多,但真正把它写出来的(特别是政治哲
学家)却是凤毛麟角。

在《正义论》的开篇,罗尔斯就显著地提出正义是社会制度的首要美
德,一旦法律和制度违背了这一原则就应该加以修订,甚至废除。罗尔
斯接着称,"这些主张似乎表明了我们对正义作为首要美德的直觉信
念"。我赞成罗尔斯的设想,也支持他的观点。但我唯一持保留意见的
是,我的直觉信念是把非正义(而不是正义)作为首要美德。

这本书主要强调的是,社会非正义未能像社会正义那样引起社会关
注。社会正义是社会非正义的派生物,就像药物是疾病的派生物那样;
正义论着手于克服非正义,它表明只有正确理解与诠释非正义的性质和
内涵,正义论才得以成立。非正义是正义论试图要解决的基本问题。诚
然,如果非正义不是正义论试图解决的问题,或者说如果非正义问题不
存在的话,那么正义论也不可能有存在的意义;哲学问题就宛如管道问

1

题一般,离开了现实问题,任何的讨论方案将失去意义。如今本书提出要聚焦社会非正义,这将有利于更多的政治哲学家全心全意地投身于制度改革的事业中。这样一来,我们就可以避免持续的社会非正义问题,不管是在国内还是在全球范围内。

除了第一章"社会非正义提出的意义"和第十三章"21世纪的社会主义:自由社会主义、民主社会主义和市场社会主义",本书的其他章节此前已经在2000到2008年间发表过。1994年我在伦敦政治经济学院获得博士学位,我的博士生导师是布莱恩·巴里。在早期的学术生涯中,我就已经开始着手于解决多方面的问题,其中包括社会正义、自由、平等、道德契约主义、剥削、酷刑、道德动机、民主理论以及竞选行为。直到最近〔在出版了三本关于暴力和社会正义的著作(Bufacchi,2007,2009,2011)后〕,我才开始意识到这段时间我最关心的问题是社会非正义,我迫不及待地想弄明白社会非正义的性质和内涵。

我把这本书献给巴里先生。虽然巴里最出名的著作是关于社会正义的,但毋庸置疑的是,在我的脑海里,巴里先生最感兴趣的政治哲学问题,他的整个学术生涯最大的旨趣,就是要与世界上的一切社会非正义现象做斗争。然而,巴里却没有专门就这一话题写过文章,社会非正义始终贯穿于他的各大著作,从《政治论争》(1965)到《社会正义何以重要》(2005)。我们所有人都怀念他,怀念他的学术成就、他孜孜不倦的指导和亦师亦友的形象。同时,我们也怀念他杰出的妻子安妮。

这本书大部分的章节在我遇到我的妻子吉尔森(Jools Gilson)之前就已经写出来了。我非常感激她这些年的支持。我妻子是我见过的最精于非正义的专家,她嫁给了一个挣扎于换灯泡技术的男人。

关于本书的不同章节已发表的论文包括:

"Why Political Philosophy Matters", *European Journal of Political Theory*, Vol. 7, No. 2, 2008, pp. 255 - 264. ©2008. Reprinted by permission of Sage Publications Ltd.

"Empirical Philosophy: Theory and Practice", *International Journal of Applied Philosophy*, Vol. 18, No. 1, Spring 2004, pp. 39 – 52. ©2004. Reprinted by permission of Philosophy Documentation Center.

"The Injustice of Exploitation", *Critical Review of International Social and Political Philosophy*, Vol. 5, No. 1, 2002, pp. 1 – 15. ©2002. Reprinted by permission of Taylor & Francis.

"Torture, Terrorism and the State: A Refutation of the Ticking-Bomb Argument" (with Jean Maria Arrigo), *Journal of Applied Philosophy*, Vol. 23, No. 3, 2006, pp. 339 – 357. ©2006. Reprinted by permission of Blackwell Publishers Ltd.

"The Enlightenment, Contractualism, and the Moral Polity", in N. Geras and R. Wokler (eds) *The Enlightenment and Modernity* (Basingstoke: Palgrave Macmillan), 2000, pp. 204 – 224. © 2000. Reprinted by permission of Palgrave Macmillan.

"Motivating Justice", *Contemporary Political Theory*, Vol. 4, No. 1, February 2005, pp. 25 – 41. ©2005. Reprinted by permission of Palgrave Macmillan.

"Justice, Equality, Liberty", in R. Axtmann (ed.) *Understanding Democratic Politics: An Introduction* (London: Sage), 2003, pp. 31 – 40. ©2003. Reprinted by permission of Sage Publications Ltd.

"Sceptical Democracy", *Politics*, Vol. 21, No. 1, 2001, pp. 23 – 30. ©2001. Reprinted by permission of Blackwell Publishers Ltd.

"Political Scepticism: A Reply to the Critics", *Politics*, Vol. 23, No. 2, 2003, pp. 137 – 140. © 2003. Reprinted by permission of Blackwell Publishers Ltd.

"Voting, Rationality and Reputation", *Political Studies*, Vol. 49,

No. 4，2001，pp. 714 - 729. © 2001. Reprinted by permission of Blackwell Publishers Ltd.

"Deliberative Democracy among the Communities of Population in Resistance", *Report on Guatemala*，Vol. 22，No. 3，2001，pp. 9 - 12.

在此,特别感激发表我的作品的期刊和出版社及其编辑肯允我采用以上相关资料并加以修改。

第一章 社会非正义提出的意义

社会非正义这个概念对当代道德哲学和政治哲学来说具有十分重 要的意义。然而,令人不解的是,这一概念一直未能得到具体的分析。更令人惊讶的是,实际上,在过去的 50 年里,社会正义的概念比道德哲学和政治哲学的任何其他概念更受关注。为什么关于社会正义的文献会层出不穷,而关于社会非正义的文献则少之又少呢?本书试图纠偏这一异常景象。

对于为何从事社会非正义的概念分析的学者如此之少这个问题,貌似有一种合理的解释。政治哲学家只是把社会非正义视为社会正义的缺失,因此,他们更直接关注的是社会正义,而对于社会非正义这一概念则只是旁敲侧击而已。这些政治哲学家大抵就是这样想的。譬如,约翰·罗尔斯无疑是当代政治哲学界关于社会正义最具影响力的研究先驱。罗尔斯告诫我们可以通过如下术语来表述正义:"所有社会价值,包括自由和机遇、收入和财富,以及自尊的基础,都要平等地分配给每一个人,除非其中的任何一种价值或所有价值的不平等分配是合乎每一个人的利益的。"(Rawls,1972,62)罗尔斯继续称:"而非正义仅仅是指无法使大家受益的不平等性。"换句话说,对罗尔斯来说,非正义仅仅是正义的缺失。

长久以来,社会正义与社会非正义的关系被曲解了。社会非正义并不像大多数如罗尔斯那样的学者所认为的,仅仅是社会正义的缺失或反题。诚然,另外一种相反的观点离真相更近了一步:社会正义是社会非正义的缺失。不管我们怎么反对霍布斯的正义观,但当他说"任何不是非正义的,就都是正义的"[《利维坦》(Leviathan),ch. 15,2]时候,他基本上是正确的;霍布斯看到了非正义和正义的权利之间的关系,这点是值得称赞的。我们应该把正义视为非正义的对立面,而非把非正义视为正义的反题。① 朱迪丝·施克拉最近提出了如下看法:

> 每一卷关于道德哲学的书籍必定至少有一章是讨论正义的,甚至许多书整本都在讨论正义问题。但是非正义呢? 诚然,布道、喜剧和科幻小说则另当别论,而艺术和哲学似乎在回避非正义的问题。他们把非正义仅仅视为正义的缺失,认为一旦我们弄清楚什么是正义,我们亟待了解的事情也就更清楚了。然而,这一信念并不都是真的。有人只是关注正义而忽略了很多的事情。非正义的意义、遭受不公的人和非正义的受害者的界定困境,以及我们学会与彼此的非正义相处的许多种方式,也没有得到应有的重视,就如私人之间的非正义关系对公共秩序的影响没能引起人们的关注那样。(1990,15)

除了根据正义的缺失来思考非正义之外,诚如施克拉所说的那样,我们忽视了很多有关非正义的问题,而且把正义凌驾于非正义之上也是有问题的。即,如果以正义遮蔽非正义的话,那么我们对于非正义的理解就完全建立在带有个人偏见的正义概念的基础上了。譬如,根据方框1.1关于正义原则的描述,我们可以得出合理的非正义论:

---

① 卢卡斯(J. R. Lucas, 1980,4)称,当我们在比较正义和非正义的时候往往会考虑先讨论哪个的问题,也就是说,只有当非正义之事发生时,我们才关注正义的问题;由此卢卡斯表示,我们必须仿照亚里士多德《尼各马可伦理学》第一卷的范例,采用一种否定法,通过思索我们反抗非正义和不公正的境遇来揭示什么是正义。

方框 1.1　正义/非正义原则（I）

社会正义	社会非正义
根据同一件事	恣意的不平等
根据每件事的价值	价值的匮乏
根据每个人的需要	贫困/基本需求遭到忽视

　　然而,一旦我们考察社会正义的其他原则时,学界所概述的非正义说最多也仅是反直觉主义的,这些论点甚至有可能是完全错误的(见方框 1.2)：

方框 1.2　正义/非正义原则（II）

社会正义	社会非正义
根据阶层地位判断	社会流动性
根据种族判断	机会平等性

　　让我们根据阶层地位来思考正义概念。佩雷尔曼（Chaim Perelman） 3
提醒我们此处存在一种贵族化的正义原则："它存在于不是遵循内在于
个体的准则,而是根据他们所属的某一特定的存在类别来对待人类的态
度中。如依据古老的拉丁文所言,'对丘比特神允许的事对牛则不允许'
（*Quod licet Jovi non licet bovi*）。同样的正义原则不适合用来解释繁
多的种属之物。这也就是说,根据阶层地位划定的正义原则与其他的
正义原则是不同的,尽管在实现统一化的过程中,它把人类分为待遇
不等的不同类别。"（1963,9）此处的问题是,根据该种正义原则,任何
一种以促进社会流动性或自觉提高机会平等为目的的政策都将成为一
种非正义之举。同理,按根据个人地位来界定的正义原则,任何一种
以提升公平权利为目的的政策,诸如民权立法,都能够被界定为一种
非正义之举。

在我看来,这条路径似乎对思考非正义问题是无益的。这是因为一项不符合正义概念的政策,并不能主动演变为一种非正义之举。这正是罗伯特·诺齐克(Robert Nozick,1974,169)的著名主张"劳动所得税与强迫的劳动是等价的"问题所在。税收并不能用于支持诺齐克的正义理论,但仅凭此也不能把税收作为一种非正义之举,这正是大多数人把强迫劳动确定为一种非正义行为的常见方式。①

颠倒社会正义和社会非正义的关系,对于道德哲学和政治哲学的某些重要问题的分析方法显得意义非凡。首先,这意味着社会非正义是原生的,而社会正义则是派生的。在此我想说的是,只有明确了解社会非正义,以及为何社会非正义是亟待解决的主要社会问题之后,我们才能讨论社会正义的相关议题。②

非正义的图景

社会非正义没有得到应有的关注,但这并不表示它完全没有得到关注。在忽视社会非正义这个重要概念的普遍潮流中却冒出一些显著的意外之喜。其中最为人熟知的是 19 世纪时关于社会非正义的强调,特别是在新型工业化经济浪潮下对绝大多数人的现实生活的反思。在这种情况下,我们对于 19 世纪 40 年代在曼彻斯顿面世的两部关于非正义的巨著取得如此大的社会反响也就不会感到那么诧异了:伊丽莎白·盖斯凯尔(Elizabeth Gaskell)赫赫有名的小说《玛丽·巴顿》于 1848 年首次出版,在此之前,恩格斯的《英国工人阶级状况》于 1845 年首次在德国

---

① 在诺齐克的捍卫声中,值得质疑的是,他肯定了正义理论必须以权利(自我所有权)概念为基础。他认为一旦权利受侵犯则意味着非正义发生了。这听起来很有道理,但这个看法是不可行的,因为此处非正义的界定是受权利说支配的。由此,根据中世纪的"初夜权(*droit de seigneur* or *jus primae noctis*)"——法定权利准许地主占有他女仆女儿的初夜——任何对地主合法愉悦夜的欺骗都是非正义的。这显然是不正确的。

② 托马斯·西蒙(Thomas Simon,1995)称非正义在四个方面——经验性、现世性、心理学意义和道德意义——优先于正义。

出版。[1]

《玛丽·巴顿》是一部富有强大生命力的著名小说,它在 1848 年一经问世便对读者们产生了深远影响。盖斯凯尔用一半的篇幅描述了曼彻斯特工人阶级男子、妇女和儿童的悲惨命运。该小说之所以能够引起读者共鸣是因为它真实地反映了残酷的社会现实。盖斯凯尔并没有留给读者一丝欢快的情绪,她对劳工的孤独和生存境遇的描述是如此冗长和具体[2],基本上让读者相信厄运无处不在,无处可逃。

盖斯凯尔在该小说的前二十章主要强调了两条主线:一是富有工业主和贫困劳工之间生存境遇的天壤之别,二是工人阶级一贫如洗的状况。盖斯凯尔的小说描述了约翰·巴顿——女主角玛丽·巴顿的父亲,一名工人,小说的主人公——抵押了大部分家当才获得五先令,而这五先令只不过是亨利·卡尔森(曼彻斯特大工业主约翰·卡尔森先生的儿子)口袋里的零花钱。就这样,约翰·卡尔森还拒绝给约翰·巴顿和其他工人发工资。约翰·巴顿在富有工业主面前抬不起头,他遭遇了资本主义制度的不公待遇,这点马克思或许再同意不过了。

你可能会说(至少会有一个人说),他们拥有资本而我们没有。我说,我们的劳动力就是我们的资本,我们本应该从中获利的。他们以某种方式从资本中获利,如果我们放任我们的懒散,他们凭什么而活呢?除此之外,"他们"这一人称代词指涉很多,唯独没有将"我们"的意蕴纳入其中;卡尔森、敦坎布斯、门吉斯等已经在曼彻斯特

---

[1] 这不是单枪匹马的努力。1842 年查德威克(Edwin Chadwick)发表了一篇题为《劳动人口的卫生条件》的报告,在该报告中,查德威克称疾病(如 1837 和 1838 年的流感与伤寒)与生活环境直接相关。该报告发行了超过 7000 册。

[2] 托马斯·卡莱尔(Thomas Carlyle)对盖斯凯尔著作中的这一点提出了质疑,在致盖斯凯尔女士的信(1848 年 11 月 8 日)中,他高度赞扬了盖斯凯尔的著作,并请她写得更简洁些:"您的著作文笔优美流畅、内容清晰自然,如果能再简洁些就更好了;我并不是说在语词方面,而是在思想和概念上;请去掉不实的部分,只保留实在的部分,不管以任何代价:对一个作家来说,这确实是一部法律和先知的书籍!"摘自 Gaskell (2008, 359)。

站稳脚跟,他们从成千上万的劳动力中获利。为什么?20 年前价值
60 英镑的土地如今值 600 英镑,这些土地正是我们的劳动所得;但看
看你,再看看我,贫穷的达文波特人,我们的生活条件好转了吗?为了
增加他们的财富,给他们建大房子,他们把我们压榨得一文不剩;而我
们,许许多多的我们,为何只能挨饿?你能说说问题出在哪吗?……
他们可曾见过他们的一个孩子因饥荒而死去?(Gaskell,2008,60)

在悲惨命运方面,该小说显示了盖斯凯尔对当时曼彻斯特大多数人
所面临的社会问题的深入了解,另外她的语言流露出她笔下人物的尊
严。她对死于饥荒的儿童与死于伤寒和肺结核的成人的描述,表明了当
时社会非正义的严重性。

该小说具有很强的文学性,只有当我们细细阅读才会发现它确实不失
为一部描述非正义的真实性的巨著。这部小说带给我们许多洞见,所有这
些洞见都揭示了社会非正义的实质:富人与穷人的不平等的非正义,富人
未能减轻穷人负担的非正义,贫穷和不幸的非正义,富人优先于穷人的非
正义。然而,以上任何一种洞见是否就是非正义,抑或说非正义是否就
是由以上种种洞见结合而成的,我们至今仍旧忽略了这些问题。

或许我们对盖斯凯尔的要求不应该过于苛刻,毕竟,她只是在写一
篇小说,而非一篇哲学论文。[1] 在这种情况下,我们或许有更好的理由来
解释恩格斯的沮丧。学界普遍认为,恩格斯的《英国工人阶级状况》是一
部关于社会非正义的巨著。[2] 这部著作在 1845 年首次发表于德国,并在

---

[1] 虽然盖斯凯尔在她的第二本小说《路德记》中把正义视为平等的权利:"同时她有她自己的正
义观;但这些正义观并不那么完善和真实;而更像是杂货店老板或是茶贩子脑里的权利平
等观。昨夜的稍许放纵,为今日的严谨所平衡;修正先前错误的举动,充分满足了她对自身
良知的要求。"(*Ruth*,chapter 2,19 – 20)

[2] 同时,有人认为盖斯凯尔的著作胜于恩格斯的作品。卢卡斯就作了如此令人信服的辨析:
"她理解了他所未能理解的东西,她把握住了他所必然忽视的东西,因此她给他的地位造成
了威胁"。卢卡斯对恩格斯的观察力和分析力产生了质疑:"一句话,他的理解力不足"。
(John Lucas,"Why We Need *Mary Barton*",in Gaskell,2008,504 and 505)

1887 年以英语出版。这样一部具有重要价值的研究著作在过去的 150 年中得到了几乎所有人的赞许。我唯一持保留意见的是,在阅读了该巨著之后,我们对于什么是非正义的性质仍不是很清楚。

在《英国工人阶级状况》的导言中,恩格斯写道:

> 工人阶级的状况也就是绝大多数英国人民的状况。这几百万无产者,他们昨天挣得的今天就吃光,他们用自己的发明和自己的劳动创造了英国的伟业,他们日益意识到自己的力量,日益迫切地要求分享社会设施的利益。(2009,62—63)①

与盖斯凯尔的小说《玛丽·巴顿》相比,恩格斯的著作给我们带来的不同的(与前者潜在冲突的)东西就是关于社会非正义的性质的视角。在恩格斯的《英国工人阶级状况》的"大城镇"一章中,"肮脏"一词用了 12 次,"卑鄙"一词用了 19 次。非正义存在于工人阶级"贫困潦倒"的生存状况中吗?抑或说,存在于他们无法公平享用自身所创造的财富这一事实中吗?难题就在于,非正义对不同的人有着不同的意义。因此,它成了一个空位,这个空位本应该由每个人所倾向于的社会正义填满。

重思非正义

在过去的 20 年间,社会非正义在政治哲学中掀起了一股研究热潮。在这一复兴的浪潮中值得一提的作品有艾利斯·杨的《正义与差异政治》(1990)、南希·弗雷泽的《正义的中断》(1997)、米兰达·弗里克的《认知的非正义》(2007)、托马斯·博格 (Thomas Pogge)的《世界贫困与人权》(2008)以及阿玛蒂亚·森(Amartya Sen)的《正义观》(2009)。②

---

① 参见《马克思恩格斯文集》第一卷,人民出版社 2009 年版,第 403 页。——译者注
② 其他研究者包括 A. D. Woozley (1973), J. Shklar (1990), T. Simon (1995), G. Cupit (1996), E. Kallen (2004)等人。当然,其他涉及非正义问题的作品包括约翰·穆勒的《功利主义》:"最突出的非正义案例以及为反感奠定基调的,是错误的侵犯和侵权行为。"(John Stuart Mill,*Utilitarianism*,1972,62)

在《正义观》一书的序言中,森回应了施克拉关于非正义未能得到相应重视的观点。他说:"关于非正义的界定,不仅仅唤醒了我们关于正义与非正义的关系的思考,它还引发了我对这本书中即将提到的正义理论的核心问题的思考。"(2009,vii)

当阿玛蒂亚·森称社会正义对我们的思考方式至关重要时,他的看法是对的。鉴于这一前提条件,我们感到诧异的是,他竟然没有深入诠释社会非正义的思想,也没有对社会非正义作一个明确的界定。阿玛蒂亚·森只是简单地向读者介绍了几个关于社会非正义的鲜明事例,仿佛社会非正义这个概念是不证自明似的:

> 如下有一点设想是公允的,那便是:如果没有意识到他们所遭遇的非正义是可以克服的,那么,巴黎人则不会攻占巴士底狱,甘地不会发起对"日不落帝国"的抗争,马丁·路德·金也不会在"自由之地和勇士之国"掀起反白人至上主义运动。(2009,vii)

为了论证这一公认的观点,阿玛蒂亚·森接下来在该书中提出了一种有效的观点——非正义与社会分化有很多相同之处:"非正义往往与根深蒂固的社会分化相关,与阶级分化、性别划分、地位高低、身份高低、宗教分化、社团划分等社会分化相关"(2009,389)。在这点上,阿玛蒂亚·森基本上是对的。我们需要更详细地分析,才能把关于社会分化的模糊暗指转变为社会非正义理论。

阿玛蒂亚·森只是罗列非正义案例而不是详细揭示非正义概念的策略,存在已久。艾伦·德萧维奇(Alan M. Dershowitz),一位法学理论家而非政治哲学家,关于非正义问题的讨论颇为有趣。他推进了权利理论。德萧维奇坚信权利不是非正义的起因而是相反,因而意识到我们有必要追问非正义的性质:"这一方法自下而上而非自上而下地建构起了权利理论。它通过勘定非正义的历史脉络建构了此种权利理论,其中包括一定的经验教训以及基于这些经验教训的权利理论"(2005,6)。德萧维奇称,将权利体系建基于公认的恶而非完满观念的主要益处在于:在建构最美好的至善社会的问题上,我们永远都无法达成一致意见,但越来越多的学者承认,我们从来都不希望重返往昔最坏的社会或重新遭遇令人悲痛的非正义。诚如德萧维奇将非正义置于他分析的最前沿,这是一个让人满怀希望的开端。不幸的是,他无法澄清非正义理论,甚至无法厘清非正义概念的定义。相反,如阿玛蒂亚·森一样,德萧维奇选择了一种不费吹灰之力的策略,他罗列了许许多多的非正义案例,其中包括大屠杀、苏联肃反运动、柬埔寨和卢旺达的种族灭绝、奴隶制、私刑杀害、宗教法庭、10 万余名日裔美国人遭拘留、"9·11"恐怖袭击、巴厘岛和马德里的恐怖袭击,等等。

如果有人妄想着所有的非正义案例分析都具有某些共同点,这一点肯定会令人失望。德萧维奇承认从这些恐怖事件的教训中我们无法达成统一的意见,但他表示他的方法无须"全体一致或近乎全体一致地同意把这些案例或任何其他案例作为完美的非正义"(2005,7)。即使是这样,一系列非正义案例并没有自然而然形成非正义理论。因此,我们在研究非正义问题时应当采用一种与此完全不同的方法。

博格论正义

在当代政治哲学家中,托马斯·博格明确强调,要对社会非王义作一详尽说明。在《世界贫困与人权》一书中,博格直接告诫我们,将不平等与非正义等同起来的做法是有误的。并不是所有的不平等都是非正义,虽然不平等一般构成非正义的症候。[1] 如此一来,博格勘定了极端不平等(radical inequality)构成的基本条件[2],以彰显作为非正义的不平等

---

[1] 关于不平等与非正义的密切关系,参见 D. Dorling (2010)。

[2] 当贫穷在绝对意义和相对意义上都很严重的状况下,会发生极端的不平等,这种不平等是难以撼动、普遍存在且不可避免的。

本身。据博格称,构成非正义须满足如下三大基本条件:

1. 共享的社会制度的结果

   a. 由富人制定的共享的制度秩序被强加给穷人。

   b. 制度秩序再次促成极端不平等。

   c. 不能以社会以外的因素来追问正在生成的极端不平等。

2. 顽固地排斥对自然资源的享有权

   a. 在单一自然资源的享有权上,富人占据绝对优势,他们无偿占有这些资源从而排斥穷人对这些资源的享有。

3. 公共的、暴力的历史的结果

   a. 在到处充斥着邪恶的单一的历史发展过程中,富人和穷人的身份标签出现了。

在非正义问题上,博格总结道:"此书的核心主张是,一旦一种强加的制度秩序不可避免地带来大多数人的权利的缺失,这种制度秩序则是非正义的。"(2008,263)

无可置疑,博格已经触及非正义普遍考察的许多方面,从明显缺乏公平的竞争环境(如一些国家制度和国际制度的设定不惜牺牲穷人权益以保障富人权益)到列举历史上的非正义事件。博格的分析有许多值得赞赏的地方。首当其冲的是,博格明确强调了非正义的分配向度,这避免了将非正义等同于恶行、恶意蓄谋或冷血暴行。

我对博格关于社会非正义的界定唯一(少许地)持保留意见的,是他精心设想的关于全球贫困化的说明。换句话说,博格详细地向我们分析了关于全球贫困化的社会非正义,但是他的这种界定方式是否能够用于说明其他的社会非正义事件——比如说,从腐败和裙带关系到剥削和种族主义——则就不一定了。以下两个问题暴露了博格的社会非正义观存在的内在弊端。

首先,博格沿着罗尔斯的路径,[1]把社会正义完全视为一个制度问题,因此,社会非正义首先就成了一个制度问题。另外,许多非正义案例 9 都是在制度内发生的,这点倒是不错,但非正义的外在向度也是不能忽视的。20世纪70年代的女性主义的标语"个体即政治"至今仍然有效。个体非正义即政治非正义。强调制度非正义,则意味着忽视了制度外非正义的政治场域。

其次,博格认为非正义发生于某些群体(如穷人)被排斥于利益之外。在这个意义上,他倾向于承认的唯一事例是:穷人被排除在享有自然资源优势的人群之外。毋庸置疑的是,当自然资源的分配问题成为非正义的主要来源时,这点远比穷人无法享有特定资源的看法显得有意义。但同时,社会资源(如社会网络、社区生活和家庭生活等资源)的享有与自然资源的享有一样重要。这种社会资源排他性所带来的非正义与自然资源的排他性所带来的非正义无异。

博格对于社会非正义的说明开了个好头,他在这方面的贡献在同时期的学者当中应该是最突出的。接下来,我将试着在博格的基础上进一步推进社会非正义的一般理论。

社会非正义的三重向度

关于社会非正义思想较为恰当的说明,必须包括很多关于非正义的直觉和洞见,这些直觉和洞见所涉及的主题比过去150年所涉及的(从盖斯凯尔和恩格斯到阿玛蒂亚·森和博格)重要得多。在勾勒社会非正义时,我们必须注意社会非正义的分配因素,诚如博格坦言的那般,以免非正义成为世间一切邪恶事物的修辞性口号。然而,我们还应注意不要把分配仅局限于制度问题,抑或设想自然资源的获得只是唯一一种值得

---

[1] 虽然博格在许多问题上不同意罗尔斯的意见,参见 Pogge (2008), ch. 1 "Human Flourishing and Universal Justice"。

我们关注的分配方式。

如果我们理清了社会非正义的三重向度,那么我们将有可能弥补这一缺陷:

1. 作为分配不均的非正义

社会非正义是一种不当而有害的利益和责任的分配方式,这些利益和责任因社会合作的产生而产生。当利益和责任的分配标准不是每个人都能合理接受(特别是一部分人的分配所得少于其他人)时,非正义就产生了。另外,

a. 这一标准有可能既适用于制度背景,又适用于非制度背景。

b. 这里的利益和责任,既包括自然资源,又包括社会资源。

2. 作为排他的非正义

社会非正义包括利益和责任分配过程中使法定接受者受他方排斥的行为和制度。不管是个人还是组织都有可能遭遇非正义的排他性向度。

3. 作为去权力化的非正义

社会非正义暴露和利用个人的缺陷;非正义的受害者的权益受到侵犯,因此受到因社会合作而产生的利益和责任分配的排斥。

社会非正义的第一个向度是作为分配不均的非正义。这包括了博格、阿玛蒂亚·森和其他学者的许多可行观点,尽管它试图超越这些学者的看法。如同博格一般,我相信社会非正义是社会制度的最大毒瘤。但是,我与博格不同的地方在于,我认为分配不均这一向度同时超越了一般的制度场域。妇女被排斥在社群的民主生活之外,这就是一种制度场域之外的非正义现象。这与一对父母把更多的资源(养育和教育资源)投在他们的儿子而不是女儿身上,是一个道理。此处我所强调的性别不平等正回应了森所提到的"根深蒂固的社会分化",但这仅仅是因为此种"社会分化"对分配标准的影响深远。归根结底,我们与其把精力放在社会分化(或不平等)的问题上,倒不如放在社会非正义的问题上更好。

强调不平等是非正义的本质的看法,虽然是一种大胆的尝试,但这种

做法却是不明智的。把非正义与不平等混淆是很多文献所犯的通病。[①]
仅凭一件事的不平等,不能判断它就是非正义的。举个例子来说,父母
和子女之间的不平等不一定就是非正义的。父母并不会恰好以同一种
方式对待所有的孩子,这不见得就是一件非正义的事情。当然,除非父
母在分配家庭资源的过程中永远都偏向某一个孩子。在重男轻女的家
庭氛围下,女孩在受教育机会和养育条件上确实受到了显著的不公正待
遇。因此,可以说,确实存在不平等转化为非正义的现象,但这并不等于
说不平等就是非正义。

不平等为产生强权和弱权这一对立的社会关系创造了条件。当且
仅当某人为了获得具有偏向性的(广义的)资源分配并利用这些不平等
时,我们才能说非正义行为产生了。因此,我们有必要来谈谈非正义环
境和非正义行为之间的区别。非正义环境指为弱势或无力群体的产生
制造条件的结构性不平等,它为偏向性的资源分配方式的产生提供了可
能性。当一位社会行动者利用非正义环境为己谋利而损害到他人利益
时,我们就可以说这种行为构成非正义行为。

剥削是非正义的一个标准案例(参见本书第四章内容)。结构性环
境使得剥削成为可能,也即基本的生产资料和资源的初次分配的不平
等,这就是非正义的环境。剥削行为增强了两个社会行动者之间的权力
剥削关系,它不仅制造了受剥削群体的屈辱感、弱权感、无力感等意识,
同时还诱发出超过受剥削群体可接受范围的资源分配不公,这就是非正
义行为。这点不管对个体还是组织都是成立的。

社会非正义的第二个向度是排他非正义。这一向度告诫我们,除了
问题重重的资源分配的标准之外,人们(个体或组织)还常常由于不被承
认而被排斥在社会正义的利益体之外。

---

① 譬如,诺曼称不平等就是非正义,因此是恶行,参见 R. Norman(2002);同时,加尔通不仅把
暴力等同于非正义,而且把不平等也等同于非正义,参见 J. Galtung(2009)。

在当代政治哲学家中,艾利斯·杨是第一个强调正义理论的排他问题和不被承认的非正义问题的。艾利斯·杨对以非正义为轴心的压迫学说的强调,对后来的文献意义重大。另外,我们很难不同意艾利斯·杨关于非正义的排他性和不被承认的分析,我们不禁感叹艾利斯·杨虽然意在用非正义的第二个向度取代第一个向度,而她的主张却恰恰相反。这点看似令人遗憾,实际上大可不必。我们需要做的是综合社会非正义的这两大向度,把非正义的排他性嵌入分配不均的非正义的分析中。

我对艾利斯·杨的分析方法所持的保留意见主要在于,她相互交错地运用了"压迫"(oppress)和"非正义"术语。艾利斯·杨在告诫我们"压迫是一种表示固定或削弱组织力量的结构性现象"(1990,42)之后,罗列了相当于非正义范畴双倍的五种压迫类型:剥削、边缘化、丧权、文化帝国主义和暴力。[1] 当然,艾利斯·杨的话一方面是正确的:压迫和非正义有很多共同点,但它们并不是同义词。受压迫是一种非正义,但非正义并不一定需要或导致压迫。但她这样做的风险是,以一系列压迫的非正义案例而非通过非正义的概念来分析。

艾利斯·杨的非正义分析法构成南希·弗雷泽的非正义分析的起点,虽然弗雷泽比艾利斯·杨走得更远。非正义观是弗雷泽著作的前沿问题,同艾利斯·杨一样,她热衷于将承认政治学(the politics of recognition)与再分配政治学整合起来研究。然而,对弗雷泽来说,非正义是一个笼统的概念,它既包括其他关于非正义的全部洞见,又包括

---

[1] 剥削:"一个社会组织的劳动成果转而让他人受益的稳定过程"(Young,1990,49);边缘化:"被排斥于社会生活之外,因而可能遭受严重的物质剥夺乃至惨遭灭绝的人群"(同上,53);无权:"缺乏权威或权力的人群……他们只能听从权力发号施令,却无法驾驭自身的权力;处于无权状态的人必须执行命令,而他们基本上没有决断的权力"(同上,56);文化帝国主义:"遭遇文化帝国主义意味着遭遇某个组织以其特定视角对它实施某种不可见的社会统治,同时,这是一个组织区别于其他组织的特征"(同上,58—59);暴力:"某个组织的成员生活在如下这样一种恐惧中:他们无意去伤害、羞辱和侵犯他人,但是他们自己的人身和财产却受到随意攻击和剥夺。"(同上,61)。

"文化的或符号的非正义"。

> 此处的非正义根源于表达、诠释和沟通的社会模式。包括文化统治(属于与其他文化如异国文化或敌对文化相关的表达和沟通模式)、文化不认同(通过权威表达、沟通和诠释等文化实践的方式得以隐匿)以及文化不尊重(一般在刻板的公众文化表达和日常生活交往中被诋毁和无视)在内的实例。(1997,14)

显然,文化统治、文化不承认和文化不尊重等社会罪恶应该得以纠偏,以上提到的这些非正义的事例延展了非正义的概念,这些事例使得非正义概念具有更强的修辞学意蕴而非纯粹的分析。最后,承认政治学使得非正义概念超越了承认问题。①

米兰达·弗里克向我们展示的排他的非正义分析法或许更为有效。在最近的著作《认知的非正义》中,弗里克为更好地理解非正义的第二向度新添了一种宝贵的洞见。当提及艾利斯·杨的著作时,弗里克的《认知的非正义》捕捉到了作为非正义第二向度的排他非正义的最原始且深切的一面。在这本集认知和伦理于一体的著作中,弗里克详细地阐述了证言非正义(testimonial injustice)的认知效应。证言非正义产生于某人作为理解者受信息误导致使其理解能力受影响。当一个表述者或叙述者接受了他本应能判断出来的不可信的信息时,他却被该信息误导。在这种情况下,他就遭到了误导、孤立,同时也得不到应有的尊重。用弗里

---

① 杨和弗雷泽把注意力放在组织而不是个体上的做法也是有问题的。对杨和弗雷泽来说,承认政治是组织的承认政治,而不是个体的承认政治。但这是为什么呢? 有一点是真的,那就是组织也可能成为非正义的受言者,但杨和弗雷泽有时给人的印象是,他们一般都只关注组织非正义而忽视个体非正义。他们对文化的关注还有很多地方需要进一步的解释。诚然,杨是从文化的视角来界定社会组织的:"可以通过文化形式、实践和生活方式来区别不同人群"(1990,43)。对我来说,要想对非正义作出全面的分析,还必须把组织经历考虑在内,最后我们对组织非正义的兴趣,还通过该组织中的个体所遭遇的排他非正义的经历反馈出来。对我而言,对组织非正义的此种强调构成西蒙的社会非正义界定的最大缺陷:"社会非正义包括社会对那些不认同组织的相对弱势的个人的处罚"(T. Simon,1995,30)。

克的话来说就是："证言非正义的核心事例是基于认同偏见的诚信缺失（identity-prejudicial credibility deficit）。"（2007，28）弗里克阐明，破坏某人的知情权是一种强有力的工具，它通常被用作沉默的机制；证言非正义通过有偏见地先发制人来压制某人。

虽然非正义的第二向度——排他向度直到最近才浮出水面，但它的重要性不亚于非正义的第一向度。在认知非正义的情境下，对非正义的强调与一般的关注点完全不同：问题不在于如何分配资源（如采用何种标准或原则进行分配），而在于分配的对象（如谁是资源的合法接受者）。当然，如何分配资源和资源分配给谁这两个问题是相关的。首先我们确定稀缺资源竞争中的合法接受者，而后我们想出最佳的分配原则对这些资源加以分配。当然，合法接受者越少，他们被分配到的资源就越多。因此，如果我认为被分配到的资源越多越好，那么我必须完成以下三件事：第一，跻身于资源分配的受益群体中；第二，尽可能将其他利益竞争者挤出去；第三，争取有利于我方而不利于他方的分配原则。

关于社会非正义的文献的关注点基本上都落在上述第三点上，即资源分配标准和原则上，而很少有学者提到第二点，即排斥他方获得社会利益。弗里克的认知非正义详细阐明了这种排他的非正义。认知非正义是一种权力滥用的形式，遭遇认知非正义的人同时遭遇了无能为力。同理，实施认知非正义意味着对他人权力的剥夺。

全面评价弗里克对社会非正义的贡献的关键，是要解答她的书为何以"认知的非正义"为名，而不是以"认知的罪恶或认知的邪恶"为名？否定诚信不仅仅是一种邪恶，也是一种非正义。非正义存在于这样一个事实中：否定诚信，即被迫缄默，而被迫缄默是将一部分人排斥在社会合作的利益和责任体之外的有效方法之一。

最后，我们可以把非正义的第三向度表述为去权力化的非正义。这一向度告诫我们，人们遭受着不公待遇，受害者的这些经验或深切体会应当成为我们探究的起点。从非正义受害者的描述中我们可以清楚地

14

看到：人们无法忍受非正义的原因在于，一种非正义行为使得人的弱点被暴露无遗，由此，这部分人就有了权力被弱化的感受体验。这种情况之所以发生，是因为作恶者与受害者之间的权力不平等。① 非正义的这一向度在某些方面与杰弗里·库皮特（Geoffrey Cupit）所描述的非正义境遇相似："把他们视为低人一等的人群看待，以高高在上的姿态对待他们。"（1996，2）

对非正义的第三向度最好是通过关于暴力的文献来加以把握，特别是要弄清楚为什么我们认为暴力既是坏的，在表面上看来也是错误的。虽然非正义和暴力是两个不同的概念，两者相互之间也似乎没什么交叉，但关于暴力的体验与非正义的境遇却十分相似。暴力比非正义显得更为极端，我们或许可以通过暴力来窥视非正义之恶；换句话说，非正义的真实性可以通过暴力加以窥视。②

暴力和非正义都可以通过受害者的视角加以界定，因为不管是在遭受暴力还是遭受非正义的情况下，受害者都感受到了无力和脆弱。从关于暴力的文献中我们可以了解到，受害者之所以遭受无视和羞辱，恰恰是因为暴力的实施正是暴露他们的无力和脆弱的过程。诚如罗伯特·利基（Robert Litke）具有说服力的指认："我们用暴力这一术语责难一部分人利用武力和政策削弱或侵犯他人权力的行为。这就是暴力的核心：剥夺他人的权力。"（2009，298—299）使非正义既坏又错的是，非正义的受害者，就像暴力的受害者一样，被欺负成一种无能为力的状态。这正是正义的一大问题，因为我们正在接触的是一个重要资源的分配问题：¹⁵权力分配问题。使权力弱化成为非正义的一个问题的原因是，一部分人的权力的获得以另一部分人的权力的丧失为代价，对于那部分丧失权力

---

① 我的正义观与库皮特的稍有出入，差异在于我强调非正义的受害者的权力的丧失，而库皮特则更多关注于人的身份地位问题。当然，身份地位是一种权力形式，但权力的范围远不止于身份地位。同时，库皮特比我更赞同把正义这个概念视同为荒漠。
② 关于这个问题，参见 Bufacchi（2007），Ch. 7，"Violence and Social Justice"。

的人来说即遭受了权力的弱化。鉴于实现权力的公平分配是正义社会应有的善,即使不是最为重要的善,①那么,只要人们遭受到去权力化,就意味着非正义现象恰恰发生了。

众所周知,非正义观涵盖了各种不同的实例。一个为人熟知的极端事例是工作场所歧视,另一个极端事例则是种族及其文化的灭绝。② 歧视与种族灭绝的共同点在于这个问题根本上是关于资源分配的问题;这说明种族灭绝不仅仅是罪恶的事例,同时还是社会正义的特定问题。其原因在于,尽管两者存在鲜明的差异,但种族灭绝和歧视仍具有如下共同点:其一,受害者遭受着权力丧失;其二,结果有利于受益者的权力积累,即牺牲受害者的利益以使受益者享有更多的公共资源。

在非正义旗帜下,种族灭绝的内涵将有可能引发一系列新的问题,因此对这个问题必须进一步阐明。仅凭种族灭绝的罪恶性难以将其定义为一种非正义。如同克劳迪亚·卡德(Claudia Card)直接指认的那样,不是所有的非正义都是罪恶的,因为有些非正义相对来说是可以忍受的,它并不对人们的生活产生深远的影响,尽管非正义"使一部分受害者遭受无法忍受的利益损失,但这不至于要了他们的命"(2005,240—241)。同理,不是所有的罪恶都是非正义,种族灭绝不仅仅是一种盲目的残暴行为,它还是一种将一个种族或民族排斥在享受稀有的全球资源之外的制度性的努力。因此,种族灭绝不仅仅是一种罪恶,同时还是非正义的实例。

结　论

本章试图阐述社会非正义提出的意义。任何一种社会正义理论都

---

① 在《利维坦》中,霍布斯称我们的权力欲、富有欲、求知欲和荣誉欲统统都"可以归结为第一种欲望,即权力欲。富有欲、求知欲和荣誉欲只是权力欲的表现",见 Thomas Hobbes, *Leviathan*, Ch. VIII, [15],1994, 41。
② 西蒙将种族灭绝视为"范式非正义"("the paradigmatic injustice"),见 Simon (2005, 73)。

必须以透彻理解社会非正义为前提。以此为起点，我提出了社会非正义的三大向度：分配不均、排他性和去权力化。一种行动或政策能否被视为非正义，首先要看它是否涉及非正义的第一向度（分配不均）。虽然分配不均能够自我生成，但它多半与社会非正义的其他两个向度（排他性和去权力化）相伴而来。社会非正义最糟糕且最难以克服的状态，是三种向度一并呈现。

16

第二章 政治哲学何以重要：社会非正义的必要性

　　在过去的 50 年间，政治哲学历经了一种前所未有的发展，各种思潮势均力敌、相互推进。诚然，有人可能会说这一学科从未像今日这般受人瞩目。政治哲学并不是一向都如此炫目。多年来，布莱恩·巴里一直在警告我们，政治哲学这门学科在获得其成功的背后正陷入困境。随着政治哲学家们的争论日益激烈化，政治哲学的关键点变得尤为模糊，这使得政治哲学在技术化的迷雾中失去了方向。巴里在最后的遗著中试图力挽狂澜以避免这一趋势进一步发展；《社会正义何以重要》不仅是一部关于社会正义与社会非正义的不同凡响的著作，同时也是对政治哲学关键点的有力和不可或缺的提示。

　　为了重估社会非正义在政治哲学原理中的作用，本章将探讨巴里对政治哲学的贡献，关注点将聚焦于巴里逝世前的一些主要作品。在巴里过去 50 年发表的所有关于政治哲学的著作中，他首要的写作动机就在于揭示和修正社会非正义理论。巴里因其学术成就与学识至今仍旧称得上政治哲学家的楷模，尤其是那些有志于社会非正义研究的学者们的楷模。

当代政治哲学的困境

巴里的《社会正义何以重要》是自 20 世纪 60 年代——当时政治哲学正处于最严峻的时刻——起学术史上最杰出的著作。为了全面评价巴里的贡献，我们必须追溯到 50 年前，回顾巴里刚进入政治哲学界时的学术背景。

早在 20 世纪 50 年代之前，政治哲学已死的说法就众说纷纭。[①] 根据这一说法，拉斯特雷（Laslett）宣布政治哲学已死。他写道："在这一刻，不管怎样，政治哲学都已经死了。"（1956, vii）尽管事后回想把逻辑实证主义作为导致政治哲学死亡的罪魁祸首的说法有些夸张，但拉斯特雷认为逻辑实证主义这一哲学传统应为这一后果负责。诚然，更准确地说应该是，逻辑实证主义进一步将功利主义推为 20 世纪 50 年代之后英裔美国人的政治哲学的主导范式。就这样，逻辑实证主义与功利主义一道成为扼杀政治哲学的必不可少的成因，仅凭这两个传统中的任何一个都无法达成这种效果。正如巴里（1990）直接指认的那样，激活政治哲学的重任，必须要在功利主义走下圣坛的前提下完成。这就是 20 世纪 60 年代和 70 年代早期激活政治哲学的过程。

巴里对为政治哲学注入新活力起到了关键作用。他在牛津大学完成的博士论文——这是他后来影响广泛的《政治论争》（1965）的雏形——的指导老师是哈特教授（H. L. A. Hart）。在该书中，巴里为我们提供了关于道德哲学和政治哲学问题的最为清晰且富有创见的概念分析，其中包括正义、平等、公平、公共利益、民主、自由主义、自由和自然权利等概念。在某种意义上，巴里重拾逻辑实证主义认为无意义而忽视的一切概念，并表明这些概念在功利主义的研究范式之外是有意义的。我

[①] 参见 R. Plant（1991），N. Barry（1995），S. Buckler（2003）。

们并未过分强调 1965 年的《政治论争》的影响力,因为这本书将政治哲学重新拉回到现实生活中,它在这方面的贡献远超同时代的其他文献。诚如菲利普·佩蒂特(Philip Pettit)所坦言的:"我们有理由说,巴里的著作标志着分析哲学长期的政治沉默的终结。"(1993,11)

与拉斯特雷的预想不同,今天政治哲学呈现出来的是一种良性状态:有大量的专注于道德哲学和政治哲学的哲学杂志;当今世界几乎每个哲学系都教授政治哲学。事实上,任何暗示这一学科正走向衰落或正 *19* 陷入困境的看法都会遭到嘲讽和奚落。然而,可以说,今天的政治哲学正被它的成功扼杀。不管如何,巴里认为:

> 今天的问题与 1961 年我所作的判断相反。我时不时有一种不祥的感觉,这一文献(学科)已经获得一种自主性的存在方式,而且拥有一把宛如被巫师的学徒施了魔法的扫帚柄。(1989b,18)

为了全面理解巴里的警告,我们应该勾勒出过去 50 年间政治哲学和分析哲学的平行发展脉络,这对我们是有启发意义的。分析哲学过于专业化的特点为越来越多的专业学者所诟病,其中包括海姆伦(D. W. Hamlyn,1992)和最近的罗蒂(Richard Rorty,2005)。甚至连索姆斯(Scott Soames,2003)也在他权威的厚达 900 页的两卷本《20 世纪分析哲学史》中承认,分析哲学是由专家们首先为其他领域的学者完成的,这使得罗蒂(2005)推测英语哲学界是否已经不再与学术界有任何关联了。同时,这也让罗蒂怀念过去的美好日子:当时的哲学家常常认为他们这个学科应该保留一种福音书的视角——常常思考世界万物是如何联系在一起的。

同分析哲学一样,政治哲学同样经历了一场"技术"变革,全身心地关注日益专业化的问题。专业的政治哲学家在专业期刊上所争论的问题变得越发精细化,乃至远离了那些非首创的、写给同行专家们看的观点。许多技术性的争论并非不重要,这些争论确实推动了这一学科的发展。然而,如同分析哲学一样,政治哲学也陷入了如下困境:只见树木,不见森林。

社会非正义的问题

　　巴里之所以写《社会正义何以重要》,一方面是为了回应当代政治哲学过于技术专业化的弊病,另一方面则是提醒我们,为什么我们不再有机会去重视社会正义了。过去的数年间,政治哲学专家在学术期刊上发表的文章与巴里所理解的真正的政治问题相距甚远,对此,巴里感到越来越失望。巴里为了批判这一弊病,列举了政治哲学家讨论平等的方式:"'流行的平等主义的正义观'的追求就像对圣杯(Holy Grail)的追索一样失败。这些事例的问题在于,他们所追求的东西是不存在的。"(2005,22)巴里认为政治哲学家们争论这些错误的问题简直就是在浪费时间。但这些政治哲学家有时也会提出一些好的问题,如教育、医疗、财富等的不公和不平等,但他们往往又得出一些不正确的结论。

　　巴里论教育、医疗和财富的不平等的章节不仅读来有趣,而且为后来的政治哲学研究的同仁们提供了样板。通过运用不同的资源——从学术文献到报纸新闻,巴里总是能够将其与政治哲学关联起来,为政治哲学增添新的内容;不仅仅是决策者能够从专业的政治哲学中学习到新知识,更为重要的是政治哲学家们能够从人们每天处理各种问题的实践中汲取有用的知识。巴里对教育、医疗和财富的分析始终贯穿着一条主线:累积的优势与劣势;那些没有受过良好教育、不健康的和出身贫寒的人基本上都经历着同他们父母相同的命运,这种生存状态在他们的后代身上还在不断重演。同时,那些从这种不平等条件中获利的人将继续从中获利,不仅他们这一代人获利,而且世世代代获利。这就是社会学家所称的"社会流动性"(social mobility),或许我们可以更确切地称之为"社会非流动性"(social immobility)或"阶级隔离"(class stagnation)。

最近的实例表明,在西方国家中,只有美国的向上社会流动性不如英国,它的中产阶级儿童成功晋升为未来的中产阶级的比率高出工人阶级儿童的15倍。以2002年的一项调查为例,巴里指认社会流动率确实有所降低:"出生于1970年的人比出生于1958年的人更有可能处于收入分配的四分位数上。"(2005,61)

在教育方面,数据所呈现的社会阶级间教育质量和受教育机会的不平等令人沮丧。这些数据告诉我们,在英国的牛津大学和剑桥大学,贫困家庭出身的人数只占9%,而出自私立学校的学生(其只占学龄人口的7%)进入精英大学的比例超过一半甚至更多。2002年,仅有15%的工人家庭的孩子进了大学,而专业人士家庭的孩子上大学的比例高达81%。在美国,收入靠前的家庭把自己的小孩送进大学的概率超过底层人民的10倍。

当然,接受大学教育只是其中的一个小例子而已。事实上,等孩子到了上大学的年龄,这种危害早已深入骨髓了。英美国家的公共教育质量通常都很糟糕,特别是在工人阶级社区。在这些国家,金钱是可以买到教育质量的:要么搬进名校附近的昂贵学区房,要么进入昂贵的私立学校。事实上,在英国的私立学校,平均每个学生每学年可以从纳税人那里获得2000英镑的津贴,这让纳税人雪上加霜。在美国,由于大部分学校的主要资金来源是财产税,因此,富裕社区的学校条件好,而贫民窟的学校条件则十分恶劣,花费在每个孩子的教育上的费用从最高的超过8000美元到最低的不足4000美元不等。有一点我们都不会引以为奇:在美国,收入和阶级的明显区分造成了种族隔离,大多数非裔美国孩子只能接受最差的教育。长期如此,就造成了17岁的黑人孩子的平均阅读水平与13岁的白人孩子的平均阅读水平相当。巴里的《社会正义何以重要》一书用了整整一章的内容说明了非裔美国人群体所遭受的社会非正义,这一章的题目是"黑人集中营的形成"(The Making of the Black Gulag)。

巴里承认，他不是只为了揭示问题，更重要的是他想找到解决问题的对策，"我提出我们应该把社会正义的需要视为 18 岁获得平等教育的满足"（2005，47）。在此，"平等"（equal）不应该被理解为严格意义上的"相同"（identical），而应该被理解为"同等"（equivalent）：

> 譬如，在英国的教育制度下，相似的（大学入学）成绩可以被接受为同等水平，而不管录取的对象是谁。在美国，从知名中学毕业与获得好成绩同等重要。（Barry，2005，47）

接着，巴里更具体地分析了这种教育制度背后的详情：

> 社会正义的第一个需要就是改变孩子的出生环境和成长环境，使其尽可能享受后天的平等，这包括（虽然绝不仅局限于）家庭间的物质平等。第二个需要……则要求社会整体体系的干预，以尽早弥补环境的缺陷。（Barry，2005，58）

巴里设想了对上述观点的可能反驳意见。对不平等的一个较为流行的论证方式是世代相传的教育背景。有些学者认为教育环境的后天弥补说是很愚蠢的，因为它只能导致昂贵的资源浪费；科学家不断告诉我们智商（IQ）很大程度上是遗传的，我们应该承认一些人生来确实天赋禀异。对此，巴里持反对意见。巴里十分反感任何一种形式的伪科学，他试图推倒包括 IQ 遗传说在内的种种伪科学的想法。巴里用了整整一章（"科学的滥用"）来推倒 IQ 遗传的神话，在这一章的开篇他就指出，我们对 IQ 和学术成就之间的密切关系不应该感到诧异，因为 IQ 测试侧重于抽象问题和谜题，而这种解开谜题的能力能够在特定的学术主题上找到契合点。换句话说，一个孩子上了一所好学校，学习了某些学术主题，那么他在 IQ 测试的推理能力上就得到了锻炼。除此之外，巴里还质疑了英才教育理念的遗传基础，他认为个人之间的成绩差异不应该归咎于"内在智力"的差别，而应归咎于"反应形式"也即特定的基因类型对特定环境的反应的差别。由此，"在一定意义上可以说，［IQ］差异取决于环境，不同的基因类型在不同的环境下形成不同的 IQ"(Barry,2005，122)。

在揭示了"内在智力"的一个指标——IQ——的秘密之后,巴里继续挖苦其他的政治哲学家:

> 我还不知道有哪一位政治哲学家(他们的大部分著作我都已经阅读过)不是基于假定个人的认知能力都是"天赋的",来讨论包括平等机会在内的问题的。他们想当然地认为存在一种天赋。关于儿童接受平等的教育机会的流行概念,显然也同样预先设定了这种既定"天赋"的存在。(2005，123—124)

23

除了天赋的问题,政治哲学家们发现巴里对他们关于健康和财富问题的研究状况也十分愤慨。在健康问题上,巴里的困惑在于政治哲学家们只讨论卫生保健的问题,而不是健康的问题。对于财富,巴里认为政治哲学家们只关心劳动所得,而忽视了非劳动所得。

> 当政治哲学家强调社会正义和金钱的问题时,他们基本上不可避免地关注一个问题:不平等的所得及其合法性,他们试图把这部分所得等同于劳动所得。(Barry,2005，186)

巴里的观点是,政治哲学家们在讨论经济不平等时,并没有凸显财富自身的意义,而巴里认为他们的这一看法恰恰背离了事实;劳动所得只是收入的来源之一,非劳动所得比劳动所得的分配方式显得更不公平。由此看来,在任何一个富足的国家,财富都是造成全部的收入分配不均问题的关键因素。①

不平等,不是贫困

今天,平等主义政治哲学家所讨论的关键在于,平等主义的核心问

---

① 应该说,是罗尔斯把"财富"列为五大关键要素之一;根据其正义原则,进行公平分配的其他四个关键要素是:权利、机会、收入和自我尊重的基础,但罗尔斯并没有详细讨论财富的问题。财富问题也未能得到其他政治哲学家的足够重视。

题是消除贫困问题还是抵制不平等的问题。巴里在其著作第十三章"不平等的病理学"中总结如下:

> 至少我并没有否定贫困作为基本生存条件的缺乏是极大的恶……然而,我坚信一点:贫困的标准与他人收入无关这种观点是无稽之谈。学界普遍(无批判地接受,譬如罗尔斯)认为,只要你的物质条件不变,那么你永远不会比其他大多数人的生活条件更差。相反,我坚持认为相对贫穷意味着你在机会和社会地位上处于绝对贫穷。(Barry,2005,172—173)

巴里观点最显著的一点是,他警醒我们要重视相对剥夺和绝对剥夺的内在关联。这一点不仅对机会的界定方式尤其重要,同时也对经济后果(economic ramifications)的分析至关重要。所有的政治家都相信一点:机会来之不易。但纳税人提供充足机会诸如教育机会和享受医疗福利的机会的代价,不是一成不变的;这一代价总是随着不平等程度的变化而变化:社会不平等程度越高,提供机会的代价就越高。这不是一个小的代价,因为这表明整个社会所能容纳的不平等状态呈上升趋势。严格来说,拥有一副好牙或私人交通工具,有能力交换礼物或在酒吧买一桶酒,这些都不是基本的生活必需品。但在以生活水平极度不平等为标志的社会里,这些仍然是不容忽视的问题。

基于以上原因,巴里认为社会不平等问题与消除贫困问题一样重要。为力证这一观点,巴里(2005,178—180)举出经验事实表明犯罪与不平等和贫穷有关,就像他力证不平等对民主政治体制有害那样(2005,180—182)。在巴里出版这部著作后,最近美国和英国又有实例进一步证明了他的论点。美国人口普查局表示,贫困人口从2000年乔治·布什总统当选时的3110万上升到2004年的3700万,而不享受医疗保险的人群达4580万。这不仅是个贫困的问题,还是个不平等的问题。由劳工联盟提供的一份报告表明,越来越多的美国工人认为他们被社会遗忘了,其中 70％的人抱怨他们的生活水平在下降。事实上,另一项针对美国最大型的公司发起的调查显示,2004 年这些公司的总裁们的平均支出提高了 13％,达 1050 万。[①]

令人遗憾的是,英国的情况也好不到哪里去。一份来自国家统计局的聚焦于不平等的报告表明,1997 年(这一年正值布莱尔和工党执政)以来富人和穷人之间的差距越来越大。同期的另一份由卫生部发起的报告显示,1997 年以后富人和穷人的生活水平呈现出两极分化的趋势。堪忧的是,如果你是一个穷人,你有可能遭遇小孩夭折的厄运:1997 年,贫困群体的婴儿死亡率比平均死亡率高出 13％,到 2003 年则高出达 19％。最后,萨顿信托的一项研究显示,英国的社会流动率比除了美国以外的其他国家都低。[②]

机会不平等

巴里对不平等感受如此之深的原因在于,不平等破坏了实现机会平等的可能性,虽然我们当前的社会难以认识到这一点。机会平等的概念通常只是被界定为选择权或被选择权。巴里发现这种充斥着日常认知的对机会平等的理解方式是很可耻的,因为它导致关于个人责任和英才教育的荒唐设想,如上理解方式与荒唐设想一并导致了一切让人反感的不平等的合法化。

当今这种对机会平等的理解方式存在的问题是,它提升了恰恰是反人人平等的"平等理念"。现代社会把个人责任提升为个人最基础的和根本的美德。个人责任观支撑着我们社会最为珍贵的一切价值形式:努力、牺牲、成就和成功。

个人责任和英才教育的价值观因传播"你只要对自己负责"的信条

---

① D. Teather (2005).

② H. Stewart (2005).

而备受谴责。事实上，这一信条非但没有使一切形式的不平等遭到质疑，反而还固化了这种不平等，使其实现了合法化。个人责任观和英才教育是一种邪恶的神话，正如巴里所说："在此我们怀着这样一种意识：它通过神秘的合法化掩盖了现实本身。"（2005，40）

巴里之所以怀疑个人责任观，更怀疑英才教育理念，正是因为这些理念没有给人提供初始的平等机会。换言之，不是每个人都有平等获得机会的权利。每个人穷其一生都在努力争取各种资源，因为他们怀着一个可耻的信念："只要功夫深，铁棒磨成针"。巴里把资源界定为"人们拥有或可利用的外在之物——能使人们实现目标或至少给人们提供了实现目标机会的事物"（2005，21）。巴里用了很长的篇幅告诫我们，除了金钱，资源还能带来其他更多形式的好运气，"包括：拥有巨大词汇量的父母，许许多多的书籍，以及有利于增进好奇心、提高个人智力和教育质量的家庭环境"（2005，21）。 _26_

大多数论证个人责任和英才教育的理念的书籍首先如此假设：在生命中的某个早期阶段，每个人都享有获得未来成功的机会。这一设想正是巴里长篇攻击的对象：

> 由此，成功者与失败者的不同之处在于，他或她是否优先抓住了公平地对他们敞开的成功的机会：是否选择了正确的专业学科，是否更加努力工作，等等。（2005,39）

不幸的是，我们所生活的世界并非如此。正如巴里所阐释的那样，机会不平等在该概念产生之前就已经存在了；一些人生来就有的优势和其他一些人生来就有的劣势，是决定未来成功或失败的最关键的因素："恣意的不平等在该概念产生以前就已经存在了，因为母亲的健康状况和营养状况具有至关重要的作用。"（2005，14）身处有害环境中的母亲，如抽烟、喝酒、吸毒，生出来的孩子所处的社会层次就低。如果把我们放在这种缺乏教育资源和情感交流的家庭环境、恶劣的学校环境和低效的智力激励条件下,那么,向上社会流动(这是巴里著作的另一个重要主题)只不过是社会中的绝大多数人都难以企及的一种幻想,也就不足为奇了。

在最后的分析中,我们可以通过概括巴里的机会平等观来总结其社会正义立场。与那种有局限性的观点,即根据个人责任和英才教育来界定机会平等的观点不一样,巴里更倾向于建构机会平等和资源平等的内在关联。巴里把机会的概念界定为:"如果存在某种内在于我的权力,而且我会选择由我的权力去主导从事(获得)那些正在考虑中的事(物)的行动过程,那么,就存在从事(获得)那些为我而存在的事(物)的机会。"(2005,20)值得注意的是,巴里讨论的是"内在于我的权力"的行动过程,而不仅仅是"凭我的意志"的选择,因为把握机会往往需要的不仅仅是意志力。

> ……在特定时期,没有任何一种"意志力"能够克服人们所具有的脑力和体力的局限性。同时,我应该设想,人们也不可能通过"意志力"完全转变他们的人格。(2005,137)

我们所掌握的背景资源往往决定了我们是否有能力采取某种行动。

政治哲学的关键点何在?

如果我们确实从巴里教授那里受到了启示,那么我们就该明白政治哲学不仅仅是一门学术性学科。政治哲学的写作意味着要在理论范畴中展开政治实践。政治哲学的关键不仅是要开辟一片供专业学者和学生进行日益复杂的智力游戏的"竞技场",而这正变得高度刺激但也越来越无关紧要。政治哲学应该致力于实现三重目标:明确危害社会的社会问题和政治问题的性质,特别是社会非正义问题的性质;为未来社会政策的制定提供议程;提供解决这些问题的办法。

《社会正义何以重要》长篇讨论的问题之一,就是自由放任的资本主

义将给人类带来灭亡的现实可能性,该终结过程会比人们预料的来得
还快:

> 到 2100 年,人类有可能走向毁灭,又或者面临着核武器屠杀所
> 造成的生存空间不足,以及几乎足以将一切生命体赶尽杀绝的全球
> 温室效应等威胁。(Barry,2005,251)

在该书第 19 章"灾难?"和第 20 章"正义抑或覆灭"中,巴里强调了资源
紧缺、人口过剩和全球变暖等问题给人类造成的威胁。

这不是巴里第一次强调环境问题了,特别是代际平等的问题,这次
他从科学资料中得出经验数据,并重新阐述了其环境观。他用了较大篇
幅论述全球变暖幅度超过 2 摄氏度这一历史水平(这个标准是一个已知
的结论了)将造成的灾难性后果,再加上人口过剩会造成宝贵资源如纯
净水的紧缺,这已经成为并在未来会越来越成为冲突的根源。新奥尔良
和欧洲中部发生在 2005 年夏天的悲剧足以证明这一点。另外,飓风、灾
难性大暴雨和高温创下了前所未有的历史新高,这些灾难将随着全球变
暖程度的加深不断加剧。最后,全球变暖将对南极洲产生灾难性影响;
事实上,人类最大的威胁来自海洋,由于人类向大气中释放出大量的二
氧化碳和甲烷水合物(后者是一种超级温室气体),而这些气体目前被封
存在海洋下。

巴里提及即将到来的环境灾难并不是为了恐吓读者,也不是作为宣
告资本主义把人类逼上绝境的借口,更不是为了谩骂那些维护资本主义
的挥霍无度的顽固派。相反,巴里对未来的警告性评价的背后隐藏着更
为深刻的原因:他想要提出的是我们必须严肃对待社会正义问题,因为
他所贯彻的平等主义策略将可能是避免全球生态灾难的唯一途径。在
该书第 16 章中,巴里提问道:"我们能够实现社会正义吗?"在回答这个
问题时,他提出了一个更沉重的问题,那就是:"我们不能实现社会正义
吗?"巴里在《社会正义何以重要》一书中所提到的社会正义的平等主义

策略,不仅仅是坚定的老式社会主义学者的偏好问题,更是一个紧迫的现实问题。

我不是在宣扬我的预言能力。然而,有一件事是我敢断言的:目前的现实在生态上是不可持续的。这一事实的结果也蕴含着一种不确定性……但我想说的是,即使是在富足国家中对政治的不满情绪与日俱增的情况下,我们仍旧可以怀抱希望。一旦政治异议穷尽它自身的反抗性,它将变得无效。社会正义理论能够为追随者提供一种系统的批判和规划。这就是社会正义何以重要的原因所在。(2005,Ⅶ)

结　论

20世纪60年代,政治哲学从颓废状态中得以苏醒,该学科从其奄奄一息的学术环境中得以复兴。如今,政治哲学得到空前发展,然而它的高度复杂的分析特征,正在努力使其成为一门与大学讲堂之外的世界毫无关联的学科。随着政治哲学专家们陷入他们自身关心的问题争论,该学科正面临着被其他社会学科边缘化的风险。这就是尽管政治哲学当前尚处于良好的发展阶段,为何政治哲学家仍然要思考,如果沿着当前的研究轨迹只会使政治哲学越来越边缘化和无关痛痒——这一点是不可饶恕的——的原因所在。鉴于社会非正义的影响范围遍及世界各地,今天的政治哲学的重要性远远超过以往的时代。在《社会正义何以重要》一书中,巴里以无可比拟的手法指出了研究政治哲学的正确路径。这是一部所有政治哲学专业的学生和学者都无法忽视的著作。除了其他方面,巴里还提醒我们社会非正义的问题是政治哲学的核心问题,今天我们无论承担多大的风险都要摒弃社会非正义。

第三章　社会非正义研究：经验哲学方法论

　　本章探讨一种研究社会非正义的理想方法。我把这种方法论称为
"经验哲学"（empirical philosophy），是受乔纳森·格拉夫（Jonathan
Glover，2001）的《人性》（Humanity）一书的启示。① 该书的首章阐述了
整个 20 世纪的道德发展史。格拉夫称他希望发起一种更富有经验研究
性的伦理概念的分析。遗憾的是，除了某些概括性的评论，格拉夫并没
有进一步详细说明如何从事伦理学的经验研究，这使得伦理学实现向经
验学科的转向显得模棱两可。尽管格拉夫提出了实现伦理学转向的总
体目标，但他并没有给我们提供进一步推进的具体路径。我在本章中将
试图进一步完善格拉夫所提出的经验哲学方法论。

　　在本章中我将首先回顾大家所熟知的"应用哲学"（applied
philosophy）这一哲学分支的性质和范围，然后沿着应用哲学家常用的
"自上而下法"对它进行批判性的评价；同时，仔细勘定"经验哲学"的基
本原理，并进一步解释经验哲学法与"自上而下法"的差异。在批判性地
思考实现经验研究和哲学的联姻的普遍观点后，我将通过理论文献的整

---

① 很感激 Suzanne Uniacke 和 Des Clarke 对本篇论文的较早视角作出的评论。

理和对经验的研究结果的分析，进一步把经验哲学法付诸实践。

应用哲学

31   应用哲学是哲学的一门分支学科，它拒绝承认哲学无法解释压抑的生活困境。实践道德问题属于正统研究领域被越来越多的哲学家所接纳；事实上，应用哲学可以说是哲学中发展最快的一门分支学科。[①] 应用哲学的某些形式与哲学一样历史久远，彼得·辛格（Peter Singer）1979年出版的《实践伦理学》（*Practical Fthics*）进一步确定了应用哲学在当代的地位。在《实践伦理学》出版后，包括1982年发刊的《应用哲学国际杂志》（原名为《应用哲学》）、1984年的《应用哲学杂志》和1987年的《有机伦理学》（彼得·辛格是该刊物的编辑之一）等杂志在内的许多关于应用哲学的刊物随之面世。

  彼得·辛格是应用哲学的最早且至今仍最具影响力的研究者之一。在他的《伦理生涯作品集》（*Writings on an Ethical Life*）中，彼得·辛格指出他的第一篇关于实践伦理学的论文是发表于1972年的《道德哲学家》（"Moral Experts"）："自该论文在1972年面世后，我十分确信，该领域得到了极大改变，即便不是因为这篇论文的发表。或许可以说，这篇论文是转型时期的一个标志。"（2000，xiv）彼得·辛格所说的直到1972年这一转变才发生，在很大程度上是对的。任何一次成功的革命都需要一位杰出的领袖来开创，而彼得·辛格无疑就是这样一位披荆斩棘的人物。他发表于1975年的著作《动物的解放》（*Animal Liberation*）充分说明了这一点。然而，若论在推进应用哲学方面，1979年的《实践伦理学》的贡献则是无可比拟的，因为它有助于界定一门新的哲学分支学科，而不仅仅有利于解决单一的伦理问题。

---

① D. M. Rosenthal 和 F. S. Hehadi (1988)。

在《实践伦理学》的序言中，彼得·辛格对他写这本书的意图和范围作了如下说明："实践伦理学涉及范围很广。如果我们仔细观察就会发现，我们的很多选择会带来相应的伦理后果。"（1979，vii）彼得·辛格继续解释道，他的书无意覆盖实践伦理学的全部领域，而只是侧重于解决如下两个基本问题：其一是相关性问题（这是一个凡是有思想的人必定会遇到的问题），其二是哲学推理在何种程度上有利于讨论这些问题。因此，实践伦理学是哲学家被要求运用他们的技能来解决现实生活问题的这样一个特定领域。换句话说，如同认识论与知识层面相关，宗教哲学与上帝问题相关，实践伦理学与生活的实践问题相关。

应用哲学或实践哲学试图通过凸显哲学性来界定自身。应用哲学覆盖一切与实践问题相关的哲学研究。如同其他的哲学分支学科一样，应用哲学不限制于单一的目的或方法。事实上，我们可以说多样性是应用哲学的重要财富。在范围上，应用哲学既可以提出解决一个问题的办法，也可以仅仅提出和揭示亟待解决的问题。譬如，在伦理学上，如果人们希望应用哲学给我们提供解决实践伦理问题的办法，那么，就如同杰夫·范格文（Jef Van Gerwen，2002）指认的那样，如下三种主要方法将应运而生：法典分析法、案例分析法，以及合作或协商分析法。然而，事实上，理论的有效性远远不止于给我们提供亟待解决的日常问题的解决方案，正如奥诺拉·奥尼尔（Onora O'Neill，1988）直接告诫我们的那样，为了把一个问题完全视为一个道德问题，我们需要道德理论来加以支撑。因此，应用哲学不仅仅是一种方法论。

除了范围广的特点之外，应用哲学还具有方法多样性的特点。接下来，我将详细阐明应用哲学领域中的两种完全不同的方法。我把第一种方法称为"自上而下法"（the top-down approach），把第二种方法称为"经验法"。我之所以罗列出这两种截然相反的方法，是为了强调这两种方法都具有自身的合理性，因为它们在应用哲学中发挥着各自不同的作用。之所以要讨论这个问题是为了表明，应用哲学从自上而下的方法中和从转向经验法中都受益良多。

自上而下法

自上而下法是应用哲学中最古老的方法之一,也可以说是最普遍的方法之一。思考"应用哲学"这个术语时,产生如下疑问一点也不奇怪:为何会用"应用"(apply)一词?"应用"一词表达的是一种方法吗?[①]《牛津英文词典》告诉我们,"应用"表示"接近或与某物发生关系;置于某物之上,或放在某物旁边"。这表明,把 X 应用于 Y(apply X to Y),意味着 X 和 Y 相互独立存在。如下面一句话:

> 下周末我将给厨房的门进行二次涂刷。(Next weekend I am going to apply a second coating of paint on the kitchen door.)

这句话假定了"油漆"与"厨房的门"这两件事物相互独立,而将"油漆"施用于"厨房的门"仅仅表示把"油漆"刷在"厨房的门"上。同理,再如下一句话:

> 明年我将投入形而上学研究。(Next year I am going to apply myself to the study of metaphysics.)

这句话假定了"我"和"形而上学"相互独立共在,"投入"这一举动将两者联系起来。

自上而下法采用了应用哲学文献中的"应用"法。

第一阶段:先验推理。由于哲学推理在逻辑上独立于实践问题,因此它是通过先验界定而来的。在这一阶段,实践伦理学或应用哲学与其他的哲学分支学科没有区别。罗素(Bertrand Russell)指出哲学命题具

[①] 辛格对"应用"行为做出了很大的贡献,他的著作《实践伦理学》第一章的开头一句话就是:"这本书是关于实践伦理学的,是应用——我必须不断地使用这一术语——伦理或道德来解决实际问题的。"(Singer,1979,1)

有如下两个基本特征:

> 在第一阶段,一种哲学命题必须带有普遍性。这一命题既不讨
> 论地球表面上的,也不讨论银河系的,更不讨论任何其他空间和时
> 间维度上的任何一个特定事物的问题⋯⋯这就把我们带进了哲学
> 命题的第二个特征,即先验性。一个哲学命题之所以是先验的,是
> 因为它既不能被经验事实证明也不能被否证。(1965,37—38)

先验意味着"先于经验",它是经验的或者说基于经验的后验的反题。

第二阶段:演绎推理。在阐明一个先验的哲学命题之后,我们将紧接着来讨论验证这一先验命题的案例分析(现实的或假设的)。由于哲学命题及其案例分析是相互独立研究的,自上而下法在性质上则属于演绎法。这意味着自上而下法是由理论推导而来的:来自第一阶段的命题为了验证自身的有效性,必须实现与现存案例分析的结合。

第三阶段:案例分析的支撑作用。当面对每天发生的事情时,自上而下的先验推理和演绎推理就把案例分析的作用局限在支撑作用上。由于命题是由经验调查单独建构的,因此自上而下法使得应用哲学能够方便地应用于实践当中。案例分析,不管是现实的还是假设的,都仅仅被作为界定一种独立的道德理论的证据。事实上存在某种劳动分工,一部分人负责理论研究,还有一部分人以现实问题来验证理论正确与否。

回顾起来,自上而下法具有三个主要的发展阶段:第一,X(正在应用的某个哲学命题)和Y(命题应用的领域和对象)从逻辑上看是相互独立的。第二,X和Y在预定的演绎的过程中相互作用。第三,X是主要的,Y是次要的,因为Y的作用是为了支撑X。

自上而下法广泛流行于应用哲学中。在发表于1988年的一篇思想深刻的论文中,弗兰西斯·凯姆(Frances Myrna Kamm)以案例清晰地剖析了应用伦理学的实践方式。弗兰西斯·凯姆提醒我们:一般而言,用于解决实际问题的方法"是一般伦理学和哲学推理的应用"(1988,

163）。当然，一般伦理学和哲学推理的应用方式多样，弗兰西斯·凯姆根据论证起点是一套完整的理论、一个紧凑的核心概念、一系列与伦理思维相关的因素还是一整套普遍原则，提出了四种不同的方式。不管采取哪种方式，弗兰西斯·凯姆要强调的是"源于理论的案例决策"（1988，164），她将其视为"单向流"（unidirectional flow）。

恰恰因为这股"单向流"，自上而下法才具有鲜明的局限性。诚如弗兰西斯·凯姆所示，"哲学家应当试着将'现实生活'的问题上升为哲学的抽象性，而不是仅仅把哲学带入现实问题"（1988，170）。接下来我将谈谈应用哲学中另一种与自上而下法有别的方法，我把这种方法称为"经验法"。

经验法

一方面，格拉夫推动了我所称的"经验哲学"的发展，在此我必须引用格拉夫较长的一段话加以说明；另一方面，格拉夫反对我上述的自上而下法，同时他表明应该以经验法取而代之。

35

> 轻易地认为道德原则仅仅是拿来"应用的"，这种设想是可能的。但其结果可能会造成对某种功利主义，或是对诸如正义、自治、仁慈等一系列规则的机械应用。一旦发生这种情况，思想将全部朝着同一个方向发展。道德原则将被认为是理所当然的，或被以一种敷衍的方式推导，之后再从这些原则中推导出实践结论。而双向的相互影响的方式就会被无视。如果我们对这些道德原则的实践结果过分地一刀切，如果这些原则要求我们忽视或否定那些我们在面对实际的两难困境时所关心的事物，那么，这些道德原则应该得到进一步的修正。（2001，6）

值得一提的是，格拉夫把功利主义视为自上而下法的主要捍卫者之一。事实上，彼得·辛格的著作很好地说明了如何从功利主义的前提中推导出实用的结论。就连高明的功利主义者罗伯特·古丁（Robert

Goodin)也认识到了这个问题:

> 功利主义最大的优点之一通常在于,它可以为实际问题提供确定且言简意赅的建议。而它的一个很大的弱点往往在于,它不得不以公式化的方式朝着这个趋势发展(至少它受控于最为唐突的、一丝不苟的实践者)。罗列替代方案,罗列结果,把效用的数字一一对应,然后转动算术计算机的把手——没有比这更容易的了。然而,批评家(以大量的正当理由)称,这种再简单不过的事情不一定就是对的。(1995,24)

即便我们考虑到古丁的质疑的可取之处,但事实提醒我们自上而下法仍旧流行于应用哲学界。功利主义的很多建议是正确的,虽然它并不独占自上而下法。本章的后面部分将批判性审视马克思主义的剥削理论对于自上而下法的采用。

接下来我们将讨论另一种可以取代自上而下法的方法论。为了进一步阐明经验法与自上而下法的差异,我们必须对这两种方法进行比较和对比。自上而下法中的案例 A,在经验法中也可以被分为三个阶段:

阶段一:经验研究。根据经验法,哲学议题的起点不是先验推理,而是经验研究自身。理想的状况是,哲学家亲自从事经验研究。当然,这种情况并非总是可能或必需的,因为它在很大程度上限制了经验哲学的合法学术研究。譬如,这将意味着只有医生或护士才能发表医学或护理伦理方面的研究成果,除了那些少数受过医学训练的哲学家之外。如果哲学家总是被期望在发表他们的成果之前就已经亲身参与经验研究,那么他们所从事的研究将是有限的,这种局限性将毁掉过去 30 年应用哲学所取得的所有成就。

相较于期望哲学家亲自从事经验研究,我们更应该确保要求哲学家解读一手资料,而不是一味地依赖于他们对其他哲学家的二手资料的解读。换句话说,就像研究笛卡尔哲学的专家被期望解读始于 17 世纪的相关历史文献一样,志趣在于医学伦理学的哲学家应该致力于解读医学杂志上的研究文献。

当然,在一定程度上,许多应用哲学家已经这样做了,他们不害怕整理经验材料,即使是那些以顽固的规范理论起家的哲学家亦是如此,他们将规范理论应用于搜集经验数据的过程。经验法和自上而下法的主要差异在于,经验法以问题为导向,而自上而下法则以理论为导向。在自上而下法中,为了保持理论的普遍性,对理论必须进行精心阐述并不断修正。数据不再被用于检验理论;相反,理论不断怀疑和排斥数据。在以问题为导向的方法论中,理论必须为可靠的经验事实所证实。① 理论导向和问题导向的研究类型的区分,构成自上而下法和经验法的根本区别。

根据经验法,哲学家必须接触经验问题,即使不是以"白板"(*tabula rasa*)的形式,至少要以开放的思维来接触这一问题。当然,所有哲学家(以及所有的经验研究者)在开始研究之前必须理清理论的性质,这是波普尔(Popper)曾经试图去认识的问题。然而,原创的理论假设不应该决定经验研究的性质和范围。在这一阶段,哲学家的使命无疑是要解开尚未考察的难题而不是提供亟待证实的假设。

阶段二:反思均衡论。在进行了经验研究的首要阶段之后,经验哲学家必须在第一阶段的研究成果的基础上继续建构一种初步的理论。以经验事实为基础朝着理论方向发展,显然与盛行于应用哲学的自上而下法有所不同。然而,把经验法区别于自上而下法的地方归为归纳法而非演绎法的看法则是有误的。经验哲学兼归纳法与演绎法而有之。一旦经验研究完成并建立一门理论,经验哲学家将回到经验研究以再次勘定这些数据的可行性,之后再进一步完善理论,以此类推。

这种方法对罗尔斯(1972)正义论的研究者来说再熟悉不过了:事实

① 关于以理论为导向和以问题为导向这两种方法的区分模式,得益于 D. Green 和 I. Shapiro (1994),第 6—7 页。

上,把握第二阶段最好的方法是罗尔斯所称的反思均衡法(the method of reflective equilibrium)。这种方法一般用于应用伦理学,如同格拉夫所指认的那样:

> 许多哲学家倾向于伦理学的实用性,认为伦理原则受实际问题影响,其设想需要在实践中得以进一步修正。原则和我们的直觉反应之间的相互调适,构成罗尔斯所称的"反思均衡"过程。然而,实用主义的方法可以进一步推进至包括我们的道德信念也应该根据人们的经验认识及其行为模式来加以修正的观念。(2001,6)

经验法完全赞同罗尔斯的反思均衡论。关键的一点在于:经验哲学家必须不断地归纳和演绎,直到哲学理论和经验数据达到一种均衡的状态。本章第五节的案例,将说明如何通过从某些经验发现开始的反思均衡过程来构建剥削理论。

　　阶段三:案例分析的决定作用。在经验法中,建立在经验案例分析基础上的研究是建构哲学理论的主要依据。这意味着案例分析在哲学推理中占据主导地位,而不像是在自上而下法中的辅助地位。应用哲学是从根基上建构起来的,而不是自上而下推演而来的。通过方框3.1,我们可以看出自上而下法与经验法的差异: *38*

<h3 align="center">方框3.1　应用哲学中的两种方法</h3>

	自上而下法	经验法
阶段一	先验哲学第一, 案例分析第二	经验研究第一, 一般理论第二
阶段二	演绎推理	演绎和归纳推理; 反思均衡
阶段三	案例分析起辅助作用	案例分析起主导作用

　　通过以上对自上而下法和经验法的比较,以及进一步表明后者优于前者之后,我们正好可以据此来反驳以下观点:从定义上来说,哲学是非

经验的,经验哲学至多只能算作一种矛盾修饰法①(oxymoron)。

经验的为何不能是哲学的:一个反驳

对于我所捍卫的经验法可能存在一种反驳的声音,即经验法与哲学无关,不管是何种经验哲学都不属于哲学的范围。这种反驳声音的一般看法是,哲学家不应该因为从事经验研究而脏了他们的手。(我推想)这并不是因为哲学家不擅长这项工作,而是因为直接与经验数据发生关系将破坏其哲学意蕴。正如罗素所说,一个哲学命题不应该具体地处理地球上的、太阳系中的任何事物或其他时空中的任何问题。一个合格的哲学家应该进行抽象的推理,这是他们唯一的使命。②

这种对哲学的定位或蕴含讽刺的声音应当受到抵制。我之所以在这里强调远离抽象的哲学方法而选择经验哲学法,就因为我想要激活 17世纪的哲学家的思维方式。笛卡尔,作为空前的最伟大的哲学家之一,他既是哲学家也是科学家,他的哲学思想的推演得益于他的科学研究。笛卡尔堪称现代第一位经验哲学家。在与法国哲学家迈塞纳(Marin Mersenne)的通信中,笛卡尔解释了他关于人性和人类思维的哲学观是如何从经验研究中衍生出来的:

> 我在《世界》中对人的讨论比我意料中的稍微完满一些,因为我此前已经开始了着手解释人类主要机能的工作。现在我正着手详细分析各种动物的头脑,以便能够解释想象、记忆等人脑机能形成的机制。③
>
> 过去的 11 年我用了很长时间从事这方面的研究,我甚至怀疑没有一个医生能够像我一样来作如此仔细的观察。但我却一无所

①矛盾修饰法:将两个互相矛盾、互不调和的词放在同一个短语中,从而产生特殊的深刻含义的一种修辞手段。——编者注
②说完这句话后,我们应该补充一点,罗素自己并没有把他的先验哲学的主张一直贯彻下去。
③ J. Cottingham, R. Stoothoff, D. Murdoch, A. Kenny (1991, 40),p. 40.

获,这些机能的形成似乎难以用自然的因果律来解释。①

笛卡尔的方法至今仍具有很大的启迪意义。如同笛卡尔解剖牛的头脑以便探究其工作原理一样,哲学家也应该准备把经验研究纳入其理论研究。公平地说,心灵哲学似乎已经明白了这个道理。许多当代心灵哲学家并不反对经验研究,虽然遗憾的是他们只代表了那一部分例外而非常规。

至今,经验哲学的案例仍被用于抽象论证。下文将通过揭示关于剥削的理论文献和经验文献,来试图将经验哲学用于实践分析。

社会非正义——行动中的经验哲学

剥削是社会非正义最真实的案例(参见第四章)。"剥削"指的是,为了某人的利益而利用他人的行动。关于剥削的文献大多是以理论为导向的,马克思主义是一种备受争议的理论。根据马克思主义传统,不平等的劳动交换关系或生产方式的不平等解释了剥削现象。② 另外,剥削他人的动机或原因可以被解释为剥削者维护经济优势(即通过剥夺剩余劳动)的欲望。换句话说,驱动剥削者进行剥削的动因在于追逐利润,剥削仅仅是达到这种经济结果的一个手段而已。

基于这一理论,马克思主义成功地揭示了资本主义社会的剥削现象。在拉丁美洲,剥削是成千上万平民生活中的现实。譬如,在危地马拉,从殖民时代到现在,剥削现象一如既往地存在。危地马拉的剥削现象可以追溯到始于 16 世纪的殖民政府的土地掠夺。新的地主雇用很少的劳工在他们的土地上劳作,而那些没有土地却十分勤快的印第安人王符合他们的标准。强迫劳动采取不同的形式:从"委托监护制"(*encomienda*,即把整个社群纳入为我所有物)到"定期劳役制"(*mandiamiento*,即所有

① J. Cottingham, R. Stoothoff, D. Murdoch, A. Kenny (1991, 40), p. 134.
② 参见 E. Mandel (1970), J. Reiman (1987)。J. Roemer (1982 and 1994)。关于非马克思主义的剥削理论,参见 H. Steiner (1984)。

的印第安人每年必须服务于大地主长达数周时间),再到"劳役分配制"(*repartimiento*,即殖民地主委托政府官员从印第安社群中获得一定数量的劳动力)。到了17世纪,债务奴隶成为一种普遍现象。个别印第安人为了获得一些预支款,必须以非常低的佣金从事种植劳作。20世纪30年代,豪尔赫·乌维科总统(Jorge Ubico)颁布了"游民法",这意味着印第安人(零工)为大地主服务的时间每年必须长达100到150天,不管他是否债务缠身。①

所有的历史事实都指向了证明土地所有权的不平等构成剥削的环境。这正表明了马克思主义剥削理论的有效性。另外,这些事实还表明,维护经济利益是大地主剥削勤快的印第安劳动力的根本动机。诚然,这种分析框架仍旧可以用来解释当代危地马拉的剥削现象。② 在今天的危地马拉,贫困和剥削现象泛滥。③ 8万危地马拉人每天在血汗工厂(maquilas,马基群落)拼了命地劳作,也就只能得到2.5美元的收入。此外,他们还要忍受非人的工作环境:他们被迫无偿加班,女工人在职期间不得怀孕,工人没有病假,女工人不断遭受性侵犯。④

以上例子表明,证实自上而下的、以理论为导向的马克思主义剥削理论的经验事实数不胜数。然而,这恰恰是问题所在。剥削范例之所以在文献中出现,仅仅是为了证实马克思主义理论的有效性。也就是说,(关于剥削的)案例分析只是起到了支撑一个独立而全面地建立起来的

① 参见 K. B. Warren (1978),T. Melville 和 M. Melville (1971),M. McClintock (1985)。同时参见 C. Gómez 和 M. Ángel (1994)。
② 土地所有权的不平等是当今危地马拉人的生活最突出的特点。最近的联合国人类发展报告估计,65%的生产性土地被集中掌握在3%的人手上,这种情况在过去的30年里一直没有得到改善。参见 *Caribbean and Central America Report*,31 October 2000。同时参见 Guatemala Solidarity Network (1998)。
③ 参见 The World Bank (2003)。
④ *Mesoamérica*,ICAS (Institute for Central American Studies),Vol. 19,No. 8,August 2000. 马基群落(或马基拉朵拉工厂)是负责进口产品的原材料进行组装并出口产品的公司。同时参见 "Plan to Entranch Inequality: Guatemala and the Free Trade Area of the Americas",in *Report on Guatemala*,Vol. 22,No. 2,Summer 2001。

理论(马克思主义理论)的辅助性作用。然而,据马克思主义方法论所示,除了通过不平等的权力来维护经济利益的欲望之外,剥削还有其他更多动机。自上而下法忽视了剥削的其他例子。也就是说,一部分人剥削另一部分人的原因,不能完全通过追求利润的经济动机来加以说明。 41 但为了揭示剥削行为背后的其他动机和原因,我们必须放弃主流的马克思主义的剥削分析法。如果以更注重经验的问题导向的方法来取代马克思主义的剥削分析法,那么我们将得到另一种不同的关于剥削的理解方式。

　　如果不以剥削理论为分析起点(如马克思主义理论一般),随后以经验案例来证实,而以一系列与剥削相关的现实问题为分析起点的话,那么,我们对剥削现象的理解将完全改变。譬如,有很多关于危地马拉剥削现象的经验研究成果并不能用来论证上述的马克思主义理论。这是因为危地马拉的剥削现象往往并没有导致剥削者的利润最大化的发展趋势。单是这一事实就表明,除了经济动因之外,剥削还存在着其他的动机。

　　麦尔文·图明(Melvin Tumin)1952年出版了一部关于农民社群的人类学研究著作,作者针对剥削理论提出了一个有趣的现实难题。书中提到拉地诺工人的工资是危地马拉印第安工人工资的两倍,尽管印第安工人比拉地诺工人的劳动技巧更熟练,产出也更高。① 根据现代经济学逻辑,一个人工作技艺越精湛、效率越高,那么他获得的报酬应该就越高,因为雇主对好的工人会实行激励机制以维持企业的良性发展。这样一来,一旦剥削动机只是经济原因的话,那么真实的情况应该是勤快的印第安工人拿的工资比拉地诺工人的高才对。但事实并非如此。这表明除经济剥削占主导原因外,玛雅印第安人被剥削现象背后隐藏着其他更有害的动机,这一点马克思主义理论显然没有考虑到。

　　一个相关的现实难题是,危地马拉印第安人仍旧被视为低等生物。

---

① 图明的经验著作表明,每个拉地诺家庭的年平均收入约为150美元,其中考虑到食品价格的增长,而每个印第安家庭的年平均收入约为75美元。拉地诺零工每天可以得到15分钱和食物,而印第安零工一天只能拿到10分钱。参见 M. Tumin (1952)。

如图明所指出的那样："拉地诺的雇主对待拉地诺雇工的态度不像对待印第安工人那般不尊重和严厉……同等地位的拉地诺工人和印第安工人的待遇也有所不同，印第安工人工作更勤奋，劳动时间更长，但他们却被更严厉地训斥和被更粗暴地对待。"（1952，115—116）事实上，玛雅印第安工人抱怨拉地诺人最多的是，他们被拉地诺雇主像对待动物一样对待，这点不是仅用经济动因就能说明的。[①] 这意味着，关于剥削，除了经济动机缠绕不清外，其他的动机也起着一定作用，这就是羞辱和轻视勤快的印第安人的欲望。危地马拉印第安人所遭受的屈辱构成关于危地马拉的文献中不断出现的主题。[②] 然而，这种屈辱并不能也不应该被归为经济动机。[③] 在危地马拉，除了从剥削中获得经济优势的理由之外，羞辱和轻视玛雅印第安人的欲望这一动机是解释剥削现象的充分理由。这种欲望动机应该被纳入关于剥削的全面理论。

根据经验哲学方法论，图明对危地马拉农民社群的案例分析，或者是对勤快的印第安人受屈辱的案例研究，并不能仅用于作为论证剥削理论的支撑性证据。相反，这些案例分析，与其他为人熟知的由经济动机驱动的剥削案例一道，为剥削问题的理论研究奠定了根基。以这些案例研究为开端，剥削理论达到一种经济动机和非经济动机的反思均衡。由于该反思均衡的实现，以理论为导向的方法必将被取代，至少在第一阶段就被以问题为导向的经验研究法取代了。

羞辱或轻视他人的欲望是构成剥削现象的一部分。[④] 如果剥削表示一个人为了自身优势而剥夺他人的话，那么，除了经济优势外，我们必须同时留意剥削者通过侮辱和轻视受剥削者而获得的非经济优势，譬如，

[①] "圣马丁的中产阶级对待我们就像对待动物一般。他们欺压我们，轻视我们"，参见 Sexton（1985，70）。这就是危地马拉印第安农民真实的生活状态。同时参见 R. Menchú (1984)，pp. 21,92,94。

[②] 关于对勤快的印第安农民的羞辱，参见 B. Manz (1988, 140)，G. Black (1984，81 和 38)。

[③] 正如 Diane M. Nelson (1999) 所直接指认的那样，经济还原论将民族主义轻描淡写了。

[④] 参见 A. W. Wood (1995, pp. 150-151)。

源于某种界定个人身份的方式的优势。哲学上的一种历史传统解释了认同(identity)这一精神过程：通过否定其他客体以确立自我意识。这是主奴辩证法的范例，矛盾的是，一方面主人不把奴隶当成人来对待，另一方面主人又需要大量的奴隶来确立其道德人的身份。① 我们可以把这种分析推进一步：希望羞辱或轻视他人，不仅仅是为了确立道德人的身份，更明确的是确立权力。确立权力的欲望(这种欲望不能与一般的权力欲望相混淆)的关键，在于一般的身份概念和特殊的身份形成的过程。身份基于差异，差异基于否定乃至反感，这正好解释了轻视和羞辱等行为。换句话说，身份与通过差异化过程而否定的对象有关。关于身份形成过程和确立权力的欲望的详细说明，参见本书第四章内容。

强调羞辱和轻视的欲望构成一般剥削现象的观点十分重要，因为此观点符合传统的英文术语"utilize"(即"利用"——译者注)的使用。危地马拉的拉地诺人在道德上虐待印第安人，即利用——剥削——印第安人，是为了确立其权力。在危地马拉，一个拉地诺人首先意味着他不是一个勤快的印第安土著居民。拉地诺人紧紧地抓住了危地马拉社会范围内的一切权力形式：经济权力(作为地主)、政治权力(作为政治家和官僚)，以及军队权力(作为高级军官)。随着印第安人逐步沦为低等种族，拉地诺人的身份就得以凸显并固化下来。

剥削的反思均衡论表明，剥削者不仅仅利用他人的弱势来获得和维护自身的经济利益，就像普遍出现在马克思主义文献中的以理论为寻向的自上而下法一样。轻视和羞辱弱势群体的行为，是剥削者与低人一等的被剥削者形成身份差别，从而提升自身的地位或在此过程中确立权力的方式。② 全面的剥削理论应该把剥削的所有层面都考虑进来，而只有

① J. Elster (1984). 在这个问题上埃尔斯特深受黑格尔和萨特的影响。
② 显然，我们一般很难区分马克思主义的基于经济激励动机的剥削模式与基于羞辱和轻视他人的非经济动机的剥削模式。这两种动机通常表现出相同的形式。由此，拉地诺的地主在同一过程中，既通过剥削勤快的印第安人以获得相对的经济优势，又羞辱和轻视他们。然而，经济动机和非经济动机在理解剥削现象方面具有各自独立的有效性。

用以问题为导向的经验法取代以理论为导向的自上而下法，才能完善这种剥削理论。

结　论

应用哲学首先关注的是对某些实际问题做出理论贡献。从方法论视角来看，实现这一贡献的方式有多种。为了提出可行的解决方案，一种占主导地位的方法就是将一种独立的理论"应用"于实际问题。这就是自上而下法，它从理论前提中推演出结论。这种方法十分普遍和有益，但它具有如下缺陷：单向性（凯姆）、机械化（格拉夫）和公式化（古丁）。取代自上而下法的另一种方法是经验法，它包括罗尔斯提出的集归纳和演绎为一体的反思均衡论，这种方法把经验研究作为理论化过程中的一种嵌入方式。本章内容并不是意在全然抛弃自上而下法，因为我们仍然能从中受益；而是要凸显以问题为导向的经验法的启迪性。

本章所提到的方法论对研究社会非正义意义非凡。提出危地马拉的剥削案例，是为了揭示以理论为导向的自上而下法的局限性。在此批判马克思主义的剥削理论，也不是为了表明马克思主义的剥削理论是错的或不完善的，马克思主义在关于剥削的理解方式上为我们提供了很多。问题不在于马克思主义本身，而在于马克思主义者在应用其理论的方式上，一般而言，该理论偏向于运用以理论为导向的自上而下法。

我们可以从种种不同的理论视角来分析社会非正义。在第一章中我就曾提到过，暂且不管该方法是属于道德理论或政治理论的何种派系（它有可能是功利主义的，也有可能是马克思主义的，又或者是其他派系的），在研究方法上，只要它采用非单向的、非机械化的和非公式化的经验法，就应该加以利用。

第四章　剥削非正义

剥削或许是社会非正义的典型,它反映了第一章所提到的社会非正义的三重向度,即分配不均、排他性和去权力化。[1] 本章的目的是揭示剥削如何体现了非正义的三重向度。关于剥削有两个方面:剥削所产生的环境和剥削动机。剥削环境导致分配不均,而剥削动机则能揭示排他性和去权力化。我将讨论,剥削非正义不能归因于环境;相反,剥削行为背后的动机决定了其非正义。特别要提出的是两种能够引起剥削的非正义动机:从不平等的交换机制中获得金钱的经济动机,以及羞辱和轻视受剥削者的非经济动机。后者不是为了金钱,而是为了确立权力。关于前一种动机可以在马克思主义关于剥削的理论文献中找到根据,而后一种动机则在很大程度上被人们忽视了。

剥削的概念

从哲学观来看,剥削的两个核心问题在于:"什么是剥削?""剥削有

---

[1] 本篇论文的研究工作受到考克大学艺术学院研究基金的支持。本篇论文的较早版本提交于高威大学学院(University College Galway)。我十分感激高威大学学院的各位同仁特别是默切哈(Felix O'Murchadha)给予本篇论文的指导性评论。

49

何过错?"关于第一个问题,剥削行为是"为了尽可能大的优势去雇佣"或仅仅是"利用"(use)。当然,"剥削"与"利用"存在很大的差别。从语言学上讲,我可以说"我利用电脑写论文",但如果我说"我剥削电脑写论文"则显得很奇怪。"剥削"和"利用"之间不仅仅是程度的差异,"剥削"并不等于充分"利用"。"剥削"和"利用"这两个动作之间存在质的差异,尽管这种区分并不是一眼就能看出来。

"exploitation"一词可以被用于多种语境下,因而要把握其本质是很复杂的,譬如,"自然资源的开采"(exploitation)与"人对人的剥削"(exploitation),这里的"exploitation"的意思是不同的。(Goodin,1987)。另外,人对人的剥削形式也是多样的:有时因自身的弱势被剥削,有时又因自身的优势被剥削,虽然大多数情况下人们同时因自身的弱势和优势而被剥削。反之,人类的弱点的形式也是多样的,有时表现为有形的(如在物质力量对比上处于弱势),有时则表现为精神上的(如在欲望和情感需求上)。

接下来我将把分析范围缩小到道德和政治活动中。因此,这不是自然资源的开采(如开采煤矿)或利用特定情势(如为赢得象棋比赛而利用敌手的弱点),而是人对人的剥削。问题是:"剥削他人与利用他人有何不同?"两者根本的区别就在于:剥削是一种非正义行为,利用他人则不是;事实上,利用他人不都是错的。首先,让我来解释一下为什么利用他人在道德上是可以接受的,而剥削则不可以。

我们总是在利用他人却没有受道德谴责。譬如,假设我被邀请去参加一个晚会,都是我的同伴开车来回载我(或许只是因为我喝了点红酒)。从技术上讲,我利用了我的同伴载我回家,但我不会认为我剥削了她。因此,剥削他人和利用他人的区别是什么呢? 换句话说,为什么剥削就是不对的呢?

剥削的环境

学界广泛流传的一种观点认为,剥削是一种非正义之举,故此是错的,尽管并不是所有学者都这么认为。为了更好地理解为何剥削是错的,我们首先要澄清剥削关系为何构成非正义。

大多数关于剥削的理论文献只是从造成剥削的(结构)环境来解释剥削行为。这种解释法具有较长的独特历史,其中包括大多数的马克思主义者[①]和一些自由主义者。传统的马克思主义学说对剥削性质的解释是基于不平等的劳动交换来展开论述的,该解释法非常有名,在此我就不一一概述了。[②] 根据这种解读模式,我们有足够的理由认为资本主义结构(通过私有财产、资本积累和社会阶级加以界定)为不平等的劳动交换关系保驾护航,它使得剥削关系成为一种现实和非正义的。

当今剥削理论的研究者,就连有着马克思主义背景的学者都在批判马克思主义的传统解读模式。其中最突出的当属约翰·罗默。罗默称,我们应该摒弃马克思主义将剥削界定为一种不平等的劳动交换关系的经典定义,而应该用"生产性资本和资源分配不公的结果"这一定义取而代之(1994,96)。与迄今为止的传统马克思主义者所主张的不同的是,罗默认为,如果我们所说的剥削是对生产过程中的剩余劳动的攫取的话,那么,剥削理论自身并非正义理论或非正义理论的根本。为了进一

[①] 今天大多数的马克思主义学者,至少是那些无畏于捍卫马克思主义正义理论的学者,基本上把剥削视为一种非正义行为。这就是埃尔斯特所持有的观点,他称"剥削是一个规范性概念,它是广义的分配正义理论的一部分"(1986,79)。

[②] 当然,我已经意识到近年来马克思主义被认为已经过时了,可能如今政治学专业的学生已经不被要求阅读马克思的或关于马克思的著作。恩斯特·曼德尔写于20世纪六七十年代的影响深远的马克思主义著作阐释了剥削、剩余价值等概念。他指出:"剩余价值只是**社会剩余产品的货币形式**,即工人所生产产品的货币形式的一种,工人服从于生产方式的所有者却毫无回报。"(强调为原文所加,1970,23—24)关于经典马克思主义的剥削理论,更多详情请参见 J. Reiman(1987)。

步窥视剥削的非正义,我们需要深入理解剥削理论的内涵,首先必须从财产关系入手。罗默表示,非正义实质上是一个关于生产性资本和生产资料分配不公(分配不均)的问题。由此我们可以推断,剥削非正义是生产方式极大不平等的结果。[①]

希尔·斯坦纳(Hillel Steiner, 1984)赞同罗默的结论,虽然他是通过其他途径得出这一结论的。斯坦纳坚持自由主义的正义思想,因此他对剥削也进行了自由主义的解读。据斯坦纳称,非正义问题实质上违背了权利理论。然而究竟违背了谁的权利呢?斯坦纳反常识地认为,并不是被剥削者的权利被剥夺了;相反,他认为在剥削者和被剥削者之外还存在着第三种人群,但这一人群被阻止介入前两者的剥削关系。

斯坦纳分析的关键在于:我们应该把剥削视为剥削者、被剥削者与除了剥削者和被剥削者之外的其他所有遭受着权利丧失的人群之间的三重关系。譬如,A(受剥削者)用 5x 来换 B(剥削者)的 3x,而这种关系是自愿的,虽然 A 在交换关系中处于不愉悦的状态。A 情愿用其他人的5x(比如说 C 的 5x)来换他自己的 5x,但因为 B 的干扰,A 和 C 的交换关系是不存在的。B(剥削者)在 A 和 C(第三种人群)的贸易中起到阻碍的作用,或许 B 强迫性地阻止 C 用 5x 甚至 4x 的代价来交换。A 是被剥削者,但 C 的权利被侵犯了。

虽然两者之间存在一定的差距,但罗默和斯坦纳在剥削问题上具有很多相似的重要观点,尤其是在自然资源的不平等分配问题上。罗默基于资本主义社会结构,如生产方式的不平等来解读非正义的内涵。对罗默而言,剥削仅仅是根本性的非正义的一个产物。同样的,斯坦纳指明了作为剥削的制度环境的社会财产体系,譬如,斯坦纳告诫我们"剥削发生于一些人不享受自然资源时","个人垄断自然资源……这就构成了剥

[①] 罗默的剥削理论尤为复杂,片言只语不能穷尽其观点。罗默关于剥削理论的经典著作仍旧是他的《剥削与阶级的一般理论》(1982)。从那以后他稍微改变了他的立场,参见罗默 1988 和 1994 年的作品。

削的环境"。(1984，238—239)斯坦纳表示，土地国有化是破解剥削难题的有效途径。由此，虽然罗默和斯坦纳勾勒非正义的路径有所不同，但两者都从造成非正义现象的结构环境来讨论剥削问题。

现在来归纳第一点，因为剥削是资源原初分配不均的结果，反过来，持续剥削的现实又进一步加剧了这种不平等。在该种意义上，我们说剥削是非正义的。对剥削模式的该种评价虽然基本上是正确的，但它的缺陷是它在范围上很有限。关注剥削环境这一解释模式存在内在的缺陷，它容易导致从资本主义的基本社会结构而不是从剥削者的主观意愿出发来批判其非道德行为。换句话说，结构环境的解释法削弱了剥削者的道德责任。当然，正义从根本上讲是关于社会基本结构的理论，如同罗尔斯直接警醒我们的那样，但同时正义的内涵还有比制度更多的内容。[1]毕竟，即便存在一种可以使每个人都能平等享受资源的分配制度，剥削现象也会依然存在。

剥削的动机

正义问题有两个关注点：结构和动机[2]。这两点在剥削分析上的作用是一致的。我们不仅要根据结构环境，同时也要根据动机起因来思考剥削问题。我认为，实现从环境向动机的分析转向，朝着阐明剥削概念 49及其与非正义的关系的方向发展，将是一个漫长的过程。

在对剥削理论的强有力的说明和原初分析中，艾伦·伍德（Allen Wood）称恶和非正义之间存在一定的差异。剥削可以说是一种恶，但它的恶并不总是表现为非正义。事实上，一个剥削盛行的社会却能维持基本上还是正义的。毕竟，如伍德所告诫我们的那样，剥削可能有利于被

---

① 罗尔斯（1972）称，他的《正义论》的第三部分证实了他经常忽视道德心理学上的解释。
② 巴里（1995）告诫我们，任何一种正义论都必须强调如下问题："正义之举的行为动机是什么？"
  巴里在这点上完全是正确的。诚然，正义的动机问题构成了当代社会正义论争论的核心。

剥削者;诚然,这种情况在被剥削者完全自愿接受剥削的情况下有可能会发生。因此,剥削有何错呢? 伍德告诉我们,剥削引起人们反感的原因是:"如果我们把他人的弱点视为有利于自身利益的机遇,那么这就是侵犯他人的受尊重权。利用他人的弱点即是侮辱他人,为了自身的目的利用他人的弱点同时也是一种可耻的行为。"(1995,150—151)

伍德说明了即使不会带来不公、非正义或权利侵犯,剥削仍然是恶的,从这一方面看,伍德对剥削的分析与罗默和斯坦纳的有着根本的差别。另外,通过强调利用他人弱点即对他人的不尊重来阐明剥削概念,伍德指向了剥削的另一个向度,该向度超越了财产权、资源分配和权利侵犯等法律—经济的结构主义说明。

与结构分析法(就像此前提到的罗默和斯坦纳等人采用的方法)不同,伍德选择了一种心理学的方法来解读剥削。他认为,由于剥削对他人造成轻视,因此是令人反感的。[①] 我认为我们应该谈谈伍德对"动机法"[②]的分析。对我而言,剥削动机法具有很多优点。首先,它提醒我们剥削者应该在道德上对剥削环境的受害者负责;另外,它还有助于阐明剥削他人和利用他人之间的概念差异以及为何剥削他人是不对的。当我们在剥削某人时,我们就会用特殊的方式轻视或羞辱他。这让我想起康德的绝对命令(目的自身准则):"你的行动,需要把你人格中的人性和其他人人格中的人性,在任何时候都同样看作是目的,永远不能只看作

---

① 有趣的是,斯坦纳公开反对动机理论,不予考虑任何基于心理学概括的主张,比如关于个体行为背后的动机因素的观点。斯坦纳坚决反对心理学概括的做法实在令人费解。除了道德动机构成社会正义论(以及剥削理论)的核心要点外,剥削环境和剥削动机则构成了剥削理论的一体两面。也就是说,正义制度之所以重要,其中一个原因就在于:一个公正的社会应该设定合理的制度机制以鼓励人们行正义之举。舒夫勒(Samuel Scheffler)提出了一个重要的观点:"社会制度在培养特定的基本人际关系所需的信念方面,意义重大。"(1992,138)事实上,公正的环境有利于激励公正的动机,值得我们警醒的是:剥削环境有可能会导致剥削动机。

② 我应该补充一点:"动机法"是我所用的术语,而不是伍德的术语。我不清楚伍德是否同意我对这一术语的使用。

是手段。"在康德的阐释中，"永远不能只"的用词十分关键，因为它区分了"剥削他人"和"利用他人"：我们不尊重他人，仅仅把他们视为实现目的的手段，这个时候就可以说我们对某人实施了剥削。

把注意力从剥削环境转向剥削动机，开启了研究剥削的性质和内涵 ⁵⁰ 的全新视角。接下来我将进一步转向分析几种剥削动机。

经济动机

此前我已经提到过，大多数流行的剥削理论主要聚焦于剥削现象发生的结构环境，如传统马克思主义理论、受马克思主义文献启发的当代学者（罗默）乃至一些自由主义者（斯坦纳）的理论。当然，这些理论并没有完全忽视动机分析，虽然这些动机分析通常通过结构环境加以诠释。由此，根据传统的马克思主义剥削理论，我们厘清了为何有些人（或阶级）出于经济原因剥削另一些人（或阶级），即榨取另一部分人（或阶级）的劳动以获得剩余价值。驱使剥削者实施剥削行为的动机在于对利润的追求，剥削仅仅是实现经济目的的一个手段。而罗默和斯坦纳对剥削的理解摒弃了经典马克思主义的解释路径，他们一致地作出了动机假设。根据罗默基于财产关系对剥削的界定，剥削的技术性意义仍旧在于不平等的劳动交换，这表明剥削者的动机没有改变，仍旧是通过榨取被剥削者的剩余劳动来获取利润。同样，斯坦纳告诉我们，在剥削关系中，"该术语（剥削）被转述为不平等的价值以及大于零的价值"（1984，226）。斯坦纳所用的术语无疑是一个经济术语，它表明动机实质上是经济动机：剥削者迫使交换条件有利于自己，借此能从被剥削者身上获得剩余价值所带来的高额利润。[1]

显然，经济性质的动机出现在剥削性的交换关系中，这一点是必须

---

[1] 斯坦纳（1987）阐明了关于剥削的"价值"概念。

予以承认的。然而,剥削的动机除了维护剥削者的经济所得外,还有其他。许多研究者认为,如果只以经济动机来界定剥削理论,特别是像马克思主义传统的剥削理论那样,那么,这种对剥削概念的界定方式未免显得过于狭隘。吉登斯(Giddens,1995)、墨菲(Murphy,1985)和艾利斯·杨(1990)的剥削分析,是对马克思主义的剥削经济动机论表示不满的人中的代表。

吉登斯不满于马克思主义用阶级分析和阶级斗争理论来解释一切事物的做法,他认为这种做法对剥削概念的分析造成了很大的局限性。吉登斯称,剥削应该通过权力或统治加以解释:"剥削应该被视为一种**用于维护某些群体利益**的统治(对自然或人的统治)。"(1995,60,强调为原文所加)遗憾的是,吉登斯并没有告诉我们他所说的"利益"是什么意思,但是有一点是明确的:他的统治或权力概念超越了经济利益的推导逻辑。事实上,吉登斯分析的价值在于:它更详细地理清了国家间、种族间、性别间的剥削关系,因为这三层剥削关系既不能单一地归为阶级剥削,也不能从剩余价值理论中推导出来。

墨菲对马克思主义的剥削理论持与吉登斯一样的保留态度,虽然两者得出该结论的路径不太一样。墨菲比较了马克思主义的剥削概念与韦伯的排他性概念,并发现了前者的缺陷。墨菲称,问题在于:马克思主义的剥削概念没有特别地很好地解释最极端的统治和镇压方式,即便是资本主义社会中的。墨菲称,相反,韦伯的排他性概念很好地抓住了统治和镇压等现实问题。墨菲对韦伯的排他性概念作了如下解释:"排他性是韦伯所称的'社会封闭论'(social closure)的两种互惠模式中的一种,它意指为提升或捍卫一个组织的资源或回报的份额而进行的权力转移(mobilization of power)⋯⋯排他的封闭性包括自上而下的权力执行过程,即强势组织通过对其他从属组织和弱势组织的机遇的扼杀来确保自身的优势,以使从属组织和弱势组织屈服的过程。"(1985,234)韦伯的排他性概念优于马克思剥削概念的地方在于:它考虑到性别或种族压迫的问题,而不是将这些问题单纯地归为剩余价值和无偿劳动的经济学。

　　艾利斯·杨对剥削的批判是在吉登斯和墨菲的视角的基础上展开的,虽然她对这个问题加入了她的新见解。如同吉登斯和墨菲一样,艾利斯·杨也认为马克思主义的剥削概念没有把所有的压迫形式考虑在内。特别是,马克思主义的阶级概念遗漏了性别压迫和种族压迫等重要现象。艾利斯·杨的分析旨趣在于"表明剥削概念在压迫概念中的地位"(1990,49)。以马克思主义的社会组织间的权力转移的结构性过程(在这一过程中,贫民的付出不断被迫用于维护和增强富人的权力、地位和财富上)为起点,艾利斯·杨希望拓展剥削概念,把"一个组织对另一个组织的劳动付出和精力付出,以及两个组织之间的统治关系的再生产"(1990,50)也纳入思考范围。在性别剥削方面,艾利斯·杨认为,剥削除了物质劳动成果的转移外,还包括女性对男性的哺育和性的满足。至于种族剥削,艾利斯·杨表示卑微的劳动(佣人的劳动)范畴可以用于界定一种特殊的剥削形式。(1990,50)

　　经由吉登斯、墨菲和艾利斯·杨等人所推进的剥削理论十分宝贵,因为他们突破了仅仅以经济范畴来界定剥削概念的做法。特别是,这些学者的著作都强调了社会非正义的第二向度和第三向度:排他性和去权力化。然而,这三位学者还是忽视了动机理论。最终,吉登斯、墨菲和艾利斯·杨无法阐明马克思主义者所纠结的为何 A 剥削了 B 的难题。这正是以上三位学者实质性的缺陷所在。虽然他们突破了把剥削仅仅视为一种经济现象的做法,但他们却无法从非经济学原因阐明为何一部分人会希望剥削另一部分人。

　　如前所述,吉登斯谈到"群体利益",尽管他最终没能进一步拓展这一思路:"利益的概念引起了很多困难,关于这个问题我在此文本中就不加赘述了。"(1995,60)吉登斯谈到经济利益了吗? 如果谈到了,他的分析与马克思主义的剥削概念的出入也不大。如果他考虑的不仅仅是经济利益的问题,那么我想他应该告诉我们"利益"究竟是什么。然而,他却没有这样做,那么他对剥削理论的贡献就值得怀疑了。

墨菲对韦伯的"社会封闭论"的说明,仍旧没有理清动机理论。社会封闭的动机是对"垄断"的需求,这是排他性的反面。用墨菲的话来说就是:"韦伯的社会封闭论超越了马克思主义的剥削理论,它强调了隐藏在占有劳动和非生产劳动中的排他的和垄断的进程。"(1985,238)这里的问题在于,"垄断"实质上是一个经济学术语;因此,韦伯的社会封闭论未能详细阐明隐藏在剥削背后的非经济动机。墨菲怀疑我们仍旧在经济动机框架内解释剥削现象,他主张排他性的目的在于提升或捍卫某个群体的"回报或资源的份额"(1985,234)。

最后,艾利斯·杨把剥削视为压迫的分析视角,同样难以凸显隐藏在这种社会关系后的动机问题的重要性。艾利斯·杨谈到"能力"(energy)的转移,虽然她没有澄清能力究竟是什么。如果"能力"仅仅是指马克思所称的"劳动时间",那么我们则会再次陷入经济领域的解释模式。但如果艾利斯·杨的"能力"概念不是指"劳动时间",那么她应该告诉我们什么才是"能力"。① 以一个群体的能力付出为代价,另一个群体受益,在这个意义上,我认为剥削此种"能力"的动机与马克思主义剥削理论所理解的经济动机具有根本上的差异。

那么剥削动机究竟是什么呢?这些动机与马克思主义理解的经济动机又有何区别呢?我想说的是,剥削分别受如下两个因素的影响。首先是剥削者从被剥削者那里获得好处的动机。这基本上就是马克思所说的资本主义剥削和剩余价值,罗默和斯坦纳的理论再次夯实了这种意见。我把这种动机称为经济动机模式(economic motives modle,简称EM模式)。

但是,除了经济动机,剥削他人的欲望后面还存在另一种动机:剥削

---

① 关于能力的概念,特别是洛克的混合劳动理论中的能力概念,参见 Waldron (1988, 184—191),同时参见 N. Geras (1991) 和 H. Steiner (1994, 231—236)。

有可能产生于剥削者对被剥削者的轻视、羞辱或道德伤害。我将这种动机称为道德轻视动机模式（morally degrading motive modle，简称 MDM 模式）。

道德轻视动机

显然，道德轻视动机不像经济动机那么直接，这也许可以用于说明它们被无视和误解的原因。存在一个普遍的错误，就是将轻视或羞辱他人的欲望等同于"做恶"，在这种情况下邪恶往往被界定为一种非理性的冲动。[1] 在剥削问题上，我们有很好的理由解释为什么我们要抵制将邪恶理解为非理性冲动。首先，将邪恶理解为非理性，实质上等同于放弃对剥削作理性的解释：非理性是不能通过理性加以说明的，因此人们就能够诉诸邪恶的非理性来解释世间万物了。其次，假设一个人只有当他处于理性状态时才能对其行为负责，那么把邪恶视为非理性行为可能导致人们认为一个邪恶之人不用对其恶行负责。

我想表明的是，羞辱或轻视他人的欲望不是非理性的。剥削者轻视或羞辱他人可能会给他自己带来很多好处。譬如，埃尔斯特（1984）继承了黑格尔和萨特的思想，他提出了通过否定其他客体以确立自我意识的精神过程。这是主奴辩证法的一个范例，一方面主人不把奴隶当人看待，另一方面主人需要通过奴隶来确认自身作为道德人的身份。我对埃尔斯特的观点持完全支持的态度。接下来我将展示更多羞辱或轻视他人的特殊理由：不仅是确认道德人的存在，更多的是确立权力，因为仅仅从道德视角理解剥削的欲望显得问题重重。

在此需要进一步解释清楚"确立权力"的理念。首先，我们不能把"确立权力欲"等同于"一般的权力欲"。在《利维坦》第十章中，霍布斯对

54

---

[1] 格特（Bernard Gert，1998，90）称："非理性欲望的目标和邪恶的目标之间的关系密切，事实上，不管是恶行还是伤害最初都可以被界定为非理性的欲望的目标。"

权力作了著名的界定:"人的权力是他获得未来任何明显利益的当前手段。"(1994,50)霍布斯接着具体阐释了工具性权力的内涵:"工具性权力是……获得诸如财富、名誉、友谊,以及上帝的秘密馈赠(人们称之为好运)等资源的手段和工具。"如果我们接受了霍布斯的权力说——我个人认为关于这一权力说还有许多问题有待进一步阐明[①]——那么我们就难以否定剥削最终的旨趣在于维护权力的说法。另外,鉴于当今社会经济权力和一般权力的共生关系,我们对于经济动机在剥削关系中占主导地位的看法也就不会感到诧异了。然而,现在的问题是"一般的权力欲"基本上与 EM 模式(经济动机模式)没有区别,由此我们也逐渐开始质疑MDM 模式(道德轻视动机模式)的有效性。在 MDM 模式下,轻视和羞辱他人的欲望是剥削者实施剥削的动机。

"确立权力欲"的关键问题在于一般的身份概念以及特殊的身份形成过程。身份基于差异,差异基于反感,这就解释了轻视和羞辱行为的产生。彼得·斯塔利布拉斯(Peter Stallybrass)和艾伦·怀特(Allon White)在身份与差异化过程的内在联系的问题上为我们提供了强有力的说明:

> 社会分化为高层和底层、文明人和大老粗,同时划分了正常人和怪人、专家和黑客、纯种和杂种。如我们所提到的那样,这些分化超越了社会形态、地理位置和外表等向度,但我们不能以此认为主体身份独立于这些向度。资产阶级主体不断通过对"底层"(肮脏、无礼、吵闹和不爱卫生的人群)的排斥来界定和再界定其自身。排他行为正是身份的构成要素。底层在被否定和反感中进一步实现了内化,但反感一般都有着欲望的印迹。[②](1987,191)

斯塔利布拉斯和怀特的阐释可以被用来补充主奴辩证法的另一向

---

① 近来关于权力的两份出色的研究文献,参见 Morriss (1987) 和 Dowding (1991)。
② 感谢朱尔斯·艾利斯(Jools Gilson-Ellis)让我了解到这本书。

度。据埃尔斯特称,主人具有确认其道德人身份的需要;相反,继斯塔利布拉斯和怀特之后,我们可能想说主人特别希望确立权力。因此,轻视和羞辱一个弱者是确立权力的路径。

扼要重述:

EM 模式:经济动机模式

◇为了实现自身的经济利益而利用他人的弱点

(MDM)模式:道德轻视动机模式

◇轻视或羞辱他人,是确立权力的过程中人与人之间区分的方式

EM 模式和 MDM 模式之间的关系错综复杂,这两种动机往往相互作用。事实上,我认为这两种动机在剥削理论文献中未能被明确区分的原因,恰恰在于它们相互掺和、紧密相连。譬如,A 不仅通过剥削 B 获得经济优势,而且在这一过程中同时轻视和羞辱 B。体现在当前的市场经济体系中就是,工人不受劳动法的庇护,雇主利用他们手中的权力实现对工人的经济剥削和道德伤害。

EM 模式和 MDM 模式一般同时进行,但也能分别独立进行。作为独立形成的动机,EM 模式和 MDM 模式是自足的。根据 EM 模式的逻辑,A 剥削 B 只是为了从剥削关系中获得经济优势,但这种剥削形式不涉及轻视或羞辱 B。另外,根据 MDM 模式的逻辑,A 怀有轻视或羞辱 B 的欲望,即使这种欲望无法带来显著的经济优势。事实上,在最极端的案例中,A 都具有轻视或羞辱 B 的欲望,即使它会给 A 造成额外的经济负担。

实际上,经典马克思主义的剥削概念的问题在于,它只阐明了经济动机,而忽视了另外的动机,如对他人的道德轻视或羞辱的欲望动机。如前所述,一些学者发现马克思主义分析存在漏洞,但他们无法确定导致剥削现象发生的充足而精准的非经济理由。除了利用某些人弱点的

经济动机外,剥削同样源于对他人造成道德伤害的动机。这点与伍德所论证的剥削理论是一致的,他认为剥削就是"侮辱和轻视"被剥削者,尽管伍德没有进一步详细讨论这种剥削动机。剥削造成侮辱和轻视的原因在于:它侵犯了被剥削者的人权。侮辱和轻视他人的欲望与赚取剩余价值的经济欲望有时确实是一致的,但这种一致性不是必然的。剥削者还会追求其他的非经济性质的优势,如确立权力的欲望。最后,要想全面理解剥削现象,必须充分了解这两种动机。

结　论

　　一开始我就提出了两个问题:什么是剥削? 剥削有何过错? 这两个问题的答案是相互关联的。当某人被利用,我们可以说这个人处于被剥削状态。为什么利用他人是不义之举,有不同的原因。其中部分原因在于:剥削非正义存在于主体被迫行动的不公正环境中。然而,这只是其中的一个问题。这同时还是一个剥削者的非正义动机的问题。把我们的关注点从导致剥削的环境转向剥削的动机,对我们是有益的。如下两种动机会导致剥削:一部分人为了自身的利益而利用他人的动机(EM 模式),或者通过羞辱和轻视他人以确立权力的动机(MDM 模式)。与马克思主义的狭隘的剥削观不同,我意在表明羞辱和轻视他人的欲望是造成一般剥削现象的重要因素,因为这一动机与传统的英文中对"exploit"的解释就是"利用"(utilize)是一致的。

第五章　酷刑、恐怖主义和国家：反驳定时炸弹论[①]

人权是恐怖战争的主要起因，这点不足为怪。[②][③][④] 然而，近来反对恐怖主义的政治主张却有把侵犯人权描述到一种不可想象的地步的危险。充斥在白宫的走廊、唐宁街的门后等的一些争论开始认为，在某些极端情况下使用酷刑是正当的，因此应该使其合法化。

---

① 本篇论文系与简·玛利亚·阿戈里(Jean Maria Arrigo)合写。

② 本篇论文的研究得到了爱尔兰人权和社会科学研究委员会(the Irish Research Council for the Humanities and Social Sciences,简称 IRCHSS)与考克大学艺术学院研究基金的鼎力支持。本文的一个较早版本提交于达特茅斯大学管理学院。我们特别感谢两位匿名评审，感谢安妮·萨阿达(Anne Sa'adah)、艾伦·斯塔姆(Allan Stam)、费德里科·瓦雷兹(Federico Varese)等人对本文早期版本的衷心建议和评价。本文的资料引自 J. M. 阿里戈(2004)的早期论文。

③ 在第一章中我就曾表明不是所有的道德的恶都是非正义的，因为社会非正义讨论的是一系列特定的具体问题(如权利、名誉、权力、机遇等分配不均的问题,排他性问题以及去权力化问题)，这是道德的恶的更一般范畴的子集。正如巴里(1989a, 291)所说,"说谋杀是不公平的,这样会损害我们的语感"。酷刑正是这样一个例子。从道德上讲,酷刑是不正当的,也许甚至是侵犯了人权,反过来,它却不能构成社会非正义的一个范例。由于这是与简·玛利亚·阿里戈合写的论文,我决定在不作任何实质性的改动的情况下再版,原版发表于《应用哲学杂志》(*Journal of Applied Philosophy*, Vol. 23, No. 3, 2006, 355 – 373)。

④ D. Luban (2002).

　　本篇论文驳斥任何形式的酷刑合法化论。① 在第一部分简单介绍酷刑概念之后,第二部分将提出反对酷刑的经典道义论。第三部分我将介绍国家发起的对恐怖主义的酷刑合法化的有名论断,即定时炸弹论。在第四部分我将对酷刑进行分类。在第五和第六部分我将指出定时炸弹论的两大缺陷:在酷刑审讯的合法性上,演绎的缺陷是运用定时炸弹论的前设推导出结果;而结果主义的缺陷就是,支持酷刑审讯政策实施的消极后果的经验依据,比支持其任何可能的积极后果的经验证据都更重要。因此,恐怖主义的酷刑审讯论可以用结果主义的论点加以驳斥。第五部分将反对定时炸弹论所支持的道德酷刑伤害。

酷刑的界定

59　　酷刑一般受国际法谴责。300 多年前,英国的《权利法案》有效地制止了残暴且异常的惩罚手段,而美国早在 200 多年前就已经把防止残暴且异常的惩罚手段纳入了美国宪法。在 20 世纪,1948 年的《世界人权宣言》宣布了酷刑的非法性,1975 年联合国通过了反酷刑的宣言。1984年,联合国大会通过了"禁止酷刑和其他残忍、不人道或有辱人格或处罚公约"(自此之后就有了联合国反酷刑公约),1987 年这一公约获得通过。② 反酷刑公约对酷刑作了如下界定(第 1 款):

　　　　是指为了向某人或第三者取得情报或供状,为了他或第三者所作或涉嫌的行为对他加以处罚,或为了恐吓或威胁他或第三者,或为了基于任何一种歧视的任何理由,蓄意使某人在肉体或精神上遭受剧烈疼痛或痛苦的任何行为,而这种疼痛或痛苦是由公职人员或以官方身

---

① M. Strauss (2003—2004)、C. Tindale (1996)、E. Scarry (1985)坚决持类似的"绝对主义"立场。
② 国际法中有大量的关于酷刑的法律文献。关于酷刑的法律史研究方面,参见 J. Langbein (2004)。同时参见 B. M. Klayman (1978),A. Byrnes (1992),A. Boulesbaa (1999)。

份行使职权的其他人所造成或在其唆使、同意或默许下造成的。

这种界定方式的几个方面值得强调。首先,酷刑既可以是肉体上的也可以是精神上的,它不一定会造成死亡。也就是说,酷刑就是酷刑,即使其受害者没有死亡。第二,酷刑是以公职人员身份实施的一种政治暴力形式。最后,第 2.2 款表明对于酷刑的禁令不存在任何例外状况("任何一种酷刑,不管是鉴于战争还是战争威胁,不管是基于国内政治稳定还是任何其他公共迫切需要,在任何情况下都不能算是一种合法的行为"),第 3.1 款说明境外酷刑是非法的("没有一个国家会把一个公民驱逐、遣返和引渡到另一个有可能使其遭受酷刑的国家")。

美国、英国和其他自由民主国家都是这一公约的签约国;诚然,国际法对酷刑的界定方式一般来说是可认知和可接受的。然而,2002 年国际大赦组织(Amnesty International)的一份报告显示,超过 100 个国家发 _60_ 起了酷刑和暴力行动。[1] 并且,不是所有实施酷刑的国家都实行极权制度或是敌视自由民主的。众所周知,美国过去曾(极有可能现在仍是)以一种阴险的方式,将他们想要审问的犯罪嫌疑人遣送至可实施酷刑的其他国家去接受制裁。[2]

虽然大家在酷刑的界定方式上各有不同,[3]但酷刑实施者在酷刑的应用策略和技巧方面却具有某些共同点。[4] 在当代,基于政治动机的酷刑,其实质是"去主体化"(degradation of the subject)。典型的方法是:性侵犯和人权侵犯,接触污秽特别是排泄物[5],对宗教物品和仪式的亵

---

① 参见 Amnesty International,Amnesty International Report 2003,London。
② 参见 Mayer (2005),Grey and Cobain (2005)。
③ 参见 E. Peters (1996)。
④ 关于阿尔及利亚的详情参见 R. Maran (1989)、P. Aussaresses (2002)、Shatz (2002)。关于危地马拉的详情参见 V. Sanford (2003)。关于阿根廷的详情参见 G. Rogers (1988—1989)。关于美国应对在拉丁美洲实施的酷刑负责的详情参见 T. Kepner (2000—2001)。关于伊拉克的详情参见 M. Danner (2005)。
⑤ 在阿布格莱布监狱的伊拉克囚犯被用粪便涂抹,半淹在粪池里,被迫吃曾被投入厕所的食物。参见 Danner(2005)。

渎,家庭成员、同胞或战友关系的腐化。

道义论对酷刑的反驳

从道义论的视角看,对"为何酷刑是错的"这个问题的诠释方式有两种。首先,如果我们假定每个人都应有一种怀着关切和尊重去对待他人的道义责任,那么酷刑因其残暴性和轻蔑性而被视为错的,因为它违背了人最基本的权利。其次,如同大卫·萨斯曼(David Sussman,2005)在其最近的文章中所指出的那样,我们不能仅凭其残暴性、轻蔑性就断定酷刑的性质。诚然,萨斯曼认为酷刑应该有一种核心概念来对应于其特别的恶行。从道德上讲,酷刑比其他的肉体伤害和精神伤害更具侵犯性的原因在于它的自我叛离的性质,在一定程度上讲,酷刑迫使其受害者处于反对自身的共谋态势,使其受害者成为滥用酷刑的行为参与者。

不管是沿着哪条理论路径来断定酷刑之恶,酷刑的某些方面的恶,即便是实施者也都认同,如羞辱他人。世界各国(其中包括阿尔及利亚、拉丁美洲、伊拉克、爱尔兰、韩国、越南、泰国、苏联和南非等)的研究文献表明:酷刑的实质是羞辱。这点很好地解释了为何在某些监狱会发生鸡奸现象,或如底波拉·布拉特(Deborah Blatt)所指认的,也解释了为何会有强暴女性的行为(1992)。许多长期忍受轻视和羞辱的妇女同时也容易遭到性侵,譬如,在被强奸前在族人面前被脱光或在家人面前被强奸。[1] 作为酷刑的强暴行为反映了酷刑所有的恶:没有人有权利去践踏他人的尊严,[2]也没有人有权利去侵犯他人的完整、羞辱他人的人格、剥夺他人的自尊。[3]

---

[1] 同时参见 Amnesty International,Amnesty International Report 1992,London;X. Bunster-Burotto (1986)。

[2] 参见 C. Sung (2003)。

[3] 关于强奸作为酷刑的一种,至今国际社会仍错误地否认强奸是公职人员的酷刑行为之一,即便强奸符合联合国反酷刑公约中的酷刑定义;参见 Blatt (1992)。

　　当我们正在斟酌究竟道义论的信条有多少是值得相信的时候,结果主义却列出了捍卫国家发起的酷刑审讯的理由,它认为,在大多数案例中道义论信条是有效的,但其并没有触及意外状况。换句话说,有人可能会在支持道义论的同时,仍然坚称在特定环境下需要特定的行动;有时酷刑也只是无奈之举,它远远比不上杀害无辜平民的极大恶行。

定时炸弹论

　　近年来许多关于酷刑的文献所持的立场是,谴责把酷刑视为一种基本规则,当然在极端条件下这种规则是有例外状态的。① 接下来我们将提到规则和例外状态论。近年来,很多道德哲学家和法学专家沿着边沁②的思考路径采纳了这一论点。

　　其中有两位杰出的哲学家值得一提:亨利・苏(Henry Shue)和伯纳德・格尔特(Bernard Gert)。亨利・苏在完成了反驳论证酷刑合法性的标准论点的整个工作之后,在他约30年前发表的一篇非常有名的论文中修正了他在这个问题上的一些观点,他至少在理论上设定了在极端情境下实施审讯酷刑的前提条件:"尽管如此,我们也不能否定如下的可能案例:实施极少数的酷刑有可能预防比酷刑本身的残暴更大的伤害。"③(1977—1978,57)伯纳德・格尔特同样宣称,尽管一切以愉悦或利益为目的的杀害和酷刑都是不道德的,"为防止更大规模的杀害和酷

① 德萧维奇称:"让我再次声明——或许这是第十二次声明了——我对酷刑的真实看法,以防他人误解我的立场,虽然我肯定那些坚持认为我是个托尔克马达主义者的人仍旧会坚持他们的误解立场。我一般不赞同把酷刑规范化,我希望看到的是酷刑使用的最小化。"参见 A. M. Dershowitz(2003-2004,227)。
② 关于边沁论酷刑的著述,以及学界对边沁酷刑合法论的具体评论,参见 W. L. Twining and P. E. Twining(1973)。
③ 就在最近,在拒绝相信定时炸弹论的思想实验之后,苏(2003)指出,如果被问到他会如何处理掌握定时炸弹的确切消息的恐怖分子时,他会回答:"就让我们冒一次险好了——让我们打赌我们可以尊重我们的原则,我们的孩子(和老人)不仅不会死,而且还会生活在文明的国度里。"

刑,鉴于公共利益的缘由有时杀害和酷刑是允许存在的。"(1969,623)

有人发现这与法理学者的论证方式相同。查尔斯·弗瑞德(Charles Fried)假定了一种杀害无辜百姓以保全整个国家的情境,他坚持认为:"人们狂热地迷信于这一论断,仿佛天堂就像真的会降临一般。"(1978,10)同样,理查德·波斯纳(Richard Posner)也称:"为避免大恶,尚可忍受小恶。这就像以火灭火一般,这个隐喻表明,为避免大灾难,使用酷刑和其他极端手段是必要的。"(2004,294)

在此,我们遇到了合法性的问题,对极端条件下的恐怖主义实施的酷刑而言,首先它是个法律问题,根本上它还是个道德问题。我们相信这是一个正确诠释的关键,不仅是在波斯纳和弗瑞德的案例中,而且在其他两位著名的法学专家——约翰·帕尔利(John Parry)和艾伦·德萧维奇的案例中亦是如此。① 由此,在将酷刑视为违反国际法和国内法的行为之后,法学理论家帕尔利称:"在罕见的情况下,酷刑可能是一种合法的选择——两种恶行中较少恶的一种。理论上我们可以承认的一点是,一般律令也存在例外状态。"(2004,160)同样,在表示自己基于规范性的基础而反对酷刑之后,德萧维奇表示,定时炸弹论认为对恐怖主义实施酷刑在一定程度上是合理的,这是一种基于实证主义,为了减少或消灭在今日美国广泛应用的非法滥用酷刑行为而采取的一种激进方案。

帕尔利和德萧维奇的主张完全不同,两者不可同日而语。帕尔利表示酷刑不应该是合法的,如果酷刑能够为身处危难的无辜百姓提供一线生机的话,那么,在此之后,"必要的维权"将使酷刑审讯在法庭上取得合法性。② 德萧维奇则推进了"酷刑监视"的理念,它在使用酷刑之前先使其合法化了。帕尔利和德萧维奇在论证对恐怖主义实施酷刑审讯方面

---

① 当然,也有许多其他学者坚持相似的意见,如格罗斯(2003)称,我们应该承认真正的例外状况会引起官方的不服从,而逍遥法外的公职人员已经做好了接受他们自身行为的法律后果的准备。参见 O. Gross (2003—2004)。同时参见 B. Hoffman (2002), A. Moher (2003—2004)。

② 同时参见 J. Parry (2003), J. Parry and W. White (2002)。

给出了不同的理由，诚然，帕尔利对德萧维奇的主张进行了猛烈抨击，而这两位学者为了论证其结论都不惜采用了定时炸弹论。

学者对定时炸弹论的描述各有不同，①但他们对这种假设情境的不同说明具有如下三个共同要素：(1) 大多数无辜平民的生命处于危境；(2) 灾难迫在眉睫，因此时间至关重要；(3) 抓住怀揣秘密情报的恐怖分子，将有利于避免大灾难的发生。在这种极端的条件下，帕尔利和德萧维奇主张，对怀揣秘密情报的恐怖分子实施酷刑审讯是为了拯救无辜平民的生命，因此是正当的。他们要么认为实施酷刑者具有吁求捍卫论的必要性(帕尔利)，要么赋予了审讯者"酷刑监护"的有效性。

但从思想实验得出的结论并没有看起来那么简单。定时炸弹论被如此精心设想，以至于它更像是科幻小说而非政治科学。如亨利·苏(2003)直接指认的那样，酷刑的合法化充满虚幻，正如每一位道德哲学家所熟知的那样，虚幻带来了坏的伦理理论。功利主义哲学家罗素·哈丁(Russell Hardin)告诫我们，结果主义者的道德推理中所使用的假设性范例特别是某些特殊的范例，可能因为过于扭曲而超出我们有限的推理能力："一旦娱乐价值被纳入讨论范围，它有可能会剔除掉其他的价值形式，特别是合理性、相关性和理解力。"(1988，22—23)

在假设的定时炸弹论中，人们很容易相信酷刑是从恐怖分子口中套取信息的唯一途径，而不仅仅是一个附属的条件。但在现实世界中，酷刑可能不是成功的原因。美国审讯中东恐怖分子的案例史列举了如下观点：

> 五个国外恐怖分子被当地的(反恐怖主义警队)逮捕，被发现身上都配有爆炸物和目的地地图……多少恐怖分子将被送到该国的其他目的地引起我们的兴趣。开始的三个恐怖分子甚至没有经过

---

① 德萧维奇(2002)用了不同的例子，从秉公执法的公职人员逮捕劫持飞机袭击不明建筑物("9·11"事件)的恐怖分子，再到逮捕那些不愿透露如核武器、生化武器等大规模杀伤性武器的信息的恐怖分子的场景。

审讯就被射击而亡。剩下的两个被分开审讯。据说其中一个被射亡。军官对最后一个人说："你还要保持沉默吗?"这个人开始陈述事件发生的始末,招募新人员、训练,会合地点、武器接受和存放的地点,恐怖分子的逃跑路线……其他被选择的人员以及国内的后备支持人员。

一个假设的案例会矢口否认调查。但在事实案例中,我们会问是如何选择第五个人的。

> 这个五人小组被调查:给吃给喝,人手一份《古兰经》。那拒绝坐下来吃喝并有着强烈敌意的眼神的三个人被挑出来。而身体姿势决定了谁将是第四个被审讯的人。最年轻的那个,啃着面包,喝着茶,对捉拿他们的人把他放在最后审讯心怀感激。他的 AK 步枪不甚干净……他似乎不支持圣战。①

从这一精心设计的场景中,我们可能会得出其他的关于第五个恐怖分子会配合的解释,如他摆脱了老资格恐怖分子的强制,他容易因贿赂或被悉心照顾而屈服。这种说法当然不能支持如下的解释:射杀四个恐怖分子成了第五个恐怖分子供出恐怖行动的必要或充分条件。对于绝大多数被成功破获的定时炸弹案例来说,只有这一前提才能保证酷刑审讯的有效性。

虽然定时炸弹论具有极端的假设性和循环论证性,但它不仅受到法学理论者和专家的重视,而且还是权力走廊中令人尤为担忧的问题。

酷刑的分类

在本章的剩余部分我们将继续讨论酷刑不合法的理由,不仅仅是在理论上,而且考虑到定时炸弹论的最令人感到意外的真实情境。在我们

---

① J. M. Arrigo (2005).

解答为何用最有力的范例，定时炸弹论也无法证明酷刑的合理性之前，我们有必要明确酷刑的类型。首先，重要的一点是要区分恐怖主义酷刑和审讯酷刑之间的差异。[1] 恐怖主义酷刑是由国家实施的表示威慑和表达意向的酷刑。恐怖主义酷刑是对那些否定国家权威合法性人士的一种信号。譬如，在危地马拉内战（1960—1996）中，危地马拉军队广泛利用恐怖主义酷刑，把酷刑受害者的尸体丢弃在路边供人观看。[2] 而另一方面，审讯酷刑被广泛用于套取恐怖主义者的信息。审讯酷刑而非恐怖主义酷刑是本章的分析要点。

另外，区分"向前看"（Forward-Looking）和"向后看"（Backward-Looking）的审讯酷刑也很重要。向后看的审讯酷刑用于使恐怖分子招供已实施的恐怖主义行径，向前看的审讯酷刑则用于获取恐怖分子未来的恐怖主义图谋。接下来，让我们来看看向前看的审讯酷刑。在帕尔利和德萧维奇看来，这一类酷刑是可以合法化的。与帕尔利和德萧维奇的观点不同，我们接下来将讨论，不是所有的向前看的审讯酷刑都是民主国家无条件反对酷刑的例外状况。接下来我将特别论述定时炸弹论的两大缺陷：演绎的缺陷和结果主义的缺陷。

演绎的缺陷

当我们以特定的前提推导出无效结论的时候，演绎的缺陷就出现了。这不仅因为这些结论依赖于不同的前提条件，而且因为这些前提无法支撑这些结论。定时炸弹论继承了推理的演绎路径，而这一推理路径

---

[1] 这种区分在苏的文献中（1977—1978）足以窥见。

[2] 桑福德（Sanford，2003，166—167）讲述了1981年对超过300名玛雅人进行军事审讯后发生在内瓦赫镇的情形："在大规模的审讯后，每天都有人离奇消失，第二天早上街上遍地尸体。"丹·里奥内尔称："街上尸体遍地，还有些悬挂在公园里，唯一能确定的是每天死亡人数都在增加。"

决定了酷刑审讯的有效性。[①]

（P1）：恐怖分子被捕。

（P2）：如果恐怖分子受酷刑，那么他/她将在爆炸发生前供出定时炸弹隐藏的地点信息。

因此（C1）：恐怖分子应该受到酷刑。

因此（C2）：定时炸弹的隐藏地点信息被供出。

因此（C3）：在定时炸弹引爆之前找到并拆掉它，挽救许多无辜的生命。

这一论题存在两个问题。第一个问题是：结论 C1、C2 和 C3 并不能从前提 P1 和 P2 中获得。为了得出这些结论，我们还必须关注其他尚"未知的"前提。第二个问题是：从定时炸弹论的这些前提（不管是已知的还是未知的）可以推导出这些结论是非法的，经不起事实的检验。

要想推出结论 C1、C2 和 C3，还必须具备如下条件：

（P1）：恐怖分子被捕。

（P1*）：基本上可以确定的是该恐怖分子掌握着定时炸弹的信息。

（P2）：如果恐怖分子受酷刑，那么他/她将在爆炸发生之前供出定时炸弹隐藏的地点信息。

因此（C1）：恐怖分子应该受到酷刑。

因此（C2）：定时炸弹的隐藏地点信息被供出。

（P3）：基本上可以确定的是恐怖分子会供出确凿信息。

因此（C3）：在定时炸弹引爆之前找到并拆掉它，挽救许多无辜的生命。

66　　这些前提从经验观点来看有异议。第一，我们不能保证"情报"永远都是对的，伊拉克的大规模杀伤性武器的例子很好地证明了这点；因此，

[①] 在以下推理中，用前提的英文首字母 P 代表前提，用结论的英文首字母 C 代表结论。——编者注

关于恐怖分子被捕基本上就确定了恐怖分子掌握信息这一设想是有问题的。没有人能够保证正在接受审讯的犯罪嫌疑人就是真正的恐怖分子,即便他们涉足恐怖主义组织,也不代表他们就掌握了我们所需要的可靠情报。

第二,酷刑并不一定有用,关于酷刑能够让恐怖分子老实招供的设想过于简单和乐观。法国保罗将军(2002)——阿尔及尔战争(1955—1957)的主情报官——在他的回忆录中称,恐怖分子或者在酷刑下带着秘密死去,或者激怒他导致他秘密处死他们。在 1987 到 1994 年间,以色列的通用安全服务官方审讯了 23000 名巴勒斯坦人,对大部分人实施了酷刑,然而恐怖分子依然猖獗。①

第三,基本上没有证据表明酷刑能够在短期内收到成效。事实上,反审讯训练有可能使恐怖分子坚持 24 小时的抵抗,这保证了其同伴能在爆炸之前改变方案。② 定时炸弹论所设想的情境的极端紧迫性也抵消了酷刑审讯的效力,因为酷刑审讯不是一种能即时生效的强制力而只能持续数月地不断弱化恐怖分子的抵抗力。基地组织嫌疑人穆罕默德·卡赫塔尼(Mohamed al-Kahtani)据说是第 20 名失踪的劫匪,他于 2001年 8 月 4 日在奥兰多国际机场被海关人员拒绝入境。后来他回到阿富汗,并于同年 12 月因为为本·拉登服务而被捕。经过数月的监禁,在严酷的军事审讯下,他供出他与本·拉登会面的详情。③

第四,即使审讯人员能够从恐怖分子嫌疑人口中套出话来,但也不能保证他们所供出的信息就可靠。因此,基本上可以确定恐怖分子供出实情的假设也是有问题的。酷刑加剧了对象心理和生理上的反应,并增加了不可预见性。经验事实表明,酷刑下所套取的信息更多的是误导性

---

① 参见 A. Biletzki (2001)。"不管怎样诉诸酷刑,恐怖主义反而在规模上壮大了"这个命题本身就是反事实的,这一命题不可能为事实所证实或证伪。关于该问题的详情请参见 B. Cohen (2001)。

② 2006 年 2 月 17 日哈罗德·威廉·鲁德与阿里戈进行的私人交流。

③ 参见社论《走向真实的审讯政策》,载《华盛顿时报》2005 年 3 月 11 日(电子版)。

信息,这是假招供造成的结果。[①] 恐怖分子为避免暂时的皮肉之苦,有可能会供出一些信息,但这些有可能是一些错误的信息,这是强制性审讯下犯罪口供的共同特点。审讯为精明的俘虏撒谎提供了机会。二战中有一个著名的事件,美国飞行员麦克蒂尔达(Marcus McDilda)在 1945年 8 月 8 日被日军俘虏,在极度残酷的审讯下他"供出"美国未来几天内对京都和东京的原子弹袭击战略。[②] 指挥官詹姆斯·斯托克代尔(James Stockdale)命令他在越南的美国战俘"采取欺骗和曲解事实的策略,以避免永久性伤害和精神摧残"(2001,328)。

第五,战俘可能供出让对方信以为真的错误信息,因为反酷刑审讯培训者会将错误的信息抛给"特工",让他们在酷刑下招出一些设定好的错误信息。中国古代军事理论家孙子早在公元前 6 世纪就提出了这一策略。

定时炸弹论除了其经验前提值得质疑之外,它在逻辑上还存在另外一个性质不同的问题。在(P2)中,我们可以看到一个简单的有误前提:如果恐怖分子受到酷刑,那么他/她将供出炸弹的隐藏地点。这一前提构成演绎论的主要基础。接下来我们将进一步表明这一前提所支撑的理论尤为复杂,其中最有效的方法是实现收益最大化。换句话说,结果主义论通常缺乏详细的论证过程,然而,一旦其论证过程被揭示,那么结果主义的这一前提将被视为有误。

结果主义的缺陷[③]

从道德视角来看,定时炸弹论是在结果主义机制的基础上提出来

---

① 居于该领域前沿的精神分析学家表示,高强度审讯导致越来越多的人假招供。参见 G. H. Gudjonsson(2003),S. M. Kassin and G. H. Gudjonsson(2004),S. M. Kassin(1997,2005)。

② 参见 T. B. Allen and N. Polmar(1995)。

③ 该章节引自 J. M. Arrigo(2004)。

的,该论点不惜以践行酷刑审讯为代价,但其践行效果恰恰被酷刑本身所抵消。接下来,我们将采纳结果主义的观点,以驳倒结果主义对酷刑审讯合法性的论证。我们相信,定时炸弹论最终将随着结果主义的倒台而告终,因为它忽视了由国家支持的酷刑的集中准备及其造成的更大社会影响。结果主义观点的多样性主要依赖于成本—收益分析。我们认为,经验事实表明,对恐怖主义实行酷刑审讯的制度对市民、军队和法律机构造成了有害影响,其成本高于收益。在下文中,我们将把酷刑审讯合法化作为破坏重要社会机构的一个标志,考察其对医疗系统、科学系统、警察系统、军事系统和法律系统的潜在影响。 *68*

医疗系统

一旦恐怖分子死于酷刑,关键情报将随之消失。譬如,只要稍微招惹患哮喘病的犯罪嫌疑人就足以置他于死地。2002 年美国军官在阿富汗不小心踢(踢腿)死了两名被拘留的犯罪嫌疑人。这一无心之踢,引发了其中一位的冠状动脉疾病,并引发另一位突发肺栓塞。[1] 为防止情报丢失,国家酷刑的支持者一般会雇用医护专家以确保酷刑在受酷刑者可接受的范围内进行,并监管受酷刑者的忍耐力,保证失去知觉的受酷刑者能够再度清醒,并确保他们能够进入下一轮的酷刑审讯。之后,医护人员就伪造健康证明、尸检报告和死亡证明。[2]

医护专家由此成为敏感信息的利害关系人(privy),必须要对他们进行监管,甚至是监控。譬如,在土耳其,政府专员侵犯、逮捕和折磨那些反抗的医生。[3] 医生同时也占据着主导地位。美国军事医护专员曾在伊拉克、阿富汗和关塔那摩海湾的监狱中饱受精神折磨。同时,在数不尽

---

[1] 参见 L. Hart (2005)。

[2] 参见 P. Vesti and F. E. Somnier (1994)。

[3] 参见 H. Döcker (2002)。

的医护征旅中,心理医生曾揭示了美国军事医护人员的心理阴影。① 由此,在医护群体中以及医护群体与其政府内部就产生了深层的分裂。

科学系统

酷刑审讯技术在与反审讯技术(间谍、战役先锋和恐怖主义者)和人权监管的酷刑探测技术的竞争过程中不断演变。就如一位从以色列监狱被释放出来的巴勒斯坦人所说的那样,"我们尝尽虐待以及秘密警察所采取的伎俩,在审讯过程中我们学会观察敌方官员的一举一动"②——他们由此提升了对酷刑的抵制能力。当欧洲委员会因大批土耳其酷刑幸存者抵达欧洲而推迟土耳其加入欧盟的时间时,土耳其的科学家试图研发出一种不会留下任何医疗痕迹的酷刑技术。与此相应,欧洲法医专家成功地采用经过完善的检测技术,如超声波技术和 CAT 扫描。③ 由此,抵制酷刑技巧和酷刑检测手段得以提高。

专研于军事项目的科学家通常忽视了其研究成果的应用,不久他们便发现这些成果会危及自身。1980 年,医学工程师埃尔顿·拜尔德(Eldon Byrd)为美国海军提供了一种电磁共振技术,这是一种代替子弹的非致命的人道主义武器,它"从人们的身上挖出一个洞并把血放出"。他不久发现这一武器被用于对付不听话的人,因而致力于帮助受害者。④ 也有另外一些科学家为了事业上的突破,不放过任何对人实施秘密的非法研究的机会。20 世纪 50 年代,在美国情报局的掩护下,著名的美国精神病理学协会会长埃文·卡梅伦(Ewen Cameron)对精神病住院患者进行了犯罪心理控制实验,而后在学术期刊上发表了关于"心理驾驭"的研

---

① 参见 R. J. Lifton (2004), S. Miles (2004)。
② S. Qouta, R.‑L. Punamaki and E. E. Sarraj (1997).
③ 参见 N. Zeeberg (1998)。
④ 参见 E. Byrd (2000)。

究报告。① 科学对酷刑审讯技术的不断追求，需要大量的犯罪实验方案。作为一份尽可能扩大科学研究范围的指南，1977 年美国参议院通过的一份调查报道决定，80 所主要的地方大学和医院全面参与到情报局非法的行为修正计划——神经控制实验中。②

警察系统

随着恐怖战争渗透进本国，警方被推上拘留恐怖分子的前沿阵地的原因仅仅是因为他们数量众多：2002 年 10 月美国警察人数达到 80 万，而美国联邦调查局特工的人数则是 2.7 万。③ 对恐怖分子实施酷刑审讯的计划将带来一个不可能完成的任务，那就是区分恐怖分子和非恐怖分子犯罪嫌疑人，这是因为嫌犯们（如伪造文件者、洗黑钱者和非法移民）身上具有许多重叠的疑点。反恐怖主义群体不可能垄断酷刑的使用，因为其他严重犯罪的调查工作也需要这一特权。2002 年 10 月颁布的《美国爱国者法案》规定，在追捕恐怖分子时有权剥夺重要的公民自由，这一法案已经被广泛用于连环谋杀案、公司欺诈、敲诈勒索案和儿童贩卖案等的犯罪嫌疑人身上。④ 警察部门数十年来一直在努力应对强制性审讯所带来的恶果，其中包括高比例的假招供和虚假证词，警察欺骗和法庭操纵，监管系统的失败，以及参与有组织的犯罪等。⑤ 酷刑审讯的合法性问题将有望激活这些问题。

军事系统

对军队而言，酷刑审讯最严重的后果是践踏人格、破坏制度结构以

---

① 参见 H. M. Weinstein (1990)。
② 美国参议院，"挑选智力委员会成员，在人力资源委员会下成立健康和科学研究专门小组"，MKULTRA 计划：中央情报局的行为修正研究项目（Washington, DC: US Government Printing Office, 1977）。
③ 参见 F. Bowers (2002)——数据引自美国联邦调查局主任 R. Mueller。
④ 参见 E. Lichtblau (2003)。
⑤ 参见 N. J. Gordon and W. L. Fleisher (2002)。

及丧失尊严。通过对希腊、阿根廷、巴西、智利、尼加拉瓜、乌拉圭和以色列的前酷刑实施者的采访,我们可以进一步了解军队训练计划。[1] 他们招募的对象一般都是年轻、贫穷的或未受教育者。在野蛮训练的一开始,就要培养受训者对痛苦、磨难和羞辱的忍耐力。禁闭和入会仪式把他们与之前的人际交往圈隔离开。他们通常在融入新角色的过程中经历着道德张力,并忍受不同形式的否定、心理隔离、酗酒和吸毒所带来的痛苦。迷惑受训者的羞辱战术的效力往往导致性别折磨,这反过来又助长了酷刑实施者的耻辱感和堕落。哈利托斯-费托罗斯(Haritos-Fatouros)深入研究了酷刑者训练,她发现,“对阿布格莱布监狱的折磨做好准备的受训者成了受害者,他们将在不久后蒙受耻辱、监禁和精神紊乱。”费托罗斯进一步发问:“谁来对这么多的无辜生命负责呢?”[2]关于巴西镇压共产主义叛乱分子的“暴力工人”组织的一份研究报告表明,酷刑实施者比行刑队成员所承受的工作压力大得多。[3] 酷刑实施者所遵循的道义,不同于派遣士兵作战以保卫他们国家的道义,因而酷刑实施者及其家人不是得不到尊重而是完全被鄙视,即使是军事必要性和酷刑合法化的声明也不能消除这种歧视和耻辱。

　　酷刑计划对军事机构具有极大的破坏力。为了挽救自身,1975 到 1986 年间,在几位将军的带领下巴西军事机构逐渐取消了酷刑措施。随着反恐怖主义代理人逍遥法外的情况越发严重,作为走私犯、敲诈勒索犯的酷刑实施者的数量成倍增长。总之,酷刑实施者不仅没有赢得军事同僚的感激和钦佩,反而受到他们的鄙视。酷刑实施者嘲讽和反驳指挥系统,创造了两个派别并破坏了军事力量。[4] 总而言之,在智利的皮诺切特倒台以后,海军和空军武装力量没有归编那些曾在秘密机构工作的官

71

---

[1] 参见 M. Haritos-Fatouros (1993),W. S. Heinz (1993),F. Allodi (1993),S. Cohen and D. Golan (1991)。

[2] M. Haritos-Fatouros (2005).

[3] 参见 M. K. Huggins, M. Haritos-Fatouros, and P. G. Zimbardo (2002)。

[4] 参见 L. Wechsler (1991)。

员,反而把他们视为"亵渎之物"。① 在过去了大约半个世纪以后,对在奥萨雷斯总统领导下的阿尔及利亚恐怖分子实施的酷刑仍旧是法国军队的污名,特别是在法国境内。②

法律系统

许多法学专家质疑德萧维奇关于极端情况下酷刑审讯者在实施酷刑前必须受法官的"酷刑监视"的观点。德萧维奇对酷刑监视作了如下诠释:

> 我一点都不怀疑,如果定时炸弹真的将被引爆,我们的法律执行专家将实施酷刑。一个现实的争论是,这种酷刑应该在法律系统外还是在法律系统内执行呢? 该问题的答案似乎是明确的:如果我们要实施酷刑,那么它应该经法律批准。法官必须对每个案件都进行"酷刑监视"。由此,当人人谴责酷刑之时,我们不应该对其视而不见、充耳不闻。民主需要公开透明的问责制,特别是在采取非同寻常的行动时。最为重要的是,它应该遵循法律制度。当一种非同寻常的技巧,如酷刑技巧逍遥法外时,它则不可能遵循法律制度。③

酷刑监视观的问题众所周知,这一点也经常被法律刊物引用,对此我们可以作一概括:不管是在美国还是在其他国家,酷刑监视会成为一种促进酷刑实施的动力因素;没有一种规则能够覆盖定时炸弹论的各个方面;第五和第十四修正法案的程序规则可被用于禁止对投掷定时炸弹的恐怖分子施以酷刑;让法官负责酷刑监视工作有可能违背司法的统一

---

① 参见 W. S. Heinz (1993)。
② 参见 W. Schrepel (2005)。同样不明朗的是,反恐战争胜利以后,酷刑审讯计划如何终结。军事智囊提醒,一种武器或策略的长时期的潜在影响,比它的原目标要重要。参见 Kane (2002)。
③ A. M. Dershowitz (2001)。详情请参见 A. M. Dershowitz (2002)。

性和法律规定。①

更一般说来,合法的酷刑计划将导致自由民主国家所依赖的核心价值的退化。一份对以色列占领区的酷刑合法化的详细分析总结道,酷刑腐蚀着自由民主的法律制度及其所支持的其他民主观念。② 阿尔及利亚战争还给予我们许多重要的启示,在那里酷刑随着镇压系统的广泛设立和进一步完善而实现了制度化。在阿尔及利亚,酷刑给了司法和法律制度致命的一击。如麦克马斯特(MacMaster)所解释的那样,在阿尔及利亚酷刑的实施已经带来难以言喻的灾难:

> 酷刑就像一个"坏疽"(la gangrene),它被视为一个侵蚀自由民主国家及其制度、核心价值以及基本人权和尊严的恶瘤。关于阿尔及利亚战争中实施的酷刑的争论的重点,不在于可怕的被孤立状态,而在于它象征着使酷刑得以发生的国家及其军事、行政和司法权力部门的堕落。③ (2002,9)

任何一个设立酷刑审讯单位的国家将失去其道德的合法性并因而破坏公民对国家的政治义务。

值得赞扬的是,德萧维奇(2003—2004)试图向以上几位批判者表明,他们的指控从根本上来讲是一些基于经验的主张,虽然他自己的批判也无法举出经验证据——本篇论文的写作目的就在于凸显德萧维奇所呼吁的经验证据。对于其他指控,酷刑制度化的支持者可能坚持认为,由于酷刑只能被用于极端环境下,所以我们不用担心酷刑的实施会破坏民主社会的价值观。另外,德萧维奇呼吁,秘密进行的酷刑实施过程应秉持公开透明的原则。

然而,德萧维奇无法解决定时炸弹论的时间限制与酷刑审讯合法化

---

① 参见 Strauss (2003-2004),Sung (2003)。

② 参见 Cohen (2001)。

③ 麦克马斯特进一步称:"从历史上看,不管国家何时开始在严格控制威迫方面走下坡路,都无可避免地导致形成荒谬的残暴系统",参见 N. MacMaster (2002,12)。

和法官优先实施审讯监视的冲突。由于破坏具有即时性,恐怖分子的逮捕者不愿意把时间浪费在调查监视上。就如巴西的一位退休警官所解释的那样:"我们需要立刻获取情报,否则就迟了。为了节省时间,一切都是值得的。"①既然抓捕定时炸弹恐怖分子已经被列入行动计划(在其中,特工的生命和未来的反恐行动都面临危险),那么高智商的官员不会拱手让犯罪口供成为证据,他们认为法官既天真又不安全。阿根廷的阿德尔·维拉斯(Acdel Vilas)将军早在20世纪70年代初就参加了平叛运动(counterinsurgency operations),后来他描述了他是如何回避司法机关对审讯工作的干预的。他派出便衣警察而非制服警官去追捕嫌犯,然后只是把无关紧要的嫌犯交给司法系统。② 在以色列,来自中央安全情报局 (General Security Service,简称 GSS)的审讯者一般把错误的证词呈给以色列最高法院,以迷惑敌方,让他们信以为真。③ 从白宫法律顾问阿尔伯特·冈萨雷斯(Alberto Gonzales)和其他人的记录中,我们可以看到美国现任政府试图授权司法部门秘密执行酷刑审讯。④ 被挑选执行酷刑审讯计划的法官和法律顾问并没有秉持公开透明的原则,而是掩盖了事实真相。

　　当前的反恐战争中很少有酷刑审讯可以被归为定时炸弹论。酷刑的合法化并没有实现对这些审讯的监视机制,同时却为酷刑研究、酷刑实施者的招募和培训提供了制度保障。

　　最后,定时炸弹论的道德演绎还存在另一个问题。被捕获的恐怖分子及其目标是处于危险中的利益的主要当事方,我们可以把它称为主要当事方前设(Principal Parties Premise)。定时炸弹论仅仅假设了对恐怖分子用刑是对的,因为以一个罪犯换取许多无辜的生命是值得的。虽然

---

① Heinz (1993, 95).

② 参见 Heinz (1993,87)。

③ 参见 M. Gur - Arye (1989)。

④ 参见 A. Lewis (2004)。

主要当事方描述是定时炸弹论道德推演精心设计的伎俩,但在实际情境中,被酷刑审讯援引能减少危害的因素(恐怖分子掌握充分的信息,众多无辜生命受到威胁,这种破坏性是迫在眉睫的),实际上带来了更大面积的危害。酷刑审讯的准确度和速度需要事前做好准备和协调,并最终导致重要社会机构的腐化。主要当事方实际上包括医疗系统、科学系统、警察系统、军事系统、司法系统和许多被误判受刑的无辜者。

对比无辜生命的牺牲,对民主制度的危害显得微不足道,因为制度可以修复,而人死不能复生。然而,不断有国家称他们的国家受到安全威胁,因此他们需要对国内敌人施以酷刑,这些国家包括阿尔及利亚、南非、智利、阿根廷、乌拉圭、萨尔瓦多、危地马拉、爱尔兰,人权研究者表明,各种不同的社会修复方案是行不通的。刑事审判、真理委员会、对受害者的补偿以及社区哀悼仪式证明了这个道理。① 社会修复的部分困境在于,受酷刑的无辜者比例太高。从现实的角度看,定时炸弹论的道德演绎应该权衡如下因素:(1)向无辜平民投掷炸弹的凶手之恶,(2)重要社会机构的腐化程度、对无辜受刑者所施酷刑的残忍以及酷刑实施者所遭受的毁灭性伤害。犯罪恐怖分子作为一个少数群体享受不到平等的资源。我们很容易将对恐怖分子的伤害与对恐怖主义受害目标的伤害作一对比。但是,与其说是定时炸弹论不如说是大多数道德理论,都必须权衡对某些无辜者的危害与对重要的民主制度和对其他无辜者的危害之间的关系。

国家支持的酷刑审讯的替代物

在定时炸弹论场景中,从发现炸弹到爆炸这一段短暂的时间内没有多余的选择只是一种假设。酷刑审讯是一种快速解决方案。任何替代

① 参见 L. E. Fletcher and H. Weinstein (2002, 615 and 625)。

方案都必须以快速解决为前提。由于至今都没有人提出更快的解决方案，酷刑审讯就被误认为可行的方案。此处我们要提出的问题是，要实现快速和精准的酷刑审讯，需要更广泛的准备和资源储备。因此，改善这些更广泛的准备和资源储备的其他技巧，就与酷刑审讯形成了竞争关系，如提高审讯者的文化意识、语言能力和自制力的技巧。对于不配合的受讯者的行为的控制，我们没有理由设想一种方法能适用于所有案例。恐怖分子的文化背景、动机、曾受过的反审讯训练和心理状态各有不同。这里有一种可行的审讯技巧值得一提。

　　许多专业的审讯者属意于汉斯·沙夫（Hans Scharff）的"社会技巧法"。沙夫是二战时德国空军的主审官，他和蔼可亲的形象帮助他从不知情的盟军飞行员那里获得了一些看似不重要的军事情报，然后通过对这些情报的集中、整合获得某些机密。[1] 对于眼光锐利的审讯者来说，不必迫使恐怖分子供出炸弹藏匿的准确地点，他们只要提供表面上无伤大碍的信息即可。在其他的社会技巧法方面，伊斯兰神职人员通过使恐怖分子作出宗教承诺而取代了官方审讯者。[2] 被同僚所舍弃的那些恐怖分子将配合逮捕者供出事实。渐渐地，一些病重的和在自杀性爆炸过程中严重受伤的恐怖分子在经过细心护理后变得十分配合。[3] 当然，在被捕者受虐待的情况下，这种方法是难以奏效的。

　　对恐怖分子施以酷刑审讯实际上可能击败其他的反恐手段，正如政府解救人质的行为会对其他的人质情况有所影响。新颖的军事策略近来强调，对基地组织以"神战士的基本神话"（Al Qaeda's 'foundational myth' of 'the warriors of God'）反对"异教徒西方"（infidel West）进行"有效反叙事"（effective counternarrative）的必要性。他们责难我们无力"把握反恐战争的叙事维度"，但值得注意的是，"除非阿布格莱布监狱

---

① 参见 R. Toliver（1997）。
② 参见 Associated Press（2003）。
③ 参见 *The Strategy Page*（2005）。

不再发挥功能，一种宏大叙事才能得以合理建构"①。

结 论

　　我们生活在一个有着自由民主制度却毫无顾忌地对敌人施以酷刑的时代。定时炸弹论基于结果主义论证了酷刑的合法性。在本章中我们反驳了定时炸弹论枯燥的结果主义倾向，不是基于道义论的视角，而是基于结果主义的视角。

　　显然，经验事实表明认识论的成功案例在对犯罪嫌疑人施以酷刑的问题上是不适用的。② 从道德和政治视角来看，可错论必定成为结果主义论证的关注点。冒着人权和政治的代价对无辜者施以酷刑必定是恶行，这点是不容忽视的。与直觉不同的是，实际清白并不能保证犯罪嫌疑人在审讯中不认罪，相反这将迫使他们冒假招供的危险，这点在犯罪研究和心理实验中已得到证明。如凯莘（Kassin 2005）所解释的那样，他们天真地认为事实和正义是存在的，这种天真的想法使得他们疏于防范，拒绝认罪只会招来审讯员更严格的逼问。另外，也不存在补偿或康复措施。精神研究表明，酷刑幸存者受自杀念头的折磨，他们无法融入正常的家庭关系，也无力处理他们琐碎的生活杂务。③ 那些在政治上不配合逮捕者的无辜者所遭到的灾难就更严重了。

76　　此外，定时炸弹论的简单叙事揭示了支持恐怖主义酷刑法的理性希望所需的制度支撑。对公民、军队和法律机构实施精准的酷刑审讯的国家保障的制度化需求与影响，被酷刑审讯合法化的支持者所忽视。一个

---

① W. D. Casebeer and J. A. Russell（2005）.
② 苏指出："我们想象着我们找到了我们正要找的人，而不是某个看似来自不同文化的代言人的可怜的冒失鬼；我们想象着我们逮捕的那个人正好掌握了我们想要的确凿的新证据，而不是已被舍弃的过时信息；我们想象着被捕者在无须面对恶心酷刑、死亡威胁和精神错乱的情况下就能坦白招供……我们想象着只要对方招供就能防止恐怖灾难事件的发生，而灾难的地点和时间似乎就不会发生变化了。"参见 H. Shue（2003）.
③ 参见 R. Oravecs, L. Hárdi and L. Lajtai（2004）.

有技巧的酷刑实施者就像一个技艺高超的外科医生，需要不断实践才能锻造其精湛的技艺。然而，像德萧维奇等提出酷刑合法化的学者并不能阐明，这些酷刑实施者将如何以及在何地学习到这些技巧，更不用说训练有素的酷刑实施者是如何在官方视野外运用其技巧的。酷刑制度化同时意味着实施酷刑将成为一门合法的专业，正如川宁（Twining）所示，"酷刑制度化将致使专业酷刑实施者的罪孽加深，他们的存在不断威胁着整个社会。"(1973，352)

　　酷刑审讯的官僚化说明了一个严峻的问题。研究大屠杀的历史学家克里斯托弗·布朗宁（Christopher Browning）长期致力于纳粹将歧视种族演变成官僚反犹主义的研究工作。在 1941 年 8 月纳粹启动屠杀有碍德国的公民的政策后，杀害了 7 万名有碍德国的公民的大批医生和护士——"安乐死专家"——被允许残杀犹太人、罗马人和伯勒斯人。① 当前的酷刑审讯主张不包括任何一种实施这一计划的机制。正因此所以才说，关注军事武器或策略的长远影响比关注其原初目的更重要。② 酷刑审讯无法实现定时炸弹论所称的解救生命的原初目的，其长远的影响在于破坏民主制度并对许多无辜受害者施以酷刑。

---

① 参见 I. Deák (2004)，pp. 78-81。
② 参见 Kane (2002)。

第六章 启蒙、契约论和道德政治

当前的社会非正义观基本上都可以追溯到欧洲启蒙时期。如今的大多数道德和政治理论都是启蒙的产物,其中包括自由主义(及其变体:功利主义、自由意志论和平等主义)、社会主义、马克思主义和女性主义。这些理论都是因为受到社会非正义的刺激而产生的,不管是涉及侵害人权、征服、剥削还是性别压迫等。

本章将揭示契约论的启蒙传统,可以说这是近年来社会正义论最流行的研究方式;诚然,我们难以非议阿伦·哈姆林(Alan Hamlin)和菲利普·佩蒂特的如下主张:"不管何种形式的契约论,也许都是当前规范的政治理论的主导方向。"(1989,11)当然,当前的社会契约论与此前的社会契约论有了很大的不同。盛行于 17 和 18 世纪的社会契约论主要是为了解决政治义务和政治合法性的问题,而 20 和 21 世纪的社会契约论的复兴则是为了论证社会正义的合法性乃至说明道德的性质问题。①

然而,社会契约论的复兴工作远未完成。与自由主义的批评者的

---

① 我将在本章的稍后部分讨论学界对社会正义的契约论阐释。关于用契约论的观点对道德的性质进行哲学探讨的启示性文本,参见 T. Scanlon (1992)。

主张①相反,我认为社会契约论能够为关于善的政治的属性的争论,以及如何避免最坏的社会非正义提供宝贵的经验。本章的重点将放在两种不同的契约论的道德社会概念或道德政治概念上。我要论证的是,契约论中关于道德政治的相互对应的概念(antithetical conceptions)可以追溯至启蒙的内在张力。

启蒙及其产儿

启蒙的界定工作甚是困难。学界一般认为,理性主义是启蒙思潮的   *78*
共同特点(假定启蒙运动真有共同特点的话)。大多数启蒙运动的热心的批判者,比如那些后现代主义的捍卫者②,或麦金太尔③(Alasdair MacIntyre)的社群主义著作,就是这么界定启蒙运动的。事实上,批判者所勾勒的启蒙图景过于简单和充满误导性。首先,我们须谨防对启蒙运动的理性特别是对工具理性作简单的非批判的肯定。在启蒙运动中,有些人对理性主义持强有力的保留态度,有些人质疑整个启蒙运动的积极性,还有人质疑人们新产生的对理性权力的盲目信仰,甚至有些人质疑对这一新信仰的向往。④

显然,启蒙运动产生的影响比批判者所描述的要复杂得多,无可置疑的是,它也更忠实于历史事实。⑤ 启蒙运动看似对理性若即若离,理性受到启蒙运动的推崇但主要的还是有所保留。然而,如果我们要评价当前政治理论中启蒙运动的遗产的话,那么我们将不得不把它归结于启蒙

---

① 库卡瑟斯告诫我们,根据桑德尔和沃尔夫的观点,"自由主义长期被讥讽为一门缺乏社会理论的政治哲学,言下之意是自由主义思想甚少论及美好社会的性质以及个人在社会秩序中的作用的问题",参见 Chandran Kukathas (1989, 85)。
② 年轻时的福柯同样是正确的,虽然他后期论文所表现的立场模棱两可。关于福柯和启蒙的文献,参见 M. Passerin d'Entreves (2000)。
③ 麦金太尔根据为德性提供理性根基和合法性来界定启蒙运动,参见 MacIntyre (1985, 43)。
④ 譬如苏格兰的亚当·斯密和大卫·休谟,以及法国的伏尔泰。
⑤ 关于麦金太尔评价启蒙运动的批判性文献,参见 R. Wokler (1994)。

运动带来的尤为复杂的影响的结果。

不管是支持者还是反对者,对启蒙的传统都做了许多重要的前期工作。学界似乎普遍认为,所谓的"现代性"构成了启蒙传统最持久的遗产。事实上,"现代性"和启蒙一般是可以通用的。① 一方面,我不愿去颠覆这一趋势,另一方面,可以说"现代性"一词的含糊性使得其成为当前的社会理论和政治理论中最为模棱两可的(最可悲的也是最流行的)分析概念。如果说有一个概念本质上是相互矛盾的话,那么最佳候选者便是"现代性"了。如果舍弃了"现代性",还有什么概念能够更好地阐明政治理论中启蒙运动的政治遗产呢? 也许我们可以从启蒙运动使得自由思想成为可能说起。② 这种说法是不可否认的,但帮助不大。毕竟,自由的绳索是由许多线编织而成的,这是无可非议的。事实上,启蒙运动孕育了许多"自由"思想。其中一个便是功利主义:大卫·休谟、亚当·斯密、弗兰西斯·哈奇森(Francis Hutcheson)等人是苏格兰启蒙运动中赫赫有名的人物,这些人后来成为功利主义的先驱。更重要的是,边沁也是功利主义学说的主要建构者,他本人应该被纳入启蒙运动思想家的行列。③

关于功利主义是启蒙运动的唯一产儿的说法显然是不正确的。受功利主义思想家④猛烈抨击的社会契约论也是启蒙运动名正言顺的产儿。诚如威尔·金里卡(Will Kymlicka,1993)直接指认的那样,启蒙运动期间契约论思想家最先获得关注。社会契约论提供了道德义务的标杆性说明的替代物,而在前启蒙时期,自然秩序或上帝秩序的思想占主导地位。

---

① 参见 J. Habermas (1987)。

② 参见 J. Waldron (1993)。

③ 汉普歇尔-蒙克告诫我们,虽然边沁通常被视为 19 世纪的英国思想家,然而,"事实上他的思想根源于 18 世纪的欧洲启蒙运动",参见 Iain Hampsher-Monk (1992, 307)。同时参见 J. H. Burns (1984)。

④ 提到社会契约,边沁说:"人类根深蒂固的特权无须建立在虚幻的沙质根基上",引自 D. Boucher and P. Kelly (1994, 21)。

在本章中我暂且不讨论功利主义,而是把焦点放在启蒙运动的社会契约论传统上。我的目的是要表明当前的新契约论文献所全面呈现的启蒙运动在理性问题上的模糊性。首先,我将表明社会契约论抓住了启蒙的精髓。然后我会聚焦于启蒙运动的两位重量级人物——霍布斯和康德——的契约论,这两位学者的契约论是在反对理性概念的基础上提出来的。最后,我将表明当前的新契约论学者对于规范的社会进化论的研究方式充分说明了启蒙运动的复杂性。

社会契约论

在开始分析社会契约论前,我们需要界定契约论:社会契约论就是对基于每个个体的意愿去规定社会组织的利益的一致同意。[①] 深层分析这一定义的某些关键术语显得意义重大。任何一种契约论框架必定由两个术语组成:同意(agreement)和社会合作(social cooperation)。虽然没有同意就不可能构成社会契约,但不是所有的同意都能满足社会契约的要求。所有契约论的同意都必须基于每个个体的一致同意。这就告诉我们社会契约具有另三重特性:第一,倾向于个体主义;第二,社会契约论具有统一的精神;第三,社会契约的多样性取决于人们意向的多样性。同意的观念显得十分关键;诚然,正是在这点上我们可以看到启蒙和社会契约之间的家族相似性。每个个体意见的同意并不具有约束力; *80* 除非每个个体参与到理性决断中,否则这种同意就没有合法性。换句话说,一般的自由主义者特别是契约论者,特别强调基于理性的同意。[②]

"社会合作"是界定社会契约的另一个关键术语。社会合作可以通过两种方式加以诠释:工具性的(作为满足个体目的的必要手段)和理想

---

① 在界定整个契约论思想的过程中,我发现塞缪尔·弗里曼最近的两篇论文非常有用,参见 Freeman (1990, 1991)。

② 参见 J. Waldron (1993, 43 - 50)。

性的(自身作为目的)。根据工具性诠释法,社会合作自身不具有内在价值;相反,合作只在对个体有益时才具有价值。而把自身作为一种理想的社会合作,具有互助互惠的价值。以上两个关于社会合作的概念即为工具性的社会合作和理想性的社会合作,这为反对霸权主义(supremacy)的正义论划分了界限。

把同意和社会合作联系起来的研究趋势,把从事各门独立研究的学者们统一到契约论的旗帜下。我想表明的是,所有的契约模式,不管它们是否具有不可化约的差异性,都必须经历以下两个阶段:阶段一表示个体意见统一的同意阶段,而阶段二表示社会合作的目标。由此,我们可以通过方框 6.1 来表示传统的社会契约的形成过程。

方框 6.1　社会契约论

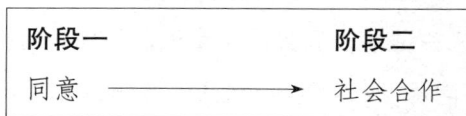

阶段一	阶段二
同意 ⟶	社会合作

在这里值得强调的一点是,在传统争论中,不同的社会契约论者的一个基本论点涉及既反对基于不同的理性概念的同意观,同时也反对基于"何为必需"的不同解释的各种社会合作观。

霍布斯与康德

我接下来的分析重点将放在霍布斯和康德的社会契约论上。可能有人会发问:霍布斯和康德究竟是不是启蒙思想家和契约论者呢?毋庸置疑,康德是启蒙运动的核心人物①,鉴于霍布斯生活的年代比一般界定的 1690 到 1790 年的启蒙运动时期要早,因此霍布斯的该种身份则显得更可疑一些。事实上,对霍布斯政治理论的某些见解,即他的悲观人性论,大

81

---

① 参见 A. Baumeister (2000)。

多数启蒙运动的捍卫者是持谴责态度的(尽管不是所有的学者都持这种态度)。然而,如果我们沿袭康德对启蒙的界定,那么霍布斯则必定称得上启蒙运动的一分子。康德著名的论断是:启蒙的座右铭是"敢于认知"("Sapere Aude")!无须他人指导,大胆运用你的理性(reason),或运用你的理解力。[1] 现代理性,尤其是科学理性,构成霍布斯政治思想的核心;也许没有哪一位启蒙学者能够比霍布斯更勇于公然反对经院哲学。鉴于霍布斯也许是第一位直接用理性来为道德信念和政治秩序奠基的现代政治理论家,我认为,霍布斯,至少在精神上,算得上启蒙运动思想家。[2]

那么霍布斯和康德究竟是不是契约论者呢?在这一问题上,康德和霍布斯的地位正好反了过来。霍布斯对社会契约传统的历史贡献是毋庸置疑的。[3] 而康德的地位则存疑。虽然英裔美国学术圈承认康德是社会契约论者,但近来这一假设受到那些倾向于康德的伦理学基于义务而非契约的观点的学者的详细审查。[4] 然而,鉴于当代契约论者在很大程度上受到康德的影响,接下来我将暂且抛开康德是否契约论者的问题,来简单谈谈康德的社会契约论。

最后,为什么所有的社会契约论者都关注霍布斯和康德呢?我之所以选择这两位学者,是因为我跟此前的许多学者一样认为,霍布斯和康德在契约论领域居于对立的两面。诚如威尔·金里卡(1993,188)所指出的那样:

> 当代社会契约论有两种基本形式……一种强调自然力的自然平等,它有助于人们平等互惠地接受承认与保护他人利益和财产的传统。另一种则强调道德状态的自然平等,它使得每个人的利益成 *82*

---

① 参见 I. Kant (1983 [1784])。
② "很少有学者能够接受 18 世纪关于国家和社会的教条,它们没有保留霍布斯的思想教益,然而霍布斯体现这一方面思想的形式却具有深远的影响",参见 E. Cassirer (1951, 19)。
③ 当然,也有例外,参见 J. Hampton (1986),R. Hardin (1991)。
④ 参见 K. Flikschuh (1997)。

为一种公共的事或不会引起偏袒性的关注……我把前一种互惠理
论称为"霍布斯式的契约论",而把后一种不偏袒的理论称为"康德
式的契约论",因为霍布斯和康德激发并预示了这两种契约论。①

鉴于霍布斯和康德的理论代表了社会契约传统中两种截然对立的立场,我
们下一步将具体分析他们分别关于同意和社会合作的观点。

霍布斯的社会契约论

霍布斯否定政治学的一切形而上学根基,这一点得到了很好的论
证。代替形而上学的是,霍布斯对政治学进行了科学的说明;因此他坚
持感官的机械论阐释,认为人的动机包括善恶观念,都能归为喜好和反
感的感受。

霍布斯对政治学和道德的科学诠释方式,有助于我们充分理解他的
同意观(见方框 6.1 的第一阶段)。"同意",根据霍布斯的说法,并不是
一种道德负担,因为自然状态下的个体超出了道德的考察范围。事实
上,除了一个道德律令("保全你的生命")外,同意还产生了道德;道德对
同意不存在优先性。在霍布斯的社会契约论中,个体同意不是基于道德
动机而产生的,因为如果是基于道德动机的话,我们就无法把激励机制
归因于自我利益了。② 在霍布斯的自然状态下,个体同意背后的理性决断
最好通过工具理性(instrumental rationality)而非正义意识来加以理解。③
这里的工具理性是指基于自我利益动机的手段—目的式理性决断。

霍布斯的理性同意观违背了非自私的道德动机,这是由霍布斯的社
会合作观所决定的;事实上,从道德视角看,霍布斯契约论中最为突出的

---

① 与金里卡的阐释方式类似的还有汉普顿和蕾斯诺夫,参见 J. Hampton (1991, 33) 和 M.
Lessnoff (1990, 15)。
② 自我保存既有道德义务,又有自私自利的动机。
③ 这是高塞耶(1969)、汉普顿(1986)和卡夫卡(1986)的诠释方式,关于另一种阐释,参见 R.
Tuck (1989)。

部分是在社会合作阶段(见方框 6.1 的第二阶段)。霍布斯否定道德动机和道德标准,这反映在他对自然状态和自然法的阐释方式上。关于自然状态,霍布斯指出这一假设状态再次超出了道德的评价范围。[①] 同理,霍布斯对自然法的阐释也坚持了这一原则。[②] 如果自然状态超出了道德评价范围,而自然法又不是一种道德律令,那么,据霍布斯称,没有一种善和恶优先于人类的同意。同样,正义取决于人类的同意,而非道德律令对人类同意的绝对优先性:

> 因为在自然状态下不存在订立协议一说,人们的权利没有发生转移,每个人对每个物体都具有支配权;因此,没有什么行为是不义的。一旦协议定下来,那么违背协议之举就被视为不义;非正义的定义无非是指不履行协议之举。在自然状态下,没有什么是不义的,一切都是正义。(Hobbes 1968 [1651], 71)

再扼要重述一番,根据霍布斯的同意观念,在人们达成一致意见的那一刻,他们就抛弃了无私的道德内涵,它只能是以个体相互协商为基础。这种理性决断的唯一可能结果就是产生工具性的社会合作(见方框 6.2)。

方框 6.2 霍布斯的社会契约论

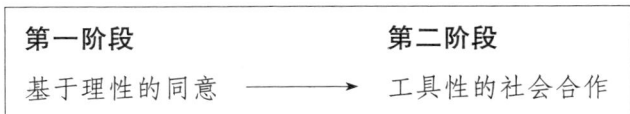

第一阶段	第二阶段
基于理性的同意 ——➤	工具性的社会合作

为了更好地理解霍布斯的工具性的社会合作的观点,我们需要问问自己:自然状态下的个体同意的对象是什么? 因为在自然状态下每个人都追求有利于自身利益的理性策略,他们能够接受的唯一社会合作形式是每个人都能获益的非合作观。接下来,开始寻求理性决断的人们将发

---

① 参见 T. Hobbes, *Leviathan*(1968 [1651], 63)。

② 值得一提的是,17 世纪的自然法通常意味着道德义务,尤其是在基督教传统和亚里士多德传统的诠释框架下。霍布斯采纳了自然法概念,但去除了其中的一切道德内涵。

现,只有互惠互利的条件才是可接受的。于是,工具性的社会合作在互惠互利的观念中凸显出来;再者,只有互惠互利原则才能保证意见的统一性。正如我们所了解的那样,互惠互利的社会合作观被当代新霍布斯主义的契约论者所采用。

康德的社会契约论

康德社会契约论的一个显著特点是达成统一意见时的道德义务。在追寻统一意见时,个体为预先设定的道德动机所左右。正如我们将看到的,这对康德的社会合作观具有重要意义,事实上,先有人们达成一致的同意才会衍生出社会合作的术语,后者容易与道德理想相混淆。

84 　康德对社会契约最为明确的解释来自他的论文《论通常的说法:"理论为真,实际不然"》("On The Common Saying:'This May Be True in Theory, But It Does Not Apply in Practice'")。在该文中,康德从三个不同层面——道德、政治和世界政治领域——解决了理论与实践的关系。其中的第二部分"论政治权利的理论和实践的关系"("On the Relationship of Theory and Practice in Political Right")给霍布斯的《论公民》以直接的一击;在该部分中,康德讨论了他的社会契约观,并指出他与霍布斯的不同之处。

康德区分了两种社会契约:作为社会的基础的契约(契约社会 *pactum sociale*)以及作为公民国家的基础的契约,如联邦(契约的市民统一体)。前者更普遍,它表示由许多为了共同的且能普惠于每个人的目的的个体汇聚而成的统一体。后者更具体,它表示以自身为目的的并且大家应该共享这一目的的统一体。毋庸多说,康德坚持后一种与公民国家或政治国家相关的社会契约论。他把霍布斯视为他的主要对手,因为霍布斯没有看到社会和公民国家之间的差异:①

---

① 康德热衷于质疑霍布斯的社会契约论的实情是:他认为,在霍布斯的契约论中,国家首脑对人民不具有契约义务,而康德想要强调的是,人民也拥有反对国家首脑的不可剥夺的权利。康德如此相信这样一种不可剥夺的权利,因此他的契约论是建立在先验原则的基础之上的。

公民国家······基于以下先验原则：

1. 社会每个成员享有的作为人的**自由**。

2. 社会每个个体与其他所有个体的**平等**。

3. 共同体各成员作为一个公民的**独立性**。

这些原则，与其说是那些已经建立起来的国家给予的，不如说凭借这些原则就能够独立建立起与外在的人权的纯粹理性原则相匹配的国家。（I. Kant，1991，74；强调为原文所有）

康德对社会和公民国家所作的区分，抓住了我此前所提到的工具性的社会合作和理想性的社会合作之间的差异点。这样一来，霍布斯主张工具性的社会合作（社会），而康德则提倡理想性的社会合作（公民国家）。两者在社会合作观上的差异，可以追溯至他们关于一般同意和特殊理性的不同观点。

与霍布斯不一样，康德能够把同意的概念与潜在的道德含意联系起来。这是因为康德对理性的理解与霍布斯有所不同。如前所述，在霍布斯那里理性只不过是一种工具理性。另外，康德告诉我们理性同样意味着最大化的统一行动。① 理性最终关乎责任和自主性的内在联系：自主就是自由接受道德律，根据责任行事。正如罗伯特·奥迪（Robert Audi）所解释的那样，责任具有如下双重职能：它为从事某行为提供动机并构成主体从事某行为的真实缘由。继而"康德不仅主张理性行动的规范基础，他还为这些理性行动提供了优先性和动力支持"（1989，188）。

同意的道德根据对康德的社会合作观具有重大的意义。事实上我们发现，作为康德社会合作观的结果，康德的社会契约论中的社会合作术语揭示了一种规范本质：由于个体具有内在价值，他们自身必须被视

---

① "但是理性为我们提供了我们所称之为'**政治权利**'的概念，这一概念对那些处于因天生自由而产生对抗状态中的人具有约束力······这是以先验原则为基础的，因为经验无法给我们提供有关善的知识，政治权利理论只有在实践中才能获得其有效性"，参见 kant（1991，86，强调为原文所加）。

为目的而存在。在《道德形而上学原理》(*Groundwork of the Metaphysic of Morals*)一书中,康德表示这种社会合作是"目的王国"(the Kingdom of Ends)。以把"王国"设想为在公共法下由不同理性存在构成的统一整体为起点,康德(如一开始所强调的那样)对目的王国作了如下诠释:

> 对所有在法律昭显下的理性存在来说,每个人不仅要把自身和他人视为一种手段,同时还要将其视为一种目的。由此一来便构成了公共客观法昭显下的理性存在的统一整体,即王国。(1953,74)

在此概括一下,康德的社会契约论(方框 6.3)基于先验的道德原则;因此道德同意(也即基于理性的道德性概念的同意)决定了他所追求的社会合作类型。

方框 6.3　康德的社会契约论

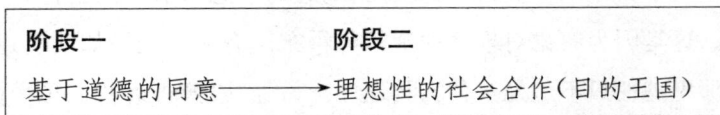

阶段一	阶段二
基于道德的同意————→理想性的社会合作(目的王国)	

在最后的分析中,我们要区分的是康德和霍布斯对道德的性质的不同理解:据康德的意见,道德产生于同意的那一刻;[1]而对霍布斯来说,道德是在同意之后达成的,即在界定社会合作的第二阶段。[2] 霍布斯和康德对同意和理性的不同理解,充分反映在他们的两种互相冲突的社会观和道德政治观上。

86　　到此为止我们已经讨论了两种相互对立的社会契约诠释法,即霍布斯和康德各自的诠释法。我试图从同意观(特别是理性的诠释方式)和社会合作观两个方面来理解霍布斯和康德在社会契约思想上的差异。

---

[1] 这再次引起了关于康德理论是否社会契约论的疑问,我暂且不回答这个问题。

[2] 如汉普顿直接指出的那样,据霍布斯称,"德性是一种人造机制,它只有在有效推进人类利益的情况下才具有合法性",参见 Jean Hampton (1991, 36)。

接下来,我想特别强调的是,以上两种截然相对的社会合作观仍旧是当代关于社会的规范性评价的争论的基本原则。

高塞耶与罗尔斯

以上所讨论的两种对立的社会契约论——霍布斯与康德的社会契约论,已经形塑了当代道德政治上的争论。我们发现,大卫·高塞耶(David Gauthier)沿袭了霍布斯的基于互惠互利的社会合作的理想主张,而约翰·罗尔斯则沿袭了至少是部分沿袭了康德对良序社会的构想。

高塞耶论互惠互利

霍布斯所倡导的互惠互利的社会合作观,意味着那些参与合作的人将从中获益。在互惠互利的社会合作观上,当代最具影响力的人物当属高塞耶。高塞耶与其他当代道德哲学家的区别在于,他坚定地推进一种作为理性选择(rational choice)的一部分的道德理论。[①] 高塞耶试图表明理性选择与道德选择无异:"众所周知,道德可以作为理性选择的非道德前提的理性约束而产生。"[②](1986,4)

高塞耶的自由主义的正义论所依赖的基本设想之一是如下的契约论思想,即把社会视为互惠互利的"合营企业",当且仅当每个人在社会中的获利前景比在非社会的自然状态中好时,才能保证每个理性人(rational person)的意向归顺。高塞耶进一步表明,个体从社会合作中获得的回报,应当在某些方面与他们的贡献成正比。(1986,152)

这里值得一提的是,互惠互利的社会合作观在工具性理性的概念即

---

① 高塞耶指出,罗尔斯和哈桑维已经达到了相似的目标,虽然他直接表明罗尔斯和哈桑维所主张的结论比这些结论背后隐藏的寓意更有力,参见 D. Gauthier (1986, 4)。
② 显然,高塞耶试图从"是"(理性选择)中推导出"应该"(道德选择)。

87 理性选择中找到了自身的合理性。高塞耶以利益最大化确定了这种理性,在这里他以偏好的满足来界定利益。① 同时,高塞耶公开表示他的实践理性观与康德和新康德主义认可的不同。(1986,6)据高塞耶称,同意的理性证明了互惠互利的社会合作观的正当性。高塞耶的立场的基本原则是,相比于非社会的自然状态,社会能为每个人提供更多的利益,只有实现互惠互利的社会形式才能被每个理性个体接受。由此一来,虽然不是所有的现实社会都要实行合营模式,也不是每个真实的人都对他们的合作伙伴不抱兴趣,事实仍旧是互惠互利是社会合作模式的道德合法性的前提条件。

罗尔斯论良序社会

据罗尔斯称,良序社会具有四个显著特征。② 这四个特征在罗尔斯的论证中占据重要地位,而就本章讨论的问题,前两大特征比后两大特征重要。因此我将集中讨论这些特征。良序社会的第一个特征是由公共的正义概念规定的。这意味着每一个公民接受和认知了其他公民所接受和认知的同一个正义概念;该社会的基本制度符合正义概念,而且每个公民都相信如此;基于合理性信念(reasonable belief)的公共的正义观是通过被普遍接受的追问法所构建的。良序社会的第二个特征是其公民自认为是自由、平等的道德人。这意味着公民被视为具有两个基本道德权力:其一,理解、应用正义原则以及出于正义原则(不仅仅是依照正义原则)而行事的能力,③其二,形成、修正和理性地追求善的概念的能力。④

---

① "然而,在以偏好满足尺度的最大化来界定理性的过程中,理性选择理论否弃所有对行为目的的关注。目的有可能是从个人偏好中推导出来的;如果个人偏好及其实现方式满足理性选择的条件,那么该理论就接受它们所蕴含的任何目的",参见 D. Gauthier (1986,26)。
② 在此,我将沿袭贝尼斯看似简单却精准的分析方式,参见 K. Baynes (1992)。我很感激恩崔维斯(Maurizio Passerin d'Entreves)为我推荐这篇论文。
③ 换句话说,恰当的正义概念能够有效地激励公民。
④ 换句话说,公民具有他们自身的关于善的理念,这一理念激励并给予他们生活的目的意识。

良序社会的第三和第四个特征分别是具备正义的环境和对正义概念的一贯尊重。

罗尔斯(1979，18)同时还告诉我们，他的良序社会观与康德的目的王国相似，但不完全一样："把良序社会观想象成目的王国观的一种诠释方式，想象成正义环境下的人类社会。"在罗列了罗尔斯与康德在社会合作观上的相似处之后，①那么，究竟罗尔斯的良序社会观背后隐藏着何种同意观，特别是何种理性观呢？罗尔斯的良序社会不可能以工具理性为根基，它必须经由康德主义的理性观加以维续。另外，与其批判者宣称的相反，罗尔斯承认他在某些方面与康德的理性观具有相似性。②

在此，罗尔斯对合理性(reasonableness)和理性(rationality)的区分显得十分重要。罗尔斯称，合理性的概念是独立于理性的概念的，它必须通过不同于理性的方式来加以界定：合理性是关于公平合作的概念；而理性则是表达每个参与者的理性优势的概念，即作为个体的每个参与者试图去获得的东西。(1980，528)合理性(不同于理性)具有道德基础，它使合理性和公平紧密联系。③ 理性主体缺乏作为参与公平合作的动机的基础的道德情感，或换句话说，他们缺乏正义感，难以意识到他人主张的独特的多样性。另一方面，合理性的人希望存在于一个自由、平等，并能够按所有人都能接受的条件与他人展开合作的生活世界中。④ 罗尔斯甚至进一步表明合理性和理性处于不同的等级；相反，

_____

① 罗尔斯率先承认他的理论存在前后不一的矛盾之处，他视之为就像康德主义者与康德所具有的矛盾一样，参见 J. Rawls (1979, 18)。

② 我将提到奥尼尔的一个主张："罗尔斯的建构主义与康德的理性阐释法具有相当大的差异。罗尔斯认同那些把工具理性人选择用于特殊目的的人群的原则，而不是那些总是忽视特殊目的的原则。"我相信奥尼尔所说的话正体现了罗尔斯《正义论》所要表达的意思，虽然他从1971年开始就转变该立场了，特别是他在 1980 年的杜威演讲"康德的建构主义和道德理论"中就偏离了这一立场。

③ "合理性的人，也就是……意识到自身具有两种道德权力的人……"参见 J. Rawls (1989a，236)。

④ 参见 Rawls (1993，50—52)。

> 合理性预设了理性的存在,并使得理性成为一种从属性存在……合理性使得理性成为一种从属性存在是因为,其原则限定了,用康德的信条来讲就是绝对限定了它所追求的最终目的。(1980,530)

需要谨记的是,据罗尔斯称,康德的理性观既包含"合理性"也包含"理性"。(1989,87-88)合理性的观念(及其所必需的道德动机)而非工具理性,构成罗尔斯良序社会概念最重要的内容。毕竟,合理性预设了理性的存在,并使得理性成为它的附属物。众所周知,罗尔斯的康德式的理性观,构成了他与高塞耶和其他霍布斯主义者所不同的对于道德社会问题的理解。

道德政治:互惠互利 VS 良序社会

到目前为止我已经讨论了两种截然不同的社会合作观,这两种合作观又可以追溯到两种迥异的社会契约传统:(a)新霍布斯主义的基于工具理性提出的互惠互利的社会合作观,(b)新康德主义的基于康德的理性(reason)观提出的良序社会思想。这两个社会概念是不一致的,良序社会的思想比互惠互利的社会合作观更受欢迎。

为了阐明互惠互利和良序社会的矛盾,我们需要进一步考察罗尔斯的正义论。有意思的是,虽然罗尔斯明确承认康德对他的道德理论的影响,事实上罗尔斯也明确表明他的意图是构建非霍布斯式的社会契约论,①但我们有充分的文本证据表明罗尔斯事实上也继承了霍布斯社会契约论即互惠互利的社会合作观的某些方面。② 最后,我们在《正义论》

---

① "如同这一文献所表示的那样,我应该把洛克……卢梭……和康德……等人视为契约论的权威。在所有这些人的伟大贡献中,霍布斯的《利维坦》提出了很多别致的问题",参见 J. Rawls (1972, 11n)。
② 罗尔斯称契约论者把社会视为"一个互惠互利的有风险的合作体",参见 J. Rawls (1972, 4)。不必惊讶,高塞耶乐于回应罗尔斯关于社会合作的问题。

中发现,罗尔斯呼吁两种藕断丝连的社会合作概念:(a)提倡互惠互利,(b)支持良序社会。[1] 诚然,在罗尔斯的理论中,这两种社会合作观是紧密联系的,在一定程度上该种联系是不可分割的:"在'作为公平的正义'中,我们把良序社会视为互惠互利的合作社会。"[2](1972,33)但罗尔斯没有看到的是,也即我在本章探讨至此的内容,互惠互利的概念和良序社会的概念反映出两种根本上不同的社会契约论,因此也勾勒出两种根本上不同的道德政治观。

塞缪尔·弗里曼(Samuel Freeman)做了一件有趣的事,他试图通过聚焦于罗尔斯与高塞耶的两种互惠互利观的不同,来窥视其在社会合作观上的差异性。弗里曼指出,虽然罗尔斯和高塞耶都强调互惠互利的社会合作形式,但他们的基本思想特征却是不一样的。据弗里曼称,高塞耶的合作观不包含不可削减的道德因素,在他看来唯一可行的合作观是关于对每个人都有利的有效合作活动的。罗尔斯的合作观则赞同不可削减的道德观,这意味着罗尔斯的社会合作观具有双重面向:既作为每个个体的理性善,也作为独立的道德因素,这体现在罗尔斯的公平观以及何为合理性的观点上。(1990,124)

虽然我与弗里曼一样认为高塞耶和罗尔斯的社会合作观存在一定差异,但我们不能把这种差异放在互惠互利观中进行讨论。也就是说,我不认为高塞耶和罗尔斯在对互惠互利的理解方式上有所差异。相反,高塞耶和罗尔斯的差异在于,互惠互利的社会合作观是高塞耶的唯一的社会合作观,而罗尔斯则呼吁另一种社会合作的概念,即道德观,这体现在他的良序社会观上,这样我们对高塞耶的道德理论缺乏良序社会观也就不足为奇了。

也许对罗尔斯持有两种矛盾的社会合作观——互惠互利的合作观

---

[1] 关于罗尔斯的两种正义论,参见 B. Barry (1989)。我接下来的讨论深受巴里教授的影响。

[2] 以这种方式,罗尔斯有可能试图把握康德的 vernünftig 概念。如前所述,这一概念既包括合理性的内容(良序社会),也包括理性的内容(互惠互利的合作方案)。

和良序社会的合作观——的一个有效的诠释方式是,罗尔斯因不同的缘由需要同时用到这两个概念;也就是说,这两种不同的合作观概念在罗尔斯的理论中发挥着不同的作用。互惠互利的社会合作观对罗尔斯的正义环境的建构极为重要,而良序社会观反映了罗尔斯的正义伦理观。且抛开罗尔斯为何要调和康德的良序社会与霍布斯的互惠互利的思想不说,接下来我将重点指出罗尔斯的这种尝试调和的意图注定是要失败的。

我们不可能既坚持互惠互利的社会合作观,又坚持良序社会的合作观,两者是不相容的。由此,一个良序社会有可能促进实现个体间互惠互利的社会合作的体制,却不可能违背互惠互利的实现条件;反之亦然。换句话说,一个良序社会不会遵循互惠互利的准则,同时,在提升互惠互利的过程中有可能会与良序社会观相背离。到那时,人们只能在互惠互利和良序社会中作出选择。

互惠互利和良序社会之间的张力,最好通过公平的道德前提来加以理解。不管是高塞耶还是罗尔斯都宣称公平是道德自身的特性,而通过良序社会观加以把握的平等和公平观,与我们在互惠互利观中发现的平等和公平观有着根本差异。一方面,高塞耶和罗尔斯都认为公平意味着不歧视他人的利益。但事实上,两位学者都从公平的阿基米德点出发,却得出了完全不同的公平概念的内涵。

由此我们发现,在高塞耶的理论中,公平源于理性和互惠互利的条件。据高塞耶称,公平只表示每个人应当享有同等份额,因为互惠互利强调的是每个主体的利益,而互惠互利就是通过公平加以界定的。[①] 与高塞耶不同,在罗尔斯的理论中,公平源于作为自由、平等的道德人的典型概念。据罗尔斯称,公平的实质是从所有的意见中探寻出大家都能接

[①] 考普分析了高塞耶关于公平概念分析的复杂性,参见 D. Copp(1991)。同时参见 M. Moore (1994),莫尔称高塞耶无法调和他的道德理论的如下两个因素,即理性追问和公平追问。

受的基本原则,这个概念是罗尔斯在推进《正义论》写作的早期论文中所
把握到的,即"承认参与公共实践的每个人权益相等、能力相当"(1958,
182)。

罗尔斯和高塞耶所提倡的公平观并不总是一致的。保证平等的份
额,不一定能够被所有人接受;事实上,如高塞耶指出的那样,他的理论
与需求均等或需求满足无关。由此,高塞耶举了一个著名的例子:贫穷
的老妇人饿死在享受着鱼子酱和香槟酒的富豪的府邸前。而他并不认
为该案例中存在非正义。(1986,218)不用说,罗尔斯肯定不会同意高塞
耶的这个观点,因为让一个老妇人饿死在富豪府邸前的社会制度,从老
妇人的视角看是不可接受的。正如高塞耶和罗尔斯基于不同的公平观
得出他们各自的正义观那样,他们的社会合作观也大不相同。

高塞耶和罗尔斯在社会合作问题上的另一个差异是,高塞耶的志趣
在于社会合作的益处,而罗尔斯的志趣在于社会合作本身。用罗尔斯的
话说就是:"社会合作不仅有效地促成了为了集体目的的集体行动,而且
还预设了合作的公平观。"①(1982,164)社会合作术语本身是罗尔斯的
良序社会观的目标,而社会合作的益处则成了高塞耶的互惠互利的社会
合作观的目标。虽然"benefit"这一用词让人难以接受,但人们确实得益
于社会合作。剥削也许既有利于被剥削者也有利于剥削者,但在良序社
会中它是让人无法接受的。当人们乐于接受的社会合作术语面对社会
合作的益处时,人们就不得不选择一种自己偏爱的社会合作观。

社会合作观的公平向度应当优先于社会合作的益处,托马斯·斯坎
伦是这一观点的坚定捍卫者。斯坎伦和罗尔斯的契约论的差异在于他
们对社会合作的不同理解。在罗尔斯起初的立场还是互惠互利优先于
良序社会时,斯坎伦认为社会合作首要地取决于公平的道德关心动机,
而互惠互利则是次要的因素。根据斯坎伦的观点,强调社会合作的伦理

①　罗尔斯(1985,232—233)同时还称,"作为公正的正义,始于作为公正的合作体系的社会观。"

向度是十分重要的：对平等个体的社会合作应基于其本身，而不能基于其益处来评价。据斯坎伦称，对于社会合作来说，除了互惠互利，还有很多。正如斯坎伦所指认的那样：

> 在平等个体的合作中，所有人的需要都能得到满足，每个人都自觉意识到组织的需要并将其作为自身的义务去践行和奉献。这种关系本身就构成了重要的和有价值的善。(1977, 58)

换句话说，平等个体的社会合作关系具有独立于在这种关系下产生的利益的独特道德价值。这并不是说互惠互利的社会合作关系在斯坎伦的契约论中就不重要了，这仅仅表明斯坎伦将互惠互利的标准置于平等的同意观的次级地位。与高塞耶的阐述不同，斯坎伦称社会正义原则应该以认可公平的道德动机，而不应该以追寻理性自利的道德优势为基础。

结论：启蒙的遗产

当代社会正义论可以追溯到启蒙时期。启蒙运动提出了一个问题：社会规范的基础是什么？对此，契约论提供了两种解答模式。如果我们沿袭霍布斯的传统，我们就会根据互惠互利的社会合作观来界定道德政治。如果我们沿袭康德的传统，我们最终将得出良序社会的思想。虽然这两种解答模式都源于契约论的论证方式，但这两个道德政治概念相互是对立的，因为它们的论证是基于相对立的理性观念。互惠互利观是基于霍布斯的工具理性提出来的，而良序社会则是基于康德的理性概念提出来的。

这两个社会合作概念——作为互惠互利的合作方式和作为良序社会的合作方式——之间不仅是对立的，而且是不可调和的。罗尔斯无法实现这两种道德政治的统一，这表明他试图调和这两种合作观的路径是行不通的。

93

　　我认为，以上两种对立的社会契约传统以及罗尔斯调和两者的失败教训给我们提供了两大启示。首先，就社会契约是启蒙运动的产物来讲，当代契约论哲学家的争论凸显了启蒙运动的复杂性。与标准方法不同，没有一种启蒙运动能够以麦金太尔笔下的对理性权力的无限信念来加以界定。霍布斯、休谟和边沁的工具理性，也不是启蒙思想家定义理性的唯一方式。众所周知，康德的理性概念同样局限于道德领域。除非我们承认启蒙运动中多元的理性概念，否则我们将被迫接受如下令人不敢恭维的结论：在契约论阵营中，高塞耶的互惠互利的社会合作概念继承了启蒙的遗产。相反，在本章中我提到的罗尔斯的良序社会思想，与康德的理性概念（即合理性思想）有某种程度的相似性，就如高塞耶的理论一般，它也是启蒙运动的合法遗产。社会契约的理性选择诠释法，不是勾勒社会道德结构的唯一合法或有效的根基。

　　其次，罗尔斯调和霍布斯和康德的社会契约论的意图，是想把启蒙统一于一个一致的目标下。这是无法实现的，因为启蒙运动的目标不能局限于一个逻辑上一致的目标。正如沃克勒（Wokler）告诫我们的那样：

　　　　有人可能会认为，与整个运动有关的思想家们之间的差异太大，或他们之间的张力过于复杂，以至于不能把任何形式的普遍认同或共同目标归于他们。18世纪的学者竭尽一生都无法诠释"启 *94*　蒙"或"运动"，每当遭遇如此巨大的跳跃时，这一目标就被抛诸脑后了。（1994，115）

这部分地解释了启蒙运动持久的吸引力。

第七章 动机正义

然而,经过长时间的自我考察之后,我发现了人类的表里不一。回忆起种种我才意识到,谦逊使我闪耀,谦卑让我收敛,德性让我克制。(Albert Camus,*The Fall*,62 - 63)

加缪所说的人类的表里不一,在于我们成为好公民的能力,这甚至可以说是一种卓越的行动力,即一直处于自我同情、自爱,最后自利的情绪中。① 让-巴蒂斯特·克莱门斯(Jean - Baptiste Clamence),加缪《堕落》一书中的反派英雄,是德性与伪善的象征。克莱门斯恬不知耻地提醒我们,"现在攀登十字架的那些人只是被遥远地观望"(Camus,1963,84)。当读者感到自己在道德上优越于加缪作品中的反面角色时,后者往往能笑到最后。故事的结局,正是加缪自己的写照,他把"我"转变为"我

---

① 本篇论文的较早版本提交于耶鲁大学、科罗拉多大学波德尔分校、纽约大学、都柏林大学学院、都柏林圣三一学院、美国政治科学会议(波士顿,1998 年 9 月)。非常感谢伊索尔特·霍诺翰(Iseult Honohan)、埃柯拉柯塔·英格拉姆(Attracta Ingram)、苏珊·曼德斯(Susan Mendus)、克劳迪娅·米尔斯(Claudia Mills)、菲利普·范·帕里基斯(Philippe Van Parijs)、费德里科·瓦雷泽(Federico Varese)、安德鲁·威廉斯(Andrew Williams)和《当代政治理论》编辑等学者对本篇论文早期版本给予的宝贵意见。特别感谢达里奥·卡斯蒂廖内(Dario Castiglione),他多次阅读本篇论文的草稿,给我指出了几个致命的错误。

们"："当我读懂'这就是我们'时，故事也就结束了。"（Camus，1963，103）

当代政治哲学的一个很大的漏洞是它遗忘了加缪的教训，忽视了克莱门斯的洞察。在追问道德心理学和道德动机理论的合法性时，大多数的社会正义文献都无法把握人类的表里不一。即使我们清楚正义所需，我们一般也很难行正义之事，这使得社会非正义现象不断激增。

本章致力于补充社会正义文献的这一漏洞，具有如下两个目的。第一，质问契约论社会正义观所接受的关于动机的作用的观点；第二，揭示用平等主义正义观来判断反映人类表里不一特性的动机类型的可取之处。认可矛盾的动机对我们思考社会正义的方式具有潜在的深刻意义。我们所有人都具有按道德行事的能力，虽然我们经常行不义之事。同理，我们的行为一般都基于自我利益，但事实上我们更应该关注他人。这是我们表里不一的实质。在反对社会非正义的行动过程中，正义理论遇到的最大挑战在于设定一种将自我利益转变为仁爱的体制环境。

社会正义及其动机

动机是人们的行动导向。其拉丁语词源是 *motivus*，意指行动的意念或发起行动的意愿。动机给予人发起一个行动的理由。因而，道德动机意指诱导某人行善的东西或其人必须行善的理由。

道德动机是任何一个正义理论的重要构成因素。巴里（1995）郑重地告诫我们，不管是何种正义论都必须强调一个问题："正义之举的动机是什么？"[1]当前，在社会正义问题上存在两种相互对立的契约论模式：新霍布斯主义的和新康德主义的。这两种相互对立模式的原型已经通过解答上述问题的方式被区分了。根据新霍布斯主义的作为互惠互利的

---

[1] 确切来说，巴里（1995，46）称，正义论以对如下三个问题的解答为特点："第一，正义之举的动机是什么？ 第二，正义规则的标准是什么？ 第三，对第一和第二个问题的解答是如何联系在一起的？"

正义观，人们受维护个体利益的欲望的驱使。而根据新康德主义的作为公平的正义观，追寻正义的动机是实现他人幸福的信念；因此，正义实质上是利益平等地惠及每个人。

近年来，关于道德动机和社会正义的争论已经分化为两个重要的术语：理性与合理性。沿着艾伦·吉伯德（Allan Gibbard，1990）的思路，我们需要通过两个因素来界定理性：工具性（实现目的的恰当手段）和形式统一性（构成秩序的个人倾向）。[①] 理性现在是经济学家和决定论者的正统思想，这一思想备受高塞耶（1986，1997）和其他互惠互利观的倡导者的支持，他们把理性等同于自私自利的道德动机。

97 　　合理性则抓住了特定的道德性。据罗尔斯称，合理性概念独立于理性概念，它必须在不同于理性的基础上来加以界定：合理性表达了公平合作的概念，而理性表达了每个参与者的理性优势。（1980，528）继而罗尔斯（1989，236）认为合理性（不像理性）具有道德基础。

当然，罗尔斯并没有否定理性的吁求或真实性。（2001，186）相反，他毫不隐讳地一次又一次提醒读者，作为一个自由的政治概念，作为公平的正义把公民视为既是合理性的也是理性的人："具有政治合法性的自由概念的目的是实现正义的公共基础，并吁求自由的公共理性，因此它把公民视为既是合理性的又是理性的人。"[②] 与此同时，他还强调合理性和理性处于不同的层级，合理性预设并凌驾于理性之上。在《政治自由主义》（Rawls，1993，50）和《作为公平的正义：正义新论》（Rawls，2001，6—7）中，罗尔斯认为：理性人缺乏作为参与公平合作的动机的基础的道德情感，他们缺乏正义意识，所以他们无法意识到他人主张的独特的多样性。合理性的人则渴望生活在一个自由、平等，并能够按所有

---

① 吉伯德将此称为休谟-拉姆齐理性论，这一理论结合了休谟的工具性思想和拉姆齐的偏好的形式统一性。
② 罗尔斯支持理性与合理性的事实表明，他与休谟的立场无异。同时，也表明他支持休谟的正义条件说。关于罗尔斯与休谟正义观的相似性，参见 Barry，1989a，145—178。同时参见罗尔斯论休谟的篇章（2000）。

人都能接受的条件与他人展开合作的社会中。

在持续多年论证德性，以及理性与合理性、互惠互利与公平的缺陷之后，关于社会正义的文献似乎陷入了僵局。[1] 今天，契约论正义论之间的争论已经沦为一场喧嚣的竞技：如果你认为我们受合理性和正义感的驱使，那么你很可能会把正义论作为一种公平的理论；如果你认为人们受理性和自私自利本性的驱使，那么你很可能将正义等同为互惠互利。作为公平的正义观的倡导者的学者谴责高塞耶及其同道错误地使用道德语言去维护那些与正义无关的立场；而把正义视为互惠互利的学者则对罗尔斯、巴里和斯坎伦等人感到不满，因为他们使得那些以正义为名的需要失去了道德的合法性。

事实上，新霍布斯主义和新康德主义的争论从根本上讲是具有误导性的。动机成为社会正义的主导，具有两种不同的语境和位阶：低位阶的是建立在特定正义观基础上的行动，高位阶的则是建构正义论。[2] 在新霍布斯主义和新康德主义的正义论中，动机发挥着两种完全不同的作用；因此，此前提到的两种主要的社会正义论所采用的方法和目的具有不同的位阶。对新霍布斯主义来说，论证的起点是人类的行为方式，任何一种契约正义论都必须遵循社会主体的心理动机。新康德主义则凸显了契约主体在参与"建构正义"的活动中所具有的理想化的动机，这反过来与社会主体的行为方式相契合。

接下来，我不打算讨论新霍布斯主义对社会正义的论证方法。从平等主义的视角出发，他们的目标的缺陷太相似，我之前就已经多次揭露了它的缺陷。[3] 相反，我更关注新康德主义的正义论，尤其是罗尔斯和斯坎伦的作品对动机作用的阐释。

98

---

[1] 关于理性与合理性的详细分析，参见 Bufacchi (1998)。
[2] 维泽采取了低位阶和高位阶的区分法，他把"合理性的政治观理解为有其自身规范的和认识论的内容的高位阶概念"，参见 Wijze (2002, 175)。
[3] 莫尔 (1994) 直接责备高塞耶对自然主义的缺陷的评价。同时参见 Barry (1995)，Buchanan (1990) 和 Lehning (1990)。

罗尔斯论动机的作用

可以说,自从罗尔斯的作为公平的正义论在 1971 年出版的《正义论》中面世以来,学界就对其普遍存在误解,这一误解与罗尔斯笔下的原初状态的人和现实特定情境中的人的差异有关。这个普遍存在的误解,混淆了罗尔斯的原初状态下的契约社会的动机和罗尔斯所假定的人们的现实动机。[①] 毋庸置疑,为了规避对《作为公平的正义:正义新论》的进一步误解,罗尔斯以新视角实现了如下转向:

> 虽然经济学和社会学理论与原初状态理论在常见的观点上存在一些相似性,但两者有着根本差异。其中的一个差异是,我们的目的不再是勾勒和诠释人们在特定情境下是如何实际行动的以及制度是如何实际运作的……在勾勒原初状态时,我们没有把人们描述为我们所看见的那个样子,而是描述为我们所想要的自由、平等的理性公民的代表。(2000,81)

99　罗尔斯把原初状态下的人称为"虚构的人"(2001,87),他们是在建构正义过程中的公民典范。与你和我不一样,这些虚构的人不具有嫉妒和同情的情感动机,他们不是冒险者,他们也没有获得控制别人的权力的欲望。相反,由于他们处在"合理性优先于理性,理性完全从属于合理性"(Rawls,2001,82)这样一种情境中,这些原初状态的人所订立的一切契约都是公平的。

这种设想是好的,但仍有很多工作尚未完成。罗尔斯曾告诉我们如何通过我们的代表达成公平的契约。然而,我们凭什么能够保证公民会同意代表们的意见呢?换句话说,如果现实中的我们辜负了罗尔斯的关于"虚构的人"的期望呢?毕竟,我们与我们的代表的动机是有可能存在

---

① 关于这点,参见 Barry(1995,56 - 57)。

分歧的。所以,实际公民的动机会破坏原初状态下的"虚构的人"的一切美好,这点不是不可能的。

所有这些关注点都在于正义感。正如巴里告诫我们的那样:"罗尔斯的结论倾向于唤醒读者的正义感,而不是他们的自私自利的欲求。"(1995,57)行正义之事的渴望构成正义感的本质,罗尔斯将正义感界定为"运用正义原则,并按照正义原则即按照正义观点去行动的有效欲望"(1972,567)。继而良序社会则"受到公共的正义概念的有效调节"(Rawls 1972,5)。当然,罗尔斯称我们都具有正义感这点是对的,但这个解答不尽人意。毕竟,这种正义感不足以构成道德行为的动机。我不是要否定我们具有正义感,而是我们必须确保我们的正义感不会向自私自利低头。与原初状态下的"虚构的人"不同,你和我都无法保证,当我们的道德合理性遭遇我们的自私自利的理性时,前者能够一直占上风。

甚至连巴里,亲眼见证罗尔斯论证正义感问题的推演全过程的人,都意识到了正义对我们的高期望和坚定要求:"关于公正的环境,最为重要且同时最为难以捉摸的是动机:接受合理性目标而忽略其来源的意愿。"(1995,100)我们应该注意公平动机的难以捉摸性。如果一个既定社会的人们不愿意共享必需的动机,那作为公平的正义将遭遇什么? 如果我们的正义感或我们实现公平的动机受自私自利的驱使,情况又会怎样呢? 罗尔斯的作为公平的正义观是有风险的,因为其价值是难以实现 *100* 的,因此这种观点难以得到人们的支持。

斯坎伦和"践行性"问题

对罗尔斯的研究工作,特别是在作为主导性的道德动机的合理性问题的研究上产生了最深远影响的作家之一当属道德哲学家托马斯·斯坎伦。在《我们亏欠他人什么?》中,斯坎伦(1998)并没有详尽探究政治问题,特别是社会正义的问题;然而,由于他对罗尔斯的影响,因此阐明斯坎伦关于道德动机的性质的看法对我们大有裨益。我记得,在动机的作用问题上斯坎伦的道德理论陷入了与罗尔斯的正义论相似的困境。

斯坎伦因阐释最原初和最渊博的契约道德论而成名,该理论可通过如下准则加以把握:"一种行为如果不被一般的行为准则(任何人都不能合理拒绝的,作为有根据的、非强迫的一般契约的基础的)所认可,那么这种行为将是恶的。"(1998,153)诚然,该契约论最有趣的地方,同时也正体现了斯坎伦主义的独特视角的地方在于契约的动机基础:"人们有按照他人所认可的行为标准行事的理性(reason)"(Scanlon,1998,154)。

精通文献的读者会留意到,上述的动机说明与斯坎伦1982年提出的如下著名的原初状态的设想之间存在一个虽小但很重要的差异:"按照他人的且不会被他人合理拒绝的行为标准行事的欲望(desire)"(Scanlon,1982,116)。这两种契约主义动机观的差异就在于"欲望"被"理性"取代了。事实上,这是一次意义深远的转变。这让人想起哲学史上康德对休谟的批判,斯坎伦现在拒斥欲望能够成为动机来源的主张。相反,如今他把理性概念视为原始概念。理性,斯坎伦告诉我们,是唯一的动机因素。(1998,35)

1982年以后,斯坎伦在描述道德动机时总是用"理性"取代原先的"欲望",这是因为"欲望"会使他在实际论证自己观点的过程中陷入困境。更准确一点说,斯坎伦在解释为何一些缺乏按照他人行为标准行事的欲望的人也是合理性的道德人时陷入了困境:"许多人质问我,依我的观点来看,一个缺乏上述欲望的人是否有足够的理性避免犯错,我又将如何解释缺乏这种欲望是非常严重的错误这一事实?"(1998,7)斯坎伦解决这个难题的方式是重估理性与欲望之间的关系。1982年时,他相信通过"欲望"可以理解"理性",但现在他认为这个问题有所不同了,欲望观需要通过理性行动加以理解。

斯坎伦声称理性是原初概念,而欲望是派生概念(而不是相反),这种说法还有许多方面尚待考证。然而,从"欲望"转向"理性"并不能解决

101

斯坎伦所有的困境。回想起 1982 年陷斯坎伦于困境的，就是事实上他未能解释清楚那些缺乏按照他人标准行事的欲望的人。同样，困境出现在他的理性观上，虽然其理由众说纷纭。这并不是缺乏理性造成的困境，因为理性具有只要我们努力就能有所增进的性质，欲望就不是如此。相反，一个潜在的问题是：即使我们具有理性，我们也无法驾驭它。换句话说，具有行善的理性是行善的必要但非充分条件。

我对把动机理论纳入实践理性观是无效的这一点存疑。在评价当代正义论和德性论的过程中，奥诺拉·奥尼尔表达了她在这个问题上的疑惑。大多数的道德动机观存在的问题，不仅在于主旨"存在于当前哲学追问的极具混淆性和不确定性的论题中"，而且更堪忧的是，建立在动机观上的实践理性观"会阻碍人们践行理性的步伐"。（1996，7）换句话说，理性的困境不在于人们缺乏理性（如欲望的情况一样），而是这些理性可能将成为不可践行的理性。我把这种现象表述为"可践行性问题"（the problem of followability）。

按照我的理解，不可践行就是人类的道德信念与其道德行为之间的割裂。如果一种道德动机认可人们不能或不愿实施的行动，那么这种道德动机则不具有践行性。也就是说，某人可能对是非对错持有自己特有的信念，但这个人有可能没有办法秉持该信念行事。不能把信念转变为一种行动，就使得道德动机"不可践行"。奥尼尔提出的质疑十分关键，我们必须正视这个问题。关于有些道德动机"不可践行"的哲学假设，受到新康德主义的平等主义的正义论的大力谴责。再声明一次，这导致产生了一种关于新康德主义超出了关于道德动机的一般思考范围的质疑。我的目的是试图通过驳斥这种"不可践行性"来恢复平等主义的正义论。

罗尔斯论道德教育

我曾提到过新霍布斯主义和新康德主义的正义论在动机位阶上的

差异,现实公民的低位阶动机不能与原初状态下的公民代表的高位阶动机相混淆。对于新康德主义者比如罗尔斯来说,原初状态下的"虚构的人"的动机具有优先于理性并使理性服从于它的合理性。至于现实的公民,虽然他们的动机与他们的代表不一致,但他们还是具有正义感的,这种假定的正义感成为他们按照作为公平的正义原则行事的动因。

而新康德主义直接反对新霍布斯主义的残酷的道德心理学(以单向度的自私自利观为道德基础),但是新康德主义的诠释法也显得问题重重。我不是要挑战现实公民具有正义感的观点,我要质疑的是:具有正义感就能保证人们按照其行事吗?对于新康德主义者来说,人类道德行为的绝对来源是道德动机。我们的行动理性是道德的;这些理性展现了道德的必然要求。但理性的问题,不是人们缺乏理性,而是这些理性有可能是不可践行的。

罗尔斯的正义论在实际操作中面临着一个问题。在界定了基于公平的合作和公平的正义原则的良序社会及其基本结构的概念之后,罗尔斯需要展示的是作为公平的正义是如何践行的。原初状态下的"虚构的人"所达成一致的契约与现实公民在能力范围内践行的正义原则之间形成了一条鸿沟,这点必须要强调,否则罗尔斯的正义论(以及新康德主义的一般平等主义论)除了会在文献上产生影响外,对现实生活的益处就不大。罗尔斯已经意识到了这个问题,他在他的著作中已经承认了这一点。

罗尔斯通过以下两个方面来解决这个问题。首先,他指出原初状态下的人必须考虑到承诺的约束。这意味着原初状态下的人必须合理地确信每个代表能够尊重如下条件:"人们必须重视承诺的约束。他们必须扪心自问他们所代表的对象能否被合理地期待尊重契约中所约定的各项原则。"(Rawls,2001,103)其次,罗尔斯表示我们必须致力于点燃人们的正义感。因此,罗尔斯在《社会正义论》中提出如下主张:

> 甚至,我们**鼓励**某些品性,特别是正义感。(Rawls,1972,327,强调为原文所加)

103

它［良序社会的社会制度］所**培育**的正义感，以及它所**鼓励**的目的必须在规范上战胜非正义的坏品性。（Rawls，1972，454，强调为原文所加）

如果道德心理学原则无法**酝酿**成人们行动的必要欲望，那么［这种正义概念］则具有十分严重的缺陷。（Rawls，1972，455，强调为原文所加）

罗尔斯选择的如下用词，"鼓励""酝酿""培育"，不再具有模糊性，这表明了他帮助公民发展内在正义感的决心。

最近，在《作为公平的正义：正义新论》中，罗尔斯则采取了一种更为清晰的路径。如今，他表示一个公正的社会的基本制度具有教育的作用：

如果良序社会的公民意识到他人也是自由平等的个体，该社会的基本制度必须把公民培养成自由、平等的人，同时彰显和鼓励这种政治正义的理想。（Rawls，2001，56）

政治观念的某些特征极大地影响了实现良序社会的基本制度的政治社会学。更确切来说，我们必须考虑政治正义的理念（比如作为公平的正义及其关于人和社会的基本理念）对社会学起到了何种教育作用。（Rawls，2001，146）

符合宪法制度的政治正义理念的教育意义在于，通过被嵌入政治制度和政治程序，该理念自身可能成为一个社会的公共文化的强大的道德推动力。（Rawls，2001，147）

罗尔斯的道德教育理念无疑具有十分重要的意义，对此我们应该进一步考察。① 事实上，罗尔斯的这部分研究工作，尤其是《正义论》的第三部分内容并没有得到应有的关注，特别是与对罗尔斯理论的其他方面如

①政治哲学家常常相信道德教育能够解决他们的问题。关于启蒙思想中从洛克到爱尔维修的道德教育，参见 Parry（2000）。

原初状态和差别原则的堆积如山的批判性文献相比,这点让我们既惊讶又失望。然而,作为解决践行性的方案,罗尔斯对道德教育的呼吁没有进一步充分深入。通过对道德教育理念的介绍,罗尔斯只是为我们提供了某个大致方向;但他并没有告诉我们应该如何去实现这一目标。

动机正义

接下来我将提出解决践行性问题的方法。以下我将进行的工作并不是要取代罗尔斯的道德教育理念,而只是对这一理念的一种阐释。这一阐释的起点是说明普通公民被要求根据正义感行事的动机。这一说明采取的既不是新康德主义的方法,也不是新霍布斯主义的方法,而是新休谟主义的方法(找不到一个更好的用词来描述这种方法了)。[1]

休谟和康德在道德心理学上存在两个重大差异。[2] 第一,休谟以心理学为开端,他把伦理学视为对心理学的一种阐释。康德则以伦理学为开端,然后回到心理学,把心理学作为他的伦理学的一种论证手法。第二,当康德把道德动机置于理性道德信念和道德判断的基础上时,休谟称我们的动机源于欲望或个人爱好;因此,人类动机中存在一种能被独立于伦理学来理解的要素。

当然,休谟并不是第一个强调欲望在我们的心理中的作用的学者。据霍布斯称,人类具有一种主导性的情感,即自我保存的能力。众所周知,霍布斯并没有时间考察关心他人的情感,因为他相信每一种情感都能归为关心自我的视角,如他在《利维坦》中所界定的"同情"就验证了这一点:"因怜悯他人产生的悲痛感即为同情,这是一种想象着他人的灾难降临在自己身上所诱发的悲痛感。"(1994,32)显然,霍布斯对情感的说

---

[1] 我对新休谟主义正义论的看法很大程度上受西门·布莱克本的巨著《情感管理》(Simon Blackburn, *Ruling Passion*, 1998)的影响。
[2] 康德和休谟的道德动机理论的直接对比性文献,参见 Thomas (1988) 和 Nagel (1970)。

明是不恰当的,该说明过于简单和粗略。休谟却了解人类心理的复杂性。他把关心他人的情感视为人性的一部分;因此,除了自私自利的"自爱"之外,人类还具有"同情"或"普遍仁慈",即与他人同喜同忧的情感。 *105*

这里不是要具体讨论休谟对同情的分析的有效性。在此我想要强调的是休谟哲学对人类复杂动机的思考,换句话说,休谟认为人类具有关心自我和关心他人这两种情感动机,即"自爱"和"同情"。然而,休谟不仅仅是明确指出我们既不完全受自爱驱使,也不完全受同情驱使。更具体来说,休谟认为同情动机表现得比自爱动机弱,而且多半被关心自我的情感所掩盖,正如人的趋乐避害的情感倾向。用罗尔斯的术语来说,休谟的立场可以被描述为,从总体上来说理性(rational)优先于合理性(reasonable),并使得合理性从属于它。这是休谟理论的关键所在。正是因为同情弱于自爱,因此它需要用自我利益理论加以支撑,如果这足以克服源自自爱的动机矛盾说的话。[①]

休谟意在调和同情和自爱的情感,这点需要进一步讨论。休谟表明,关心自我的动机与关心他人的动机是相互作用的。这给了新康德主义者和倡导普遍正义的平等主义者一个重要的启示。人类的不切实际的需求动机,将平等主义的正义变为一种大多数人无法践行的理想。由于被贴上了不可践行的标签,平等主义的正义观逐渐被学界视为一种无关紧要的社会变革,逐渐沦为宛如无政府主义和乌托邦主义之流的知识联盟的天上掉下来的馅饼。肯定休谟的混合动机论,对社会正义理论具有深刻意义。

承认人类情感的复杂性以及与之相应的混合动机论,迫使我们必须重思正义的范围。我们都有关心他人和关心自我的行为能力,都在受合理性动机和理性动机的驱使,我们所处的环境一般会决定我们倾向于何者。[②] 一个公正的社会,通过分配权力和义务、利益和责任的制度来加以

---

① 关于这一点,参加 Nagel(1970,10)。
② 关于人类善恶的本性,有关从纳粹遍地的欧洲营救犹太人的文献揭示了这一点,参见 Geras(1998)。

界定。① 公正的制度还必须同时发挥其他的作用,即通过培养每个公民的平等主义的正义感来影响理性激励机制。

　　在《尼各马可伦理学》第二卷中,亚里士多德称德性是习惯的结果。如果我们把正义感视为一种德性,那么,为了培养我们的正义感,我们必须首先形成践行正义的良好习惯。在此,理性占据核心地位:理性激励机制能够激发正义感的习惯。理性激励机制有两种:消极的和积极的。罗尔斯忽略了消极的激励机制,如制裁措施,②但是,罗尔斯认为我们没有理由拒绝精神性的(身份和名誉)或物质性的(资源)积极激励机制。在积极的理性激励机制的帮助下,现实的人③可能会养成按正义感行事的好习惯,这是罗尔斯提倡的道德教育的第一步。

　　我们没法保障人们仅凭信仰的力量就能达成关心他人的动机。然而,同情在自私自利动机的支持下能够转化为道德行为。公正制度的功能之一,是通过言语说服和身体力行等额外的理性激励机制使人们转变为平等主义者。④ 平等主义正义论之所以需要找到合适的方式来将理性的方方面面整合到伦理框架内,是因为合理性的道德对集体行动的逻辑没有免疫力。公共善具有道德的性质这一事实,无法证明搭便车的理性是无效的。米歇尔·克罗斯(Michael Gross)在研究道德行为主义时提到了这一点:

　　　　认为道德利益在结构上与经济利益或物质利益有区别,抑或说

---

① 当然,罗尔斯(1972,2—3)对社会正义的著名界定往往受到当今正义论的支持。

② "对于为何作为公平的正义是可行的解释正属于这一种。稳定性的问题,不是通过有效的制裁——如果必要的话,其任务是找到揭示我们曾深刻迷信的概念的方法——使反对一个概念的人接受它或遵循它。"参见 Rawls,2001,186。

③ "现实的人"指你和我,而不是指代原初状态下的作为我们的代表的"虚构的人"。

④ 社会制度在培养正义和平等信念方面发挥着重要作用,这种看法逐渐受到平等主义者的青睐。譬如,舍夫勒称,流行的心理结构说与德性和主体利益冲突说都不是一成不变的;相反,"两者都受社会制度和社会实践的强烈影响,而社会制度和社会实践并不是永恒不变的"。另外,"正义信念反过来又是推动人类基本关系进一步发展所必需的"。参见 Scheffler(1992,137 and 138)。

> 共享道德利益构成道德行动的充分条件的看法,是没有根据的。正
> 如集体行动的问题那样,任何道德利益实现的主要障碍,不是道德
> 动力的不足,而恰恰是搭便车者和缺乏适当的激励机制的问题。
> (1997,11)

搭便车的理性倾向阻碍了成功的行动,个人必须受激励机制的鼓励而不是受公共善的利益驱使。要求道德利益发挥不同作用,但遵循集体行动的逻辑,这点是没有道理的。其结果是,共享道德利益,甚至是由成熟的正义意识和自由意识所支撑的那些利益,都可能被证实是不充分的。

与新康德主义道德哲学家所信仰的不同,我们无法设想合理性是主要的道德动机。理性是我们不惜承担风险而忽略的现实。平等主义的道德哲学家所信仰的,与人们的实际行动是不相符合的。新康德主义的平等主义的道德哲学是时候重视并运用理性了。如果说合理性是构成践行道德行动的必要而非充分的条件,那么我们必须建立一种理性的激励机制以使人们能够按正义感办事。由于我们不像原初状态下的"虚构的人"那样,现实的人只有在激励机制的驱使下才能按正义感办事。

一个简单的构想

认为社会制度、经济制度和政治制度可以诉诸理性以唤起人类的正义感的说法具有极大的争议性,因为该说法很容易引起对社会动力论的责难。在描述这些制度如何发挥实际作用的时候,我们需要具体分析。虽然这超出了本章的讨论范围,但是为了更好地阐明这个问题,我们有必要对这种制度的执行过程做一次具体的研究。

为了实现人类的正义感,正义制度必须找到一种途径来鼓励人们按照公平原则办事,即使这意味着可能会引起理性利益的狡计,如追逐名誉的欲望(参见本书第十一章对名誉的具体分析)。个人名誉对公民个

体来说十分宝贵。名誉是人们的社会资本的标志;因此,一般来说,个人道德品质是影响其生活方式的主要因素。好名声会让我们的生活一帆风顺,而坏名声有可能让我们在生活中处处碰壁:一个老实巴交的老板会因获得好名声获利,而不诚实的老板将因坏名声而失去顾客的信任。我们的任务是构思出正义制度的新颖的激励机制,即用名誉作为鼓励公民遵守公平原则的激励机制。当然,我们最终的目标就是通过这样一种理性激励机制,鼓励公民自主选择公平并逐渐将其内化为一种原则。

处理正义制度问题的一个重要手段就是执行公共性规则。支持这一规则在哲学史上具有长远的传统,其提倡者有康德和边沁。① 公共性规则认为,每个公民应该在公开透明的公共审查下公正地对待他人。由此,罗伯特·古丁(1992)高度颂扬了公共性的道德力,他表示公共性有助于推进人们的道德行为,另外,艾米·古特曼(Amy Gutmann)和丹尼斯·汤普森(Dennis Thompson)表示公共性的原则是协商民主的根本要求。(1996)就连美国总统伍德罗·威尔逊(Woodrow Wilson)也无法否认公共性的道德力:"公共性是实现政治净化的手段之一。没有任何手段可以勘测诸如公共丑闻等恶劣的政治实践。"②

公共性为什么使我们变得更好? 并不是公共性唤醒了我们潜在的德性,而是对于获得坏名声的恐惧以及对于获得好名声的期望使得我们愿意成为一名好公民。最后,我们基于审慎的理由来评价我们的名声。只有当行为成为一种公共行为时,我们才能建构起自己的名声;因此,每个人都有理由(基于审慎)让自己表现得最好。正如古丁所解释的那样:"公共性使人们的行为更富有德性,仅仅是因为如果他们做出不仁义或不道德的事情时他们就会感到羞愧难当。"(1992,124)通过公共性规则,正义制度能够唤起我们对于名声的审慎关注,以防止我们进一步的放弃

---

① 参见 Kant (1970) 和 Postema (1989)。
② 引自 Goodin (1992,126)。

公正和公平原则的任何危险倾向。

　　我所表示的并没有表面上看起来的那样激进或具有亵渎性。在责难社会动力论之前，我们应该回顾一下约翰·穆勒在1861年的主张，穆勒基本上没有被斥为独裁论倾向。在《论代议制政府》中，穆勒基于"外在诱因"是一个人履行公共职责所必需的而公开支持公投思想，"（选民们的）品质的最好的一面，也就是他们急于向人们（甚至是那些不如他们的人）所展示的。人们可能会秘密地而不是公开地，通过金钱收买、恶意诽谤、挫伤自尊、竞争甚至是通过收买一些阶级或部门等手段来获得不诚实的投票率"（1991，362）。这就是为什么要保持秘密投票的充分理由。还存在一种情况，就是在民三决议过程中给公众人物施压，来证明他们的公共行动的合法性。譬如，民主选举中当选的代表应该公开个人收入及其来源。同理，政党也应该公开资金来源。由于与人们的名誉相关，公共性规则将引导政治家和政党按正义原则行事。

109

　　这只是关于正义制度（通过公共性规则）在具体的实例中，如何通过培养公民的平等主义正义感的视角来实现建构理性激励结构的目标的一次简单构想。显然，在把这些建议贯彻到深刻的社会变革中之前，我们尚有许多工作需要完成。在此，重点不是要建构具体的公共理论，而是要阐明我所称之为新休谟主义的关于动机和正义的**践行法**的实践内涵。

结　论

　　长久以来，新康德主义的平等主义者宣称社会正义论必须根植于合理性的道德动机。这拉开了新康德主义者（如罗尔斯）转向不"可践行的"政治哲学研究的帷幕。对于一般的平等主义者来说，我们有必要支持休谟的混合动机论。我们的行动是同情和自爱这两种情感的结果，虽然这两种动机是不平衡的，前者（同情）一般弱于后者（自爱）。如果休谟是对的,我猜他也是对的,那么平等主义者以理性动机展开工作越早,平等主义正义论就越具有广阔的前景。

把同情和自爱结合起来,意味着我们不一定非要在理性与合理性的正义论之间作出选择。理性正义论在道德上可恶但却是现实的,合理性正义论在道德上有吸引力但却是不可践行的。混合动机、关心自我的动机和关心他人的动机等术语,对平等主义正义观具有非凡的意义。首先,它促使我们重思时下流行的正义概念。对社会正义作进一步深入了解是十分必要的,这包括提升致力于公民激励机制的社会制度、经济制度和政治制度,以激励"现实的人"按照公平原则理性行事,因此,我们必须培养公民的平等主义的正义感。

实现平等主义社会的第一步就是接受如下现实:个体不一定总是为关心他人的公平情感所驱使。我们所有人都成了关心自我情感的受害者;因此,如果我们只关心自己,那么现实的人们将几乎不可避免地处于自我利益的追逐竞赛中。第二步则是建立积极的理性激励机制,来鼓励人们按公平的正义原则行事。仅仅具有平等主义的正义感是不够的。人们认可正义原则并按照正义感行事还必须有一个理由。研究人们履行正义的动机,可以说是平等主义抵制社会非正义所面临的最大挑战。

110

第八章　正义、平等和自由

社会合作构成政治社会的黏合剂。政治权力的结构及其合法性，取决于社会合作的利益如何得到保证。从根本上讲，一个社会是民主的还是非民主的，归根结底要看这个社会的人们是自愿合作还是被迫合作：一个社会的自愿合作程度越高，该社会就越民主。

虽然社会合作裨益很大，但人们并不总是能够为了共同善而自发地实现自愿合作。许多人喜欢从别人那里获利，自己却从未给别人任何付出，这正是构成社会非正义的主要原因。一切民主所面临的根本问题在于，如何在鼓励人们自愿参与社会合作和坐享社会合作带来的福利之普遍心态之间找到一个可以为人接受的平衡点，这是社会正义讨论的起点。正视社会正义论有助于我们解决以下两个问题。第一，如果说民主社会的公民都可以按照自己的意愿行事（只要他们的行为不侵犯他人的利益），那么必然会造成人与人之间的冲突。这些冲突的起因在于太多人为了自己的利益去争夺太有限的资源，这种有限的"资源"既包括物质资料也包括政治权利。因此，为了保障社会合作的利益的公平分配，需要设定一种正义的分配标准和规则。譬如，私人应当享有何种程度的私有财产呢？公共财富应当用于公路修筑和公共交通吗？可以为了保护少数民族文化群体的权利而牺牲社群中单个个人的权利吗？

　　除了解决个体公民之间的冲突之外，社会正义论也必须解决公民和国家权威之间的冲突。尤其是社会正义法则应当规定，国家何时何地又如何正当地运用强制力迫使个体公民参与到社会合作中，而不是让公民坐享其成。我们应当被强制缴税吗？国家能够强迫我们参与战争吗？

　　在社会正义论亟待解决的利益冲突中，其中隐藏在意识形态深处的根本冲突是平等和自由之间的矛盾。社会利益的共享和义务的分担，应当以牺牲一定的个人自由为前提从而提高平等的程度为目标吗？抑或说，即使会造成全社会的根本不平等也要在一切社会领域内实现最大程度的自由吗？这个问题或许不如一开始那般抽象了。有些人认为斯堪的纳维亚模式（Scandinavian model）为建构公正的社会做出了最大的贡献，譬如，瑞士为了为每个人（特别是那些社会弱势群体）提供更多的机会，毅然地对富有公民的个人收入征收高额税收。也有人认为一个公正的社会体现在美国总统小布什的财政削减政策上，2001 年小布什入主白宫的第一件事就是通过了削减 1.3 万亿美元税收的计划，当然同时包括削减福利的提议。

　　另外一个充分反映社会正义的争议的重要政策问题则是医疗保健政策，如英国的国民医疗服务体系。一个公正的社会能否保证每个人都享受充足的医疗保健服务，而不管这个人的工资收入是多少？抑或说，公民应该为自己的健康负责或买单吗？在此，我们就有两种不同的社会正义观。那些强调平等的人旨在调和富人与穷人之间的鸿沟，而那些强调自由的人则坚持认为国家不应该干涉公民的生活，而应该保护公民，保障他们的安全。

　　在关于社会政策的所有主要问题上，平等原则和自由原则将把我们推向不同的方向。社会正义论面临的挑战在于解决平等和自由之间的张力。有以下三种途径：要么倾向于平等而忽视自由，要么强调自由而放弃平等，要么表明平等和自由从来都不会有矛盾。然而，在回答这些问题之前,我们需要深入理解平等和自由的概念。

何谓平等?

平等在现代社会中占据核心地位,纵使平等自身是个复杂而多向度的概念,对它的解释也是多样的。关于平等,有以下三个问题需要进一步考察:平等为何重要? 在平等的社会里,平等化的对象是什么? 平等社会的获利者是谁? 113

第一个是关于平等为何重要的问题,抑或说是什么价值观促成了平等的问题。显然,因为同样属于人类或同样是造物主所创造的人,所以人与人之间是平等的这样一种说法是不够的,因为潜藏于人之为人的平等性之下的,是所有的社会、经济和政治的不平等。平等是一种道德价值,而不是一种经验计算。人各有所长的说法,并不影响人作为道德主体有一种根本期望这一事实。我们想说,从伦理上看,所有人都具有平等的价值。

所有人,不管其种族、性别和国籍,从道德主张上来讲都具有平等的价值。这些道德主张的政治内涵是什么? 与我们一开始所认为的不同,具有平等的价值并不能自然而然地转变为一种享有与他人完全相同的物质资料或机会的基本的权利。从道德上讲,我们是平等的,但是从社会性或生物性上讲,我们却不然。我们在着装打扮上是独一无二的事实,促使我们转向一种生活的简单的现实性,也就是说,个人享受生活的能力千差万别。诚如阿玛蒂亚·森所指出的:"不同人的人格和社会性格具有很大的差异,这种差异性在将资源和原料转变为财富(和自由)的过程中,会导致人的实质性的差异。"(Amartya Sen,1992,38)譬如,你不可能愚蠢到认为英国的 10 岁小孩与埃塞俄比亚的 10 岁小孩的需要是一样的,也不可能认为一个孕妇和一个男人没有根本区别,更不可能认为生理残疾和心理缺陷是无关的。生活的真相在于,一些人比其他人需要更多的资源以应对生活,这就是为什么需要一种获得平等的关心和尊重的权利以更好地理解平等的价值的原因。总的来说,我们通过认识到别人的遭遇和挫折才去关心别人,同时通过认识到他人自力更生谋划生活的能力才去尊重他们。

第二个是关于何之平等的问题。如何衡量平等,抑或说在一个平等的社会中,平等化的对象是什么? 这个问题的答案并不像某些人想象的那般简单,因此我重申一次,我们所面临的不是一个经验的问题,而是一个关于本质的问题。关于何之平等的问题主要有两种针锋相对的回答:一种是资源平等,另一种则是福利平等。资源和福利之间的差异可以归结为以下问题:我们强调的是起点的平等还是结果的平等? 我们一开始都希望实现人类的机会平等,使得人们有机会获得同等资源,而后却让他们接受源自自身行为的不平等的结果,如为每个人和每个孩子提供接受免费教育的机会。另一方面,我们也希望实现人类生活条件的平等,这样一来人们所关心的是他们自身的好生活,而忽视了基于责任或价值的讨论。譬如我们希望社会上的每个人都能过上有尊严的安康日子,包括那些应该为自己的生活不足负责的人。以上两种立场既有优点又有缺点,这两种观点解释了为何争论会转向折中的解决方案,即机会和责任(资源)与基本需要的满足(美好生活)这两种想法的综合。

第三个是关于谁是平等社会获利者的问题,又或者说,平等社会关注的对象是谁呢? 在这一问题上,平等主义者的意见有所不同,其中最突出的是极端的平等主义者(strict egalitarians)的观点。极端的平等主义者称,如果一些人的生活状况不如其他人,那么他们的生活则是不如意的;因此,平等要求更大程度上的社会一致性。为了支持这一观点,极端的平等主义者称,平等除了是一种内在的价值和本质上的善之外,还是一种可满足需要的价值,因为一旦缺乏平等将带来不利影响。

不平等可能造成的负面效应不胜枚举。譬如,不平等有可能导致冲突的发生,冲突又反过来导致暴力和社会混乱。美国繁华的大城市的犯罪率比斯堪的纳维亚国家的大城市的犯罪率要高得多,这一点可以通过美国社会中的不平等加以解释。不平等也有伤那些生活条件不佳的人群的自尊。鉴于我们是通过与周遭的人作比较从而形成自我评价的方式的,那么我们有必要问一下自己,那些生活在社会底层的弱势群体的感受又是怎样的呢? 也许那些无论是在社会上还是在经济上都属于弱势的群体,当与同一社区中的其他人相比时,他们会因为自己的糟糕处境而自责。他们会开始怀疑自己的能力,感到不满,垂头丧气,或总是与比自己好的人相比。以上种种情况都构成伤害他们自尊的根源。最后,不平等可能导致社会上的某些人拥有凌驾于其他人之上的权力,这往往是构成社会非正义的一个重要因素。那些拥有较多经济资源的人能够将其经济资源转化为其他形式的权力,如社会权力和政治权力。经济权力转化为政治权力的例子不胜枚举,世界各地的选举政治——从美国的肯尼迪政权、布什政权到意大利的贝卢斯科尼政权——只是其中的一例。从更为人性化的层面讲,这将意味着(打个比方)雇主可能对那些不想失去工作的女佣工实行性侵犯而不用承担责任,为了保住工作、维持生计,这些女佣工又不得不忍受这种不正当的凌辱。

虽然以上论点承认平等福利与平等价值之间有着密切的关联,但并不是所有的平等主义都倡导社会成员福利平等化目标是实现平等价值的最佳路径。毕竟,如果平等只作为一种目标,那么它可以通过"拉近同一水平"的政策得以维护,也就是说,降低富足人群的福利水平,同时提高弱势群体的福利水平,使两种人群的福利水平持平。但这种方案或许是不可取的。让所有人处于贫困状态并不比让少数人处于贫困状态好,至少在后一种情境下少数贫困人群还享有医疗保障和生活保障。那些对绝对平等性的效果持不信任态度的怀疑主义者表示,实现平等主义精神的另一路径在于提高最贫困群体的福利水平。

平等主义的这种视角被视为一种优先视角,或者说它就是一种优先主义(prioritarianism)。持这一视角的平等主义者认为,更为重要的是救济那些生活潦倒的人群。这一视角能否真正实现贫困人群和富足人群之间的平等呢？诚如约瑟夫·雷兹(Joseph Raz)的著名论断：

> 我们真正关注的不是不平等本身，而是由其内在原则所界定的那些关注点，比如饥饿、贫穷、病痛，等等。重要的是那些穷人在某方面相对于他们周遭的人群显得贫穷这一事实。不平等不是作为独立的罪恶本身，而是通过相比于他人更饥饿、需要更紧迫、痛苦的程度更深才得以彰显，因此，我们是出于对饥饿、贫穷和痛苦的关注，而不是出于对不平等本身的关注而给予那些穷人优先权。(1986,240)

平等主义是一种复杂的哲学。平等主义的研究方法各异，导致各种不同的研究方向。众所周知，关于如何最好地评价平等的价值、如何衡量平等、如何界定平等的目标等问题的答案各异，这些问题都值得我们深思。更为复杂的是，这些多重向度的问题并不仅仅出现在平等问题上，同时也出现在自由问题上。自由构成社会正义关注的另一主要议题。

116

何谓自由(liberty)？

"自由"一词(liberty 和 freedom 可以相互替换使用)具有很强的修辞性。虽然目前学界对于自由概念的精确内涵仍具有争议，但为了更好地阐明自由的概念，我们有必要区分积极自由和消极自由。

"积极"和"消极"这两个术语的区分一定程度上是模糊的，这是因为我们对于所偏好的事物往往称之为"积极的"，而看到我们所不喜欢的事物往往称之为"消极的"。事实上，以赛亚·伯林(Isaiah Berlin,1969)提出这组二元对立的范畴，正是为了向我们传达这样的意见。伯林采用"积极自由"和"消极自由"术语的用意在于：只有当一个人可以在不受限制的条件下自由行动时，我们才能说这个人享有消极自由。在此，消极只表示干预、妨碍和限制的缺失，简言之，它只表示一种"免于……的自由"（freedom from）。另外，只有当一个人能够进行一定程度的自我管理或只有当一个人享有按照自己的意愿行事的权力时，我们才能说这个人享有积极自由。在此，积极表示个人享有实现自身目的的手段，简言之，它表示"做……的自由"（freedom to）。

积极自由和消极自由的区分是有问题的，这并不是用一两个术语就能够说明的。与伯林所认为的不同，积极自由和消极自由之间并不相互排斥。以下的例子说明了积极自由难以独立于消极自由而存在。英国妇女直到1911年才被允许涉足法律专业。这意味着，在1911年以前，英国妇女受法律限定不得接受涉及司法方面的高等教育并获得相关学位。换句话说，在1911年以前，英国妇女不具有做某些特定事情的消极自由。然而，在1911年以后，随着法律限定的放松，妇女既享有不受限制的消极自由又享有涉足法律部门的积极自由，在这一过程中，妇女有可能实现其长远的愿景。

从直觉上看，自由既包括消极自由，也包括积极自由。为什么哲学家至今仍沿用消极自由和积极自由？区分消极自由和积极自由的分析 *117* 法能够给我们什么启示？我认为答案就在于对这两种自由的理解方式的道德支撑上。换句话说，道德价值比自由本身更为深刻和根本。只有通过辨析消极自由和积极自由，也即自我所有权（self-ownership）和自律（autonomy）之间的差异，这一点才能变得更为明确。

现在让我们先来看看消极自由。对这种自由观持支持态度的一些极端学者自喻为"自由至上主义者"（libertarian），他们称我们应当将自由理解为一种身体不受妨碍的状态。只要一个人在身体行动上处于不受限制的状态，那么我们便可以认为这个人是自由的。自由至上主义的批判者们并不认同这一看法，他们指出如下事实：根据这种身体状态分析法，威胁不能算作对自由的侵犯。譬如，如果一个歹徒持枪对着你说"要钱还是要命"，自由至上主义者不会把这种威胁视为对自由的约束，因为受害者的身体仍然可以作自由行动和自由选择。同样,一位凶悍的丈夫扬起手(但没有真的打)威胁他的妻子,从技术上来说,这个动作并没有侵犯他妻子的自由。当然,这并非意味着自由至上主义者就纵容歹徒或这个凶悍的丈夫的举动,远远不是。自由至上主义者只是想表明歹徒和凶悍的丈夫应当受到道德的谴责,我们对上述行为所持的异议不能与自由缺失的问题相混淆。

自由至上主义者称,自由的身体状态分析法具有很多好处。首先,该方法意味着自由不是一种主观标准,而是一种更容易衡量的客观现实。毕竟,如果把心理伤害也列入对自由的妨碍,那么一位大学老师由于学生没能按时交作业而谴责学生从而造成学生心理压力的举动则算是侵犯了学生的自由。其次,通过将自由归为个人的身体行动,我们对什么是不自由的问题就一目了然了。用希尔·斯坦纳的话来说就是:"当且仅当一个人的行动因他人行动受到阻碍时,这个人的行动才是不自由的。"(1994,8)

正因为自由至上主义者肯定了从身体上理解自由的做法,因此,他们对我们的基本人权的呼吁超过了我们自身。这种基本人权在文本中被定义为自我所有权,或基于人身的个人权利,这种权利不仅包括传统意义上的身体,还包括人的力量、能力和劳动力(甚至是人的劳动成果)。自我所有权思想受到在意识形态上根本对立的两个派别的推崇,即那些反对国家干预的大多数形式的自由市场支持者和热衷于揭露剥削非正义的马克思主义者。

那些对自由至上主义的解释不满的人,如完美主义者(perfectionist),不可避免地希望捍卫积极自由的概念。近年来,学界存在一种趋势:将积极自由的主题等同于自律观。从字面上看,自律具有"自我规定"、"自我法则"或"自我管理"等意思。学界对于自律观的解释多种多样。

譬如,有学者表示,应该把自律视为一种**条件**,将其定义为自我管理的心理能力。这种说法是有问题的,将自律视为一种条件的做法,错在只采用工具价值而非内在理性来评价它。另外，我们也可以把自律视为**一种理想**，即我们可以认为一个自律的人是与其欲望、目标和价值完全统一的。判断一个人与其欲望相统一，不仅意味着该对象批判性地思考某种欲望，而且赞同该欲望。行动自律不仅意味着我有资格做我想做的，还意味着我有能力做我想做的。但仅凭欲望或情感的自由行动不是自律的。相反，一个具有自律性的人往往能够克制自身的欲望，并具有克服贪婪、贪恋和贪欲的能力。

从道德视角看，自律意味着肯定个人自身的道德原则。从政治视角看，自律与教条主义或极端的家长制形成鲜明对比。过一种自律的生活，意味着去规划、修正和追求个人的美好生活，而不是盲目地和不加批判地去接受别人的活法。

一个公正的社会

正义能够协调平等和自由的要求吗？显然，这不是件易事。如前所述，关于平等主义的解释多样，正如自由主义原则一样。协调平等范式和自由范式是巨大且不可避免的挑战。我们必须抵制那种把社会正义等同于难以企及的理想的简单的、悲观主义的做法。认为正义对实现平等和自由之间的协调具有很大价值的看法是一个危险的错误。这种看法甚至有可能为非民主势力开辟道路。

相反，我们应该尝试着去创造性地思考一个公正的社会如何实现平等和自由的和谐运行。这正是美国哲学家约翰·罗尔斯在 20 世纪后半叶致力于完成的工作。罗尔斯在写于二战后的著述中，制定了积极进取的、全面的和完全原创的社会正义论，这一理论似乎成功地协调了自由和平等的需要。罗尔斯发表于 1971 年的《正义论》一书长篇累牍（共 587 页）、耗时持久（25 年），成为 20 世纪道德哲学和政治哲学界最有影响力的巨著。该书的重要性不容忽视。当政治学专业的学生在修政治思想史课程时,他们会被告知,在过去的三四百年间,继 17 世纪的霍布斯和洛克、18 世纪的卢梭和康德、19 世纪的马克思和穆勒之后,罗尔斯的正义论如何在 20 世纪实现了政治理论的转变。

罗尔斯正义论的独特之处何在? 罗尔斯的过人之处在于,他回归了一种至少被遗忘了 200 年的哲学方法:社会契约论。社会契约论的基本理念设定了一种一致同意的假设条件,即假定人们一致同意某事,那么人们所同意的对象必须同时具有可行性和合法性。以往的社会契约论往往被用来解释和证明国家的合法性与公民相应的政治义务。直到罗尔斯才将社会契约论应用于确定自由和平等的公民一致同意的正义的原则。

罗尔斯在开始运用社会契约论时,致力于寻找人人皆认同的正义原则。有学者有意将罗尔斯的这项工作标榜为"不可能完成的任务",并将其视为完全脱离现实的乌托邦幻想。然而,这种看法完全错误。罗尔斯构建一致同意的假说的方法既是特别的又是可信的,以至于多年来很多学说也开始采用罗尔斯研究正义论的方法。简言之,这种方法是可行的。罗尔斯邀请我们从事一种推测性的思想实验。鉴于意见应该具有一致性,即一种意见与另一种意见不相互排斥,由此我们可以推理出,你和我能够开动脑筋(遵循我们的欲望、信念和信仰等)参与实践。我们需要回答的一个简单的问题是:如果我们不清楚自己所处的社会地位,譬如,假设我们不了解自己的性别、种族或性倾向,那么我们怎样才能从社会中分得最宝贵的东西,包括物质性的(如财富)和非物质性的(如人权)? 我们愿意假设一个非白人群体被剥夺基本人权,妇女无权,同性恋者被迫害的世界吗? 罗尔斯称,人们没有必要冒自身被划入受压迫群体的风险,这就是为什么我们都同意生活在一个权利和自由完全平等的社会里的原因。

现在,让我们假定我们不了解自己的社会阶级、民族或肤色,那么我们希望如何分配物质资料? 我们不可能选择我们现在所生活的世界,在

120

这一世界中,少数人(大多是体格健全的西方中产阶级)掌握着巨大的不成比例的社会财富,而成千上万的世界人民仍然面临着最基本的温饱问题。不了解自己在世界上的地位,将使得每个人在经济资源的分配问题上显得格外谨慎。这就是罗尔斯指出当前的经济资源分配不合理的原因,因为最富裕国家的最富有的那批人优先取得了资源分配的大份额。相反,假设我们碰巧发现自己属于处于不幸中的少数人(如生来残疾、生活在贫困线以下或是索马里的饥民),我们就会认为资源分配最好的方式就是实现资源再分配,这样的话,任何不平等对于处于最弱势的群体来说则是最大的福利。

在罗尔斯的正义论中,自由观和平等观在社会契约论中找到了其自身的本质,强调这一点很重要。社会契约论的愿景是要寻求一种一致的同意,而且这种同意必须以每个人的意愿为基础。这种每个人皆同意的理念突显了自由的价值。而且,除了自由,每一个参与意见表决的人还都是平等的。在罗尔斯的契约式正义论中,平等不仅意味着每个人都有权参与意见表决,而且还有如下附带条件,即人们都不了解自己在社会中的地位。在这里,无知扮演了一个伟大的平等主义者的角色,因为在寻求一致同意的过程中,没有人一生下来就具有比别人更优越的潜在优势。

让我们回顾一下罗尔斯的正义论。据罗尔斯称,在公正的社会中,每个人享有同等的权利和自由,其经济资源是以提高最弱势群体或阶级的长远利益为目的来分配的。在这种模式的公正社会中,自由和平等似乎是相互协调的。那么,事实是否如此呢?罗尔斯是否为社会正义、平等和自由下了最后的定论?当然没有。政治理论,至少是在民主文化的范围内来讲,永远都到达不了最后的安身之所。使民主政治理论保持活力的,是理论本身应该处于持续不断的运动中,它应该不断地变化和改善。罗尔斯也难逃这一规律。虽然罗尔斯的著作受大多数人的青睐,但是它也会成为许多批判者驳斥的对象。譬如,那些在意识形态上居于右翼的人反对罗尔斯关于自由的阐释,而左翼则反对他关于平等的观点。

而其他讨论社会契约方法的普遍愿景的著作则表明:自由和平等的协调方式有多种,每一种方式都可以以它自身的理解来界定社会正义。

罗尔斯的正义论一方面遭到大量攻击,另一方面则得到很多人的欣赏,后者肩负起捍卫罗尔斯并完善罗尔斯的正义论的重任。矛盾的是,那些捍卫罗尔斯早期理论的人有时被迫违背罗尔斯自身的意图。特别是,受罗尔斯启发的哲学家试图捍卫、修正和改进罗尔斯早期正义论的两大核心:普遍性和公正性。

有学者称,支持普遍性和公正性这两种价值,是民主解决冲突的最佳方式。之所以认为正义有价值,或者说之所以提出值得为正义社会而战,不是为了永恒的和谐而逃避内在的价值冲突,而是为了实现正义社会的自由和平等的共存。正义需要一套公平的规则来公正地解决自由和平等的争论问题。换句话说,一个正义的社会为我们提供了一种公正的框架,在这个框架内,平等和自由的各位支持者能够畅所欲言。布莱恩·巴里义正词严地阐明了这种基本的正义观:

> 正义作为一种公正性,其任务在于为人们提供一种人们能够生活于其中的框架,但它并不能告诉人们如何去生活……正义作为一种公正性,它并不能为每一个问题提供实质性的答案,而是在每一个案例中限定哪些是正义的,但又必须为人们提供在公正程序的范围内进行选择的余地。(Brian Barry,1995,113)

巴里的著作给我们的启示是:正义理论不是解决所有困难的灵丹妙药。关于正义,如果假定在冲突中每一个可信的结果都是平等有效的,抑或假定每一个冲突都有一个正确的解决方案,则都是有误的。正义的关键在于根据公正的规则来界定公正的程序。将正义看作公正性无异于将其视为一种具体冲突的结果,正义确实通过吁求规则的公正性限定了可接受结果的范围,而规则的公正性为裁定利益体之间的冲突确定了决策程序。

通过采用公正方法解决正义问题，我们就从另一个视角阐明了冲突问题。一个正义的社会不存在自由和平等的价值发生冲突的问题。冲突是不可避免的，而且它在一定程度上还是不可或缺的。一个正义的社会为各种具有差异性和潜在冲突的关于美好生活的观念提供了和平共处的条件。一个社会之所以是正义的，正在于：差异性未被消除，冲突未被压制。事实上，正是因为有了异质性，才可能实现正义的社会及其繁荣。差异性并不排斥公正性，而冲突必须在法律上被认可，而且有可被接受的表达渠道。当然，有冲突的地方就有输赢。然而，在正义社会中，失败者并不是非正义的受害者。只要有合理的程序来应对这种对抗，那么冲突就不是问题。

贯穿本章的关于正义的讨论以及平等和自由的冲突，都被假定为在单一国家所引起的问题。作为一个总结性的想法，我们有必要提醒一下，正义、平等和自由的吁求不能只局限于一定的地理范围。我们对正义、平等和自由的分析同样适用于国际语境，尤其是在当前的全球化趋势下。实现世界自然资源的合理分配，救济受难国家的义务，实现国际合作的责任，以及拯救全球环境、合法使用暴力、关于世界政府的争议等问题，构成社会正义的核心问题，正如教育、税收、医疗等问题构成单一社会的核心问题那样。

第九章　怀疑的民主

　　当自由民主衰落到低谷时,社会非正义理论就兴盛起来了。①　因此,对于社会非正义的研究需要密切关注自由民主的构成。本章揭示了自由民主与怀疑主义之间的关系。我认为,民主的最大威胁和非正义的主因来自两种敌对的立场:一种是坚信他们的信念的极权主义的立场,另一种则是否定任何真理存在的虚无主义立场。在这两种立场之间,我们发现了自由民主。在本章的第二部分我将进一步表明,一旦民主成功占领一个领域,那么我们离正确理解自由民主也就不远了,这一领域便是怀疑主义。令人惋惜的是,在许多对自由民主持支持态度的学者看来,怀疑主义不过是一个肮脏的用词。在本章中我想要说的是,学界迟迟未落实复兴怀疑主义的工作。如果民主自身为了避开反民主的威胁,那么民主理论就应该从政治学的视角对怀疑主义作出界定。

---

① 感谢杰伦特・帕里(Geraint Parry)、迈克尔・萨沃德(Michael Saward)和莲娜・威尔逊 (Lena Wilson)等学者给予本篇论文的早期版本的评论。一般免责声明。

民主的威胁

民主受到如下两种互相敌对的极端的世界观的威胁。一种反民主思潮倾向于攻击民主精神腐化的趋势，因其认为民主已无力置社会于绝对可靠的基础之上。另一种则认为，民主最多只能算作一种文化上的相对观念，在最坏的情况下则是西方文化帝国主义的工具。

以确定性取代合理性怀疑的狂妄想法，体现在两种反民主思潮中：极权主义和宗教激进主义。意味着"完全"或"绝对"的极权主义，是指不存在怀疑的或思想多样性的空间的政治规则形式。特别是，极权主义在两个相互独立但又相互联系的领域具有确定性：第一，在其勇敢新世界的视角下，新世界的开创证明了现存社会的瓦解和人类无条件的奉献。第二，鉴于对于专制规则的盲目信仰，统治者不对任何人负责。①

如同极权主义一样，宗教激进主义（狂热症）同样以确定性为基础。在它那里，确定性采取"神圣文本"所揭示的真理的形式。思维的多样性遭到否定，质疑被视为哪怕不是异端邪说也是一种缺陷，教徒除了深入探究"神圣文本"别无他途。在当今的绝大多数宗教中，激进主义被广泛传播。有学者发现美国的新教激进主义者学习"创世记科学"的时间和学习进化论的时间是一样的，《撒旦诗篇》②一书的作者萨尔曼·拉什迪（Salman Rushdie）及其译者被伊朗精神领袖霍梅尼宣判死刑，天主教激进主义者相信天主教是唯一真实的天启教。

除了盲目自信地认为个人意见正确无疑之外，反民主思潮还在那些缅怀确定性的人那里发现了思想土壤。这就是麦金太尔（1985）在对启蒙运动所作的影响深远的批判中所持的立场。麦金太尔告诫我们

---

① 参见 Friedrich and Brzezinski（1966）；Friedrich，Curtis，Barber（1969）；Shapiro（1972）；Taylor（1993）。

② 参见 Jones（1990）及其关于"伊斯兰和自由民主"的讨论（"Islam and Liberal Democracy" in *Journal of Democracy*，Vol. 7，No. 2，1996。

现代道德处于紊乱的状态,问题的根源在于:启蒙思想家有意把个人道德典范从等级制和目的论中解放出来。麦金太尔主张回到前启蒙时代,在那个时代神学以一般人性尤其是终极目的为标榜。在基督神学系统和亚里士多德关于德性的说明中,麦金太尔重新发现了现代社会已经丧失的道德理论的确定性。这就是麦金太尔所说的"目的意识是人的本质"。

确定性只是民主的一个威胁,其反题同样也是一个威胁。虚无主义、犬儒主义和相对主义对民主的危害,与确定性的自负或傲慢对民主的危害是一样的。我所说的虚无主义,是指对一般价值,尤其是道德价值正当性的否认。由于忽视后启蒙的政治道德的建构和普遍性,尼采称得上 20 世纪虚无主义的代表。[1] 虚无主义与某些反激进主义的极端形式具有共同点。就作为对民主的威胁来说,极权主义、虚无主义和反激进主义之间没有实质的区别。一切民主的信仰者应当关注虚无主义和其他极端的道德相对主义的危害性,这种危害程度不亚于以确定性和一体化为最佳解决方案的危害性。

民主受到了双重威胁,如方框 9.1 所示。

方框 9.1　居于反民主的威胁之间的自由民主观

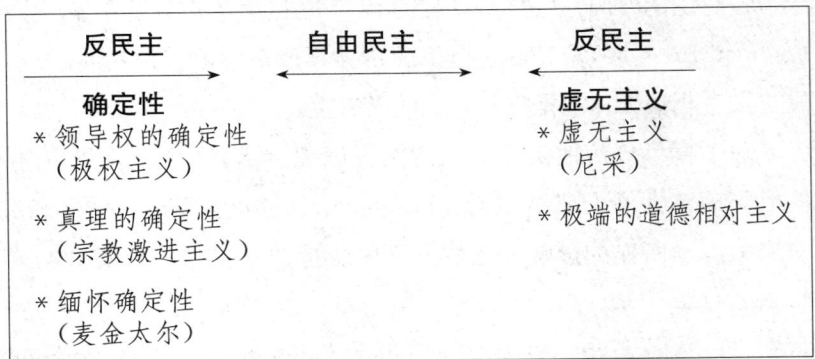

反民主	自由民主	反民主
确定性		**虚无主义**
* 领导权的确定性 （极权主义）		* 虚无主义 （尼采）
* 真理的确定性 （宗教激进主义）		* 极端的道德相对主义
* 缅怀确定性 （麦金太尔）		

---

① 关于对尼采的坚定的批判,参见 Nussbaum (1997)。

自由民主试图在两种反民主力量中间寻求生存空间。是什么使民主变得特殊？或者更确切地说：是什么显著特征使得民主不同于且优于反民主力量？

如方框 9.1 所示的民主及其两大主要威胁之间的直接对比，都指向一种认识论上的差异（epistemological cleavage）。造成自由民主与其敌手之间的差异的原因，似乎在于它与知识和真理发生关系的方式。自由民主不一定与知识的确定性直接相关，同时它也不会不假思索地否定真理。通过这两种极端的认识论立场，可以窥视出自由民主的面相。我认为，怀疑主义的观点很好地抓住了自由民主的认识论向度。

民主和怀疑论

民主的最大威胁可能在于民主自身。但对于少数典型的例外来说，[①]民主的定义看似模棱两可。这一点不足为奇，这是因为民主这个概念十分复杂，其特征多种多样。在此，我并不是要对民主这个概念作一个初始和全面的界定。[②] 此处我更适当的目标，是揭示将自由民主与作为反民主力量的非理性的确定性和相对主义的虚无主义区分开来的一种独特性质。民主的这一不是被否弃就是被忽略的特征，就是怀疑论。

如同民主一样，怀疑论是一个容易引起误解的用语。这一点不足为奇，这是因为怀疑论在西方文化中具有悠久的历史传统，从公元前 1 世纪的伊利斯的皮浪（Pyrrho）至今。在本章中我将肯定怀疑论的一般传统。首先，怀疑论不一定就意味着对真理的否定，虽然某些当代政治理

126

---

① 参见 Dahl（1989），Beetham（1994）和 Saward（1996）。
② 我完全同意拜茨的如下观点：关于民主的界定方式虽然讨论已久，但成果仍旧十分有限。参见 Beitz（1989，17n）。

论家依旧用否定真理来定义怀疑论。① 与一般观点不同,怀疑论不一定宣扬某种观点。更确切地说,怀疑论并没有宣称:我们对外界事物一无所知,或我们不具有认识能力,或真理不存在等。作为一种更为中肯的观念,怀疑论并不轻易提供答案,而仅仅提出问题。如格林灵(Grayling)告诫我们的那样,"怀疑论造成的极大困扰无非是:它仅仅激励我们给出合理论证。怀疑的论点被用于表明合理论证的必要性,而不是去证明一个反题。"(1991,24)怀疑论仅表示对某种不确定的保留意见,或否定无根据的确定性。

布莱恩·巴里对怀疑论的界定如下:"没有一种善念能够无可非议地具有某种足以征服它的反对者的确定性。"(1995,169)巴里的界定特别适合自由民主观。接下来,为了更准确地理解自由民主,我将从可能的批判视角进一步阐明巴里的这一观点。

有一点很重要,那就是巴里的怀疑论定义既没有持一般的认识论立场,同时也没有指向一般道德信念的缺失。相反,巴里的定义从严格意义上来说是从政治的视角出发的,这就使其关注范围缩小从而变得更为精准。巴里的志趣在于揭示怀疑论的政治内涵。由于找不到更合适的用词,我姑且称其为"政治怀疑论"。作为一个政治概念,怀疑论不仅警醒我们要提防确定性的非法性,而且更确切地指出了滥用政治制度的手段以胁迫他人遵循其观点的做法的非法性。缺乏怀疑精神,往往是走向社会非正义的第一步。

正如上文所界定的,可能有人会说政治怀疑论与可错论的概念相似。可错论是一种哲学信条,它坚持认为一旦知识—主张(knowledge-claims)毋庸置疑,就不可能一以贯之。任何一种知识—主张都有可能被证明是错误127 的这一点表明,一切主张只是有演化为真理的某种可能。当然,穆勒在《论

---

① 德沃金称怀疑论"认为关于人类生活方式的信念仅仅具有主观的多样性而不具有客观的多样性",参见 Dworkin (1983, 47),同时参见 Dworkin (1985, 1986, 1996),以及他 1995 年出席在杭德里克召开的"道德怀疑论论坛"时的讲话。

自由》的第二章中坚持了这一看法,他表示:"任何意见一旦被迫归于沉默,那么这种意见将有可能是真的,因为无物不可认知。否定这一点就是承认人类自身的无误论。"(1989,53)有一点是正确的,那就是虽然政治怀疑论和可错论之间存在某种重叠,但这两个术语的特征显著得足以区分出彼此,而不可能被相互交替使用。政治怀疑论在两个问题上有别于可错论。第一,可错论与知识—主张或穆勒所称的"意见"息息相关,而政治怀疑论则与政治过程的多重结果相关。第二,可错论质疑的是人类知识—主张或意见的认识论合法性,而政治怀疑论关注的则是把通过政治程序产生的政治结果强加在反对者身上的政治合法性。矛盾的是,卡尔·波普尔应该是政治怀疑论最显赫的鼓吹者,尽管他比20世纪大多数可错论的捍卫者做出了更突出的贡献:"民主的决策,即使是通过民主投票获得的管理权,都有可能出错。即使不是不可能,我们也很难建构出一种足以避免出错的体制。这是我们把民主观念建立在避免暴政的实践原则的基础之上,而非神圣的或具有道德合法性的、人民所享有的治理权利的基础之上的一个最有力的理由。"(1988,25—26)

"强制性"术语在政治怀疑论的界定方式中起着决定性的作用,因此我们要特别严谨地界定这一术语。"强制性"的一般含义是被强迫顺从,虽然区分不同的强迫类型至关重要。强迫(force)包括:合法的或不合法的,合理的或不合理的。民主规则从逻辑上来说不是强迫的对立面,它只有在既是合法的又是合理的情况下才是。自由民主的批判者通常忽视了不同强迫类型之间的差异。反对将自由观念民主地强加于那些未接受自由德性的优越性的学者身上的看法,俨然成为学界潮流。这种不合时宜的反对意见,大多发自那些深陷于无所不包却不可见的权力结构中而对后启蒙时代的人性感到失望的学者,以及那些将自由主义视为文化认同和个人自律的障碍的多元文化派的天真支持者。[1] 这两个学派都

---

[1] 关于捍卫处理文化多样性问题的公正的观点,参见 Jones (1998)。

误用了"强制性"这一术语。根据政治怀疑论和自由民主主义,"强制性"这一术语容易引起关于制度性质的重大问题。只要民主决策程序能够保证适当的协商和修正,那么对决策结果的强制推行则是合法的。但这种决策并不是一劳永逸的。

当然,不可否认的是一切法律都构成对个人自由的强制,就像自由主义者孜孜不倦地提醒我们的那样。这种说法本身是没有问题的。从民主观来看,法治并不是恣意妄为。另外,在自由民主制度下,人们一致认为法治顶多是一种不完善的程序,[①]这就是为什么不管在哪个时代民主决策程序的结果都必须要不断修正的原因。

以上就是政治怀疑论的观点:没有一种善念能够无可非议地具有某种足以征服它的反对者的确定性,这也造就了民主的特殊性。同时,这也有利于我们进一步了解民主不断面临威胁——可以明确地如此说——的原因。在本章的剩余部分我将具体阐明怀疑论的民主概念。

怀疑论和不确定性

怀疑论是根据确定性的非法性加以界定的,而政治怀疑论是根据将个人意见强加于他人的非法性而加以界定的。接下来我想表明,确定性的非法性与将个人意见强加于他人的非法性,构成自由民主论的显著特征。

可以说,民主决策过程最显著的特征在于决策结果具有不确定性和暂时性。政治怀疑论秉承了民主决策过程的不确定性和暂时性。民主决策过程通常会产生不确定的结果。亚当·普沃斯基(Adam Przeworski)给出了一个具有说服力的论点:作为一种政治组织形式的民主的实质是"指示的不确定性"(referential uncertainty)。这里的关键词是"不确定

---

① 关于不完善的程序和法律体系,参见 Rawls (1972),83-90。承认法律程序的不完善,就是对政治怀疑论的支持。同时,这一论点可用于论证作为惩罚手段的死刑的非民主性。

性"。在民主体制中,政治过程的结果在一定程度上是不确定的,也就是说,每个人必须把他们的利益诉诸竞争机制,由此产生了一系列的不确定性。用普沃斯基的话来说就是:"民主化过程是把一切利益归于制度化的不确定的竞争机制。"(1993,63)"制度化的不确定"的民主观是一个强有力的观点。与其说人们不确定他自身的利益的价值,还不如说他们不确定他们能否在民主决策过程的最后获利。

　　除了不确定性,民主过程的结果还具有暂时性。艾米·古特曼和丹 *129*
尼斯·汤普森全然支持这一观点。在关于协商民主的理论中他们提道:"[在民主管理下]意见不统一的解决方式都只是暂时的,这些解决方式会遭遇新的道德难题并迎来新的解决方案。"(1996,50)迈克尔·沃尔泽(Michael Walzer)提出过类似的观点:"在民主政治下,一切目的都只是暂时的。没有一个公民能够声称一劳永逸地说服了他的同伴。"(1983,310)

　　政治怀疑论用了很长的时间来论证,民主程序的结果的不确定性(确定性的非法性)和暂时性(把个人观点强加于他人的非法性)是必需的。扩大民主参与的问题证实了这一点,自由民主理论和政治怀疑论对这一点完全赞同。民主理论告诉我们,扩大政治参与的一个重要原因在于它有利于加强各个利益体之间的竞争,由此增加了政治过程结果的不确定性。

　　于是,本杰明·巴布尔(Benjamin Barber)公然责难那些孜孜不倦地追问确定性的学者,而他认为确定性构成了自由政治哲学的特性。他以"强民主"的观念来取代确定性。借此他提出具有显著的现代性特征的参与式民主制度,强调要从"不变的前政治领域"转向自我管理的公民社群观。在参与式的民主制度下,冲突在非独立的情况下仍旧能够得以解决。(1984)伯特威尼克(Aryeh Botwinick)同样称,从肯定怀疑论到走向论证扩大政治参与的必要性用了很长时间:"如果某些不同类型的怀疑论声称我们没有人能完全确定我们的观点或价值比其他人的具有理性优先性,那么,恰当的政治回应应该是让尽可能多的社会成员参与到与我们的生活息息相关的集体决策中。怀疑论消解了任何永恒的社会等级制的合法性,并为扩大政治参与提供了全新的动力机制。"(1990,7)我在本章中所捍卫的政治怀疑论的观点,与伯特威尼克的稍微有些不同。伯特威尼克的认识论的怀疑论是基于相对主义来阐明的,他基于非实用主义来捍卫民主参与,而我关心的则是政治怀疑论,我支持基于实用主义的政治参与制度。虽然我和伯特威尼克的观点有不同,但我们在政治怀疑论和扩大政治参与上却具有很大程度的相似性,这点对于我们理解民主程序至关重要。

结 论

以上通过彰显居于两种具有威胁性的有害的极端世界观——极权主义(信念的确定性)和虚无主义(极端的相对主义)——之间的不确定空间中的民主模式,我认为有必要从怀疑论的视野来界定民主这一概念。怀疑论的复兴工作早该开启了。民主理论应当被视为肯定怀疑论的政治模式,它谴责将个人意见非法地强加于他人。

130

第十章 政治怀疑论：回应批判者

在对我的《怀疑的民主》(第九章)一文的批判性评论中，马修·费斯
登斯坦(Matthew Festenstein，2002)和艾迪·海兰(Eddie Hyland，
2003)提出了许多具有洞察力的反对意见，无论如何，这些意见都值得仔
细推敲。鉴于此，我特别感谢费斯登斯坦和海兰，虽然我怀疑我的回应
不会让我的批评者平息下来。接下来我将着重凸显如下两个问题：其
一，政治怀疑论在何种程度上有别于可错论？ 其二，政治怀疑论与道德
自律有何关联？

在费斯登斯坦和海兰的评论中，他们表示他们的看法与我不一样，
他们认为政治怀疑论将可能沦为可错论。我对怀疑论民主的论证的起
点继承了巴里的思想："没有一种善念能够无可非议地具有某种足以征
服它的反对者的确定性。"(1995，169)费斯登斯坦和海兰称，我从巴里
那里所继承的政治怀疑论与可错论无异。另外，他们还称具有不确定性
和暂时性(民主过程的两大特征)的是可错论而不是政治怀疑论。

据费斯登斯坦(2002)称，政治怀疑论的核心主题是"我不应该如此
确定我的善念，以至于相信这一善念应该被强加给他人"，在此，"不……
如此确定"的说法表明，我们承认每个人都有可能会犯错，换句话说，也

就是承认人的可错性:"我们可能获得对的和错的信息,并修正某些知识主张以及那些用于解释和论证我们所拥有的不可能确认无疑的知识的事实。"

我对上述表述的理解是,即使我怀有某种信念,但随着时间的流逝,未来的某一天我可能会改变这一信念。我认为这种改变可能会在如下两种情形中发生:要么是我意识到我论证的失误(譬如,虽然我曾经相信我会在全身心致力于攻克哲学难题的过程中找到快乐,但现在我意识到爱与被爱比哲学论文的发表更为重要),要么是我现在获得了一些不曾获得过的新信息,这些信息基本颠覆了我的信念(如伽利略关于行星运动的发现颠覆了托勒密的天文学)。

虽然这个说法看似合理,但我并不赞同它。显然,虽然有人可能既支持可错论又支持政治怀疑论,但可错论不构成政治怀疑论的必要条件。仅仅支持政治怀疑论而反对可错论的情况是存在的。事实上,我的政治怀疑论,在原则上与可错论的对立面,即拒斥人会犯错的观点或拒斥人在未来某一天会改变想法的观点,是相容的。

鉴于如下范例,我相信,从道德观来看,妇女应该有权选择堕胎。在阅读了关于堕胎的哲学文献之后,我愈发赞同沃伦(Mary Anne Warren,2002)和汤姆逊(Judith Jarvis Thomson,2002)最近得出的结论,这些论点比努南(John T. Noonan,1970)或唐·马奎斯(Don Marquis,2002)的论点更具有说服力。我百分之百确信未来没有任何一种哲学论点和科学发现能够让我在这个问题上改变看法,虽然我已经准备听听关于怀孕后几周是一个界线的争论了。这种绝对无谬的立场与政治怀疑论是一致的吗?我认为是一致的。百分之百确信我的堕胎观(死刑观、种族观和同性恋合法性等观点)与可错论是大相径庭的,但这并不能迫使我放弃我的政治怀疑论。

政治怀疑论与可错论有着较大的差异,这主要是因为这两种观念处理的主要问题不同。可错论是关于信念的坚持方式,而政治怀疑论则是关于如何处理信念的问题。换句话说，可错论是关于信念的性质的认识论立场，而政治怀疑论是关于政治过程的程序结果的政治立场。根据政治怀疑论的观点，只要认识论确定性没有转化为程序确定性，那么个人就能够确信他的信念。

政治怀疑论称，虽然我可能信服于某种堕胎观，但我不可以把我的 *133* 意见强加于那些反对我意见的人身上。这不是因为我后来想改变立场或放弃堕胎合法的立场，而是因为如果把我的堕胎观强加于他人，那么也就意味着我剥夺了他们在堕胎问题上的民主协商权利，由此不利于公共审慎的合法化过程。确信某人的认识论上的信念，不足以证明这些信念在制度上就是合法的。为了避免造成进一步误解，我将要作出进一步界定：

> 政治怀疑论：不管某人对善念持有多么强烈的信仰，认识论上的确定性都无法转变为程序上的确定性。认识论层面上的确定性，无论如何都无法证明将善念强加于他人的合法性。

在具体阐述（希望已经阐明）了可错论和政治怀疑论的差异之后，现在我们就可以把注意力转移到政治怀疑论和道德自律的关联上了。海兰在他的"评论"（2003）中称我的观点存在一个主要的缺陷，那就是"完全忽视了自由民主主义对个体自律的评价"。确实，我在作品中很少提及自律（或平等和自由）的概念。但是，我没有提及这个概念不代表我"忽视"这个问题。事实恰恰相反。我的错误在于对这个问题过分自信而不是无视，我想当然地认为社会正义显然是任何自由民主主义理论的基石，自律（以及平等和自由）在这一理论中具有十分重要的作用。

但除了讽刺我忽视了自律的概念之外，海兰还提出了一个重要的问题：政治怀疑论或道德自律是否在自由民主哲学中占据至高无上的地位。海兰相信道德自律是第一位的，而政治怀疑论是第二位的，后者起着辅助性的作用。我不同意他的这种看法。接下来我想表明的是：政治怀疑论是构成道德自律的必要条件,从这点看,政治怀疑论优先于道德自律。

根据我的界定,我们必须谨记一点,政治怀疑论应该被看成一种政治立场,而不是认识论立场。这点至关重要,因为这从根本上改变了政治怀疑论与道德自律的关系。如果被作为一种政治立场来理解的话,政治怀疑论在调和危害道德自律的外在强制性干扰上发挥着至关重要的作用。这恰恰是因为我完全同意海兰的如下看法:"我们并没有把道德价值仅仅归结为行为上符合外在强制机构的规定",在政治价值范围内,政治怀疑论优先于道德自律。

当我们更细致地深入分析道德自律的概念时,最后一点将变得更为清晰。乔尔·菲恩堡(Joel Feinberg,1989)和杰拉尔德·德沃金(Gerald Dworkin,1989)是道德自律研究领域最负有盛名的两位学者。据菲恩堡称,我们应该把自律理解为一种实际的状况,特别是一种自我管理的精神能力。另外,德沃金继法兰克福学派(1989)之后表示,我们应该从批判性的自我意识的反思性来界定自律这个概念。一个自律的人能够认同自己的欲望、目标和价值。另外,这种认同不应当受到与个体相异的认同方式的影响。

无论我们以何种方式来思考道德自律,有一点是确定无疑的:道德自律并不是与生俱来的禀赋。它不是那种人类要么拥有要么没有的天赋。相反,我们应该把它视为随着时间而逐渐增强的后天才能。亚里士多德曾说过,人类只有在合理地行正义之举之后才能开始认同正义。同理,我们也可以说,一个人只有经历了行动自由之后才拥有自律能力。

为了行动自由,个人必须能够作出自由的选择。我相信海兰在这个问题上会同意我的看法,因为他也是从自由选择来描述自律的:"理解拥有道德价值的生活的一个核心要素是自由**选择**"(强调为原文所加)。然而,对于一个能作自由选择的人来说,我们首先必须确保某些政治条件的存在。首先,关键的是在程序的层面上没有人会把自己信仰的善念强加给他人，换句话说，民主过程必须是不确定的且暂时的。恰恰是这些前提条件才使得自由选择成为可能，怀疑民主论很好地把握住了这一点。这也正是我为什么与海兰相反，保留政治怀疑论的优先性，而把道德自律放在第二位的原因所在。

　　把道德自律置于至高无上的地位之后，海兰就陷入了本末倒置的境地。我同意海兰的认为道德自律是自由民主主义的重要向度，甚至是至关重要的向度的观点，但我认为它不是最重要的概念。这是因为，政治怀疑论是道德自律成为可能的原因，如果没有政治怀疑论就不可能有道德自律。民主决策结果的不确定性，是自律生根发芽的不可或缺的前提条件。

第十一章　选举、合理性和名誉

　　在第九和第十章中,我说过社会非正义兴盛于自由民主思潮的衰落期。[①]尽管如此,但过分自信地由此推测自由民主思想是社会非正义的免疫剂则是有误的。选举在任何自由民主体制中都扮演着重要角色,但矛盾的是,这一领域恰恰是我们寻找社会非正义的潜在侵蚀的根源所在。在本章中我将提出一个很具体的问题:为什么人们要选举? 抑或说,选举是社会非正义的免疫剂吗?

　　虽然理性选择理论在当前的英美政治科学界享有几近霸权的地位,但它也难以回答这个看似简单的问题。事实上,理性选择理论因选举问题的复杂性和受欢迎程度而致力于解决这个基本难题,已被证明是其受关注且陷入尴尬境地的主要原因,这一点已被其批判者充分利用。罗斯·尤丹(Lars Udehn)没有放过这一黄金时机,他表示理性选择模式对解释群众选举是"无用的"(1996,86—93)。而唐纳德·格林(Donald Green)和伊恩·夏皮罗(Ian Shapiro)则称,理性选择理论无法解释投票行为这一点就暴露了理性选择理论自身的病态;事实上,理性选择理论

[①] 感谢迈克尔·洛夫(Michael Laver)、奥弗拜,特别是费德里科·瓦雪泽对本篇论文早期版本给出的宝贵意见和评价。一般免责声明。

在解答这一基本问题时表现出的无能为力表明,理性选择理论在政治科学界得到的有利评价是不成熟的且言过其实的。(1994,ch. 4)

选举的悖论不是通过政治的经济学分析法发现的;相反,它是由公认的理性选择理论之父规定的。在《民主的经济学理论》中,安东尼·唐斯(An thony Downs)写道:

> 迄今为止我们已经假设选举是一项成本最低的活动,但这一假设是自相矛盾的,因为每一项选举活动都需要花费很长的时间。事实上,时间是选举最重要的成本:登记、调查哪些党派参选、协商、投票、登记选票,这些都需要耗费时间。由于时间是一种稀缺资源,所以选举从本质上来说成本是十分高昂的。
>
> 这一事实改变了我们过早下的结论:只要人们有意向支持某个党派,那么他就会给这个党派投票。当为选举耗费的成本有可能比他们从中获得的回报要高时,虽然公民也希望某个特定的党派获胜,但理性选择弃权的情况也是有可能存在的。事实上,由于回报往往微不足道,就连低成本的选举也可能使支持某党派的公民弃权。[①] (1957,265)

让我们重申一下该悖论,选举的成本是有形的,但每个选举者的选举回报——基于他或她的单张选票也许或多或少会改变选举的结果——却很少,几乎为零,因此,为什么一个理性的人还要为选举去烦神呢?

我的目的是捍卫理性选择理论,以反对这种"无用论""不成熟的称赞",甚至是"言过其实"的训斥。接下来,我将提出一种解决选举悖论的可行方案,并希望在最后的分析中,克服一切困难说服某些怀疑论者相

---

① 鉴于唐斯通过这样做,严肃地威胁说要篡改这本书余下部分所试图捍卫的各种范式,我以超过50年的写作洞察力质疑唐斯提醒读者注意这一悖论行为背后的理性,但由于这一问题推测的性质,因此还有待进一步研究。

信,选举终究是合理的方式。在构思我的这一解决方案时,我不会概括理性选择论者的很多精打细算的意图以寻求解决这一悖论的方法,因为在这个问题上已经有丰富的文献了,这点我就不必赘述了。[1] 我要做的是简单谈谈近年来解决这一悖论的两位作家——詹姆斯·科尔曼(James Coleman,1990)和艾纳·奥弗拜(Einar Overbye,1995)——的思想,这两位思想家的著作极具说服力,对我探讨这一悖论的解决方案意义非凡。

科尔曼与选举规范的呈现

科尔曼试图通过呼吁一种理性的选举规范来解决选举的悖论,即行动者转移到彼此的控制投票行为的权利上,包括运用赞同投票的权利和反对不投票的权利。这一解决方法的关键在于外部效应(经济学)理论。对于那些对投票行为没有控制权的人来说,外在于他们的行动的结果就叫外部效应。其有两种形式:积极的外部效应(行动有利于他人)和消极的外部效应(行动不利于他人)。假定每个社会行动者对选举结果都抱着积极的态度,而对选举本身抱着消极的态度,他们对选举结果的兴趣比对选举本身的兴趣要高,那么,当社会行动者认识到选举规范对大家普遍有利时,那么选举的悖论就得以解决了,即便这种规范给予他人实施制裁的权利,如表达对某人未投票的不满情绪。

科尔曼的解决方法极其简单,正是由于其简单才显得吸引人。然而,他的解决方法至少有两个亟待解决的问题。第一个问题是,科尔曼意识到这一规范只有在大多数人同意选举结果的社会环境下才能适用。在其他社会环境下则另当别论了,行动者将被置于积极和消极的制裁下。这样做的风险是,如果我接受了那些同意我看法的人的积极制裁,

138

---

[1] 如要重温这些文献,参见 D. Mueller (1989, ch. 18), M. Laver (1997, ch. 5), J. Aldrich (1997)。

并接受那些不同意我看法的人的消极制裁,那么这种交叉压抑(croos-pressure)的最后结果就很可能使我选择放弃选举。第二个问题是,作为理性的选举者,我没有去左右其他选民的选举决定的动机,因为如果这样做的话我就必须承受提供积极制裁或消极制裁的代价,而我试图左右的那个人对选举结果有绝对影响力的概率小之又小,几乎为零。换句话说,我们不能简单地预设提供制裁的成本就一定比干扰他人选举的预期收益要低。

在适当的时候我将给出解决科尔曼这两大问题的方法,与此同时我还会提供解决选举悖论的原始方案。如果我们把一个基本的变量——名誉——引入这一问题,那么,科尔曼解决方法的逻辑则会显得更有条理,他的两个问题也将得以解决。奥弗拜在选举悖论上的一大贡献是,他直接将我们的注意力引向作为名誉投资的选举活动。我将要给出的解决方法源于非对称性信息(以名誉概念为核心)的博弈理论和积极/消极外部效应论(以正在呈现的规范概念为核心)之间的相互作用。

奥弗拜与选举名誉

无可否认,在严格意义上的成本—利益分析中,选举是不合理的。然而,如果选举不是以影响选举结果为目的,而是作为获取其他目标的必经之路,那么选举活动则是合理的。换言之,选举是一种游戏,而不是统治者的竞选。奥弗拜的解决方法就属于这一类。他告诉我们选举可以被视为选举者表明他/她因能够带来预期的"共同善"而受到关注的标志。在一定程度上讲,成为体面的公民这样的名誉,是一种确保每个人自我利益实现的市场化的商品;人们因参与竞选而提升名誉。奥弗拜总结称,选举是合理的。

奥弗拜的解释方式的最显著特点之一就是,这种解释有利于阐明不同社会环境下选举率高低的差距。选举者关心他/她自身的名誉这一点，不仅有利于阐明为什么在选举有损人们名誉的社会环境中选举率会较低，①同时还有助于提醒我们人们必定受周遭社会环境的影响。② 诚如奥弗拜所示：

> 如果选举动机是提升或巩固某人作为明智和可信之人的名誉，那么我们不会期望选举者把他们的选举行为视为实现狭隘的个人利益的动力。更何况，人们应该希望选举方式是以"公共利益"之名来实现的。但这又是谁的公共利益呢？这个问题取决于投票者(代表)把谁看成他的主要领导者。这种公共利益不一定是"国家"(或世界)的公共利益，而是选举者希望在当前和未来与其缔结契约和/或做交换的那些人的利益。(1995，384)

对每个理性的选举者而言，公共利益是通过行动者当前和未来(可能)的契约的方式来加以界定的，如此，行动者才有可能会作出承诺。

通过把我们的注意力引向名誉的概念，奥弗拜在关于选举悖论的争论中做出了宝贵的贡献。尽管如此，在我们声称选举悖论问题已得到彻底解决之前，他的解决方式亟待进一步推进。迈克尔·洛夫（Michael Laver）指出了奥弗拜把选举视为建立个人社会名誉的观点的主要缺陷，即它未能阐明为什么选举应该被视为某人在其他社会生活领域中的公民责任意识的重要标签。人们真的关心其他人是否也参加选举了吗？选举真的会让我们成为体面的公民吗？③ 奥弗拜的解决方式的另一个内涵如下：如果我对选举的兴趣仅仅是工具性的，即实现好名誉的手段，那么我首先想问的问题是其他选举者的动机是什么。同理，其他选举者也会问究竟我的激昂的公民责任感是不是发自内心的；诚然，他们会不停

① 事实上，在一些情境下，不参与投票可能提升某人的名誉："如果民众预设的共同原则是'所有的政客都是骗子'，那么投票行为将不利于个人名誉。"参见 E. Overbye (1995，377)。
② 关于这一点，参见 C. Uhlaner (1989)。
③ M. Laver (1997，97).

地怀疑我重视选举的动机。一旦人们开始怀疑我选举的唯一理由就是增加个人名誉,那么我想要被视为一名积极的选民的策略可能会适得其反,反而会演变为一种不利因素而非美德。① 像洛夫一样,我认为这些问题并不必然使我反对奥弗拜的阐释法,它仅仅提醒我们还有很多问题尚待解决。

在提出我对选举悖论的解决方案之前,我将简单地提一提奥弗拜以博弈论加以巩固和推演的名誉论。奥弗拜基于个人名誉的选举理论,可以通过乔治·泽比利斯(George Tsebelis)的"嵌套博弈"(nested games)的视角加以分析。泽比利斯告诫我们,如果一个行动者的选择是次优的,不一定是因为行动者的行为是不合理的或有错的。相反,我们应该质疑观察者的观点:"观察者只注重博弈,但行动者则涉身整个博弈网——这就是我们所称的嵌套博弈。"(1990,7)泽比利斯界定了两种嵌套博弈,即多领域的博弈和制度设定的博弈。前者对我们特别有利,虽然观察者只注重某个主要领域,行动者则同时涉身好几个领域的博弈。多领域博弈的思维方式的主要优点在于,它把前后因素都考虑在内。其他领域的情况影响着主要领域行动者的利益,这导向了不同的策略选择。如果把泽比利斯的阐释模式应用到奥弗拜的解决方法中,可能有人会称,选举活动仅仅是多领域中的一个领域。任命统治者的博弈(选举博弈)被包括在较大的维护某人在某社区中的好名声的日常生活博弈中。继而,被观察者视为不合理的或有错的行为(当选举没有意义时,我们为什么还要为选举而烦神呢),在特定语境下(如关注某人在其他领域的名声)则是合理的,这些特定的语境也是我们要考虑的。

我将在后面的讨论中进一步回顾泽比利斯的嵌套博弈。现在我首

---

① 洛夫提出了一个类似的困惑。他质疑,一个明确的非理性行为,如投票,是否能够被视为个人价值的积极表现。我想表达的,不是投票是非理性的,而是基于错误的理由也即为了让我们看起来比真实情况要好而投票是理性的。

141 先想要通过一个更为广泛的名誉概念来勾连奥弗拜的名誉观和科尔曼的外在效应论之间的宝贵联系。我相信,在奥弗拜和科尔曼的观点的某种重叠处,我们可以发现用于解决选举悖论问题的方法。

名誉、权力和选举

将名誉概念应用于选举行为特别有效,是因为选举是一种动态博弈,其重复性能够促使人们推进各种复杂的策略。奥弗拜直接指认名誉具有工具价值,选举可以被视为提升名誉的有效手段,然而他却没能充分利用名誉观。奥弗拜认为名誉仅仅是选举过程的结果,是促使人们参与选举活动的内在动力。事实上这仅仅说对了一半。除了作为选举的回报,名誉也能被用来说服他人选举。换句话说,奥弗拜称名誉是选举活动的特定回报,我想说名誉同时还是选举活动的投入,这取决于说服他人参与投票的作用。

在进一步阐明这个问题之前,我们有必要更精确地界定"名誉"这一概念。严格来说,一个人的名誉仅仅反映出他过去的表现。[①] 这一界定是一个有用的起点,但它并不能给我们提供更多有用的信息。当我们说安东尼的名誉时并不能提供任何有关他的有价值的信息,除非我们还知道安东尼的"什么"名誉;要回答"什么是名誉"("what is reputation")的问题,必须先要回答"何之名誉"("reputation of what")的问题。关于名誉的理论文献,一边倒地试图通过强调合作和互惠来解答后一个问题。譬如,埃莉诺·奥斯特罗姆(Elinor Ostrom)提醒我们:"当很多人使用'互惠'这个词时,他们意图通过短期的成本投入和长期的净回报,来获取信守承诺和坚决执行的名誉。"[②](1998)我认为我们可以把这种理论

---

① D. E. Campbell (1995, ch. 4).

② 奥斯特罗姆一开始就强调了这一点,参见 E. Ostrom (1998)。同时参见 Campbell (1995), ch. 4; S. H. Heap and Y. Varoufakis (1995), ch. 6; Kreps (1990), ch. 4.

称为"信誉论"(reputation of trust)。

我相信"信誉论"是奥弗拜分析的起点。据奥弗拜称,投资个人的好名望,让别人信任我们自身的人品这一点,是理性的做法,因为这有利于我们未来的长远发展。因此,好的名声就是对人格特点的界定,是一个人区别于他人的重要特点,这也是我们出于审慎理性而重视的特点。正如奥弗拜所指出的那样:"由于不断提醒自己不要重蹈此前人际交往中因欺骗而失去合作机会的覆辙,个人逐渐获得值得信赖的好名声。他建立的'信任—资本'在即将到来的交往中对他十分有利,因为这将大大提高别人与他共担风险的可能性。"①

这种名誉解释法当然是合理的,甚至具有启示意义,但却很有限。除了"信誉",我想说还有一个解答"何之名誉"问题的方法:权力名誉(reputation of power)。沿袭霍布斯的观点,我们可以说名誉是一种权力,它是实现权力不断积累的有效工具。在《利维坦》第十章中,霍布斯对权力作出了著名的界定:"人的权力是他获得未来任何明显利益的当前手段。"(1994,50)继而他进一步阐明了工具性权力的内涵:"工具性权力是那些获得更多诸如财富、名誉、友谊以及上帝的秘密馈赠(人们称之为好运气)等资源的手段和工具。"在名誉和权力的关系问题上,霍布斯坦言:

> 权力名誉之所以是权力,是因为它能够吸引那些需要保护的人依附于它。人们热爱自己的国家(这些人被称为"国家人口")也是基于此因。同时,让人们产生怜爱之情或畏惧情感,抑或同等性质的名誉的是权力,因为权力构成帮助和服务于许多人和许多事的手段。成功之所以是权力,是因为成功能够带来智慧或好运等名誉,这足以让人们畏惧或依赖成功的人。(1994,51)

---

① E. Overbye, "Risk and Welfare", *NOVA* (Norsk institutt for forskning om oppvekst, velferd og aldring) Rapport 5/98, p. 281. 包括这篇文章的修改版(最初在 1995 年发表于《欧洲政治研究》)。原来的版本中并没有这一引用。

从霍布斯那里我们可以学到的一点是：人们能够利用名誉去获得更多的名誉，名誉之所以重要，是因为它是一种权力。

总而言之，就是权力。权力是一个倾向性的概念，它表示一种能力。由于潜能不能归为现实，因此混淆拥有权力的倾向与执行权力（执行谬误）或以权力为媒介（媒介谬误）的做法是错误的。[①]再者，我们有必要区分结果权力和社会权力这两种权力形式。结果权力（power to）是一种能带来结果或有助于结果产生的能力，而社会权力（power over）是通过有意识地改变其他行动者的动机结构以产生结果或有助于结果产生的能力。政治权力首先就是一种社会权力，研究社会权力最好的方法就是精通谈判理论（bargaining theory）。[②]

我想表达的是，霍布斯主义把名誉理解为一种工具性权力，是理解选举的关键。在选举活动中，行动者之间相互战略性地交流，信息不可能均匀分配。[③]多亏奥弗拜，我们才能弄明白选举者是如何利用选举活动以提升其"好公民"的声望的。除此之外，名誉还在理性选举者的心理上发挥着重要的作用，即有权力的意见领导者利用他们的声誉去改变其他选举者的动机结构，说服其他选举者以某种方式投票。选举者间的谈判关系是建立在他们期待的名誉的基础之上的，这种关系是理解理性选举的关键。解决选举悖论的核心问题在于：人们可以利用他们的名誉或社会地位（积极的社会资本）来影响其他选举者的选举意向。

权力名誉的解决方法

名誉概念是解决选举悖论的关键。奥弗拜称，作为值得信任的人，人们在获取或维护名誉方面有既得利益，选举活动是他们关注公共利益

---

① 参见 P. Morriss (1987)，Part I。
② 关于结果权力和社会权力的差异，参见 K. Dowding (1991,1996)。关于政治权力的谈判法，参见 J. Harsanyi (1976)。
③ 参见 K. Dowding, P. Dunleavy, D. King, and H. Margetts (1995, 272-274)。

从而获取信誉的标志。我在上文中把这种理论称为"信誉论"。奥弗拜的解决方式的优点在于它融合了非对称性信息博弈的观点，这使得他能够在理性选择和政治行为的"互动的"（其至是道德的）解释模式之间建立一道桥梁。奥弗拜在设想他的解决方法时，并没有强调在等级社会中基于不同立场的理性行动者之间互动的复杂性。我相信，缓和关于社会平等性的设想，对基于名誉观来解决选举悖论的问题是十分有益的。让我们设想一下存在着两类社会行动者：主要人物（有权力的意见领导者）和代理人（仅仅是选举者）。主要人物和代理人关乎不同类型的名誉，并且，代理人的名誉与主要人物的名誉息息相关，前者必须通过后者才能加以分析。在一个充满社会等级制的社区中存在着两种起作用的名誉："权力名誉"和"信誉"。这两种名誉分别折射出有权力的意见领导者和仅仅作为选举者的关注点：前者关注的只有权力，而后者关注得更多的则是如何提升信誉。

下面设想的这个案例或许可以更好地澄清这两者的关系。让我们假设在某次竞选活动中有十个选民：安东尼、贝斯、克洛伊、多利斯……朱迪。由于社会地位较高，安东尼成为有权力的意见领导者，因此他比其他九个选民居于更有利的谈判地位。虽然其他九个选民并没有关于安东尼的权力的完善信息，但我们可以假设他们相信安东尼的权力会威胁到他们；按照一般规则，非对称性信息状况将有利于在谈判中占优势的那一方，因为居于他下风的人不可能去测试他的权力。① 如果说，安东尼想要右翼党派在竞选中胜出，那么他就会开始用他的权力名誉去赢得贝斯、克洛伊、多利斯、朱迪等人为右翼候选人投票，在这一过程中，作为无意且必然的结果，就解决了选举悖论的问题。安东尼想要右翼党派在竞选中胜出的理由是多样的：这一党派的代表候选人一旦胜出可能会给

① 当然，不断有文献讨论名誉、威胁及其信用。参见 D. Gambetta（1994），D. K=eps（1990，65 - 77）。

安东尼带来某些好处和回报；安东尼有可能是害怕一旦左翼党派胜出，他的利益（其中包括名誉）会受到威胁；安东尼可能是基于某种情感理由选择支持右翼党派而非左翼党派。最后，安东尼希望某个党派在竞选中获胜的理由是无关紧要的；关键是安东尼会利用自身的权力名誉去影响其他选民投票支持他的候选人。通过告诉其他选民应该做些什么（比如在本案例中，就是如何投票），安东尼在他的社区中的权力名誉再次大振。

同样，其他选民（贝斯、克洛伊、多利斯……朱迪）不得不考量，安东尼可能会因他们没有选右翼党派而用他的权力惩罚他们，或因他们选了右翼党派而奖励他们：贝斯可能担心安东尼会因她没有选择右翼候选人而削减她的福利；克洛伊（安东尼的妻子）可能担心如果不选右翼党派候选人，那么安东尼有可能会对她施以暴力；多利斯通过听从安东尼安排的方式想要在安东尼面前提升自己的信誉，并希望通过安东尼的权力获取金钱。重申一次，选举某个党派的理由是多种多样的，但重要的是，若其他条件不变，如果仅仅作为选民的代理人被有权力的意见领导者安排以某种方式投票，那么这将导致选民的理性选择是被安排的，因为按领导者安排的方式投票会获得相应的回报，而不服从安排则会受到惩罚。

1992 年诺贝尔和平奖得主瑞戈伯特·曼楚（Rigoberta Menchú），为我们讲述了危地马拉庄园不识字的印第安农民是如何为了维持最基本的生存，被迫在 1974 年的大选中为右翼党派的谢尔（kjell）将军投票的（谢尔将军当时获得军队和地主的支持）："南海岸的地主强迫很多农民为谢尔将军投票，有专门的监察人员监视他们的投票情况。他们威胁道，如果有谁不想投票就会丢掉工作"；"没有一个人想要先投票。但鉴于这种威胁条件，农民们说如果他们不投票，那么他们的村庄将受到镇压。最后大家只能乖乖就范了"。（1984，157 and 160）

把权力名誉论用于解决选举悖论的问题具有哪些优点呢？这并不是说，由于我比其他选民更有分量，我能够说服越多的人参与投票，选举活动就越理性。毕竟,有权力去影响比如说十票,基本上不会使得选举活动变得更合理性,因为这十票对选举结果的影响小之又小而无法决定投票是否基于理性。"权力名誉"论的关键不在于此。我们正在寻求一种嵌套博弈,该博弈使得理性投票与个人的权力名誉的关系,相比于其与影响选举结果的能力的关系更紧密。

意见领导者会试图说服他人以某种方式投票这一事实,有利于阐释每次选举之前发生的一些奇怪现象,即,正值选举时刻,很多人突然之间,基本上是一夜之间就变成了政治专家。我们发现,在家庭晚餐、朋友聚餐时与亲友,甚至是在酒吧、市场等公共场合中与完全陌生的人一起,人们都在公开讨论政治。根据我自身的经验,不仅投票是理性的,而且公开表明立场、激烈讨论个人政治倾向、参与私人政治活动也是理性的。有权力的意见领导者把选举视为提升个人在社区中的地位的契机。

这一假设可以从班菲尔德在 1958 年关于意大利南部的一个小镇的开创性研究中找到根据。意大利南方小镇蒙特格拉诺的三大社会阶级(农民、艺术家/商人、上层阶级)之间的相互关系最好是通过庇护人—附庸的关系来加以理解。在该社会中,上层阶级利用一切机会提升他们的社会特权地位。班菲尔德称,蒙特格拉诺的一位绅士在当地的街市上买一些水果和蔬菜,他一言不发地把这些东西递给最近的农民,农民又把这些东西送到他家,虽然这中间农民没有收到任何的服务费。班菲尔德对这种你情我愿的剥削方式解释如下:"农民想表现得有礼貌且谦和,他相信有一天这位绅士会给他好处或者惩罚。"(1958,76—77)选举过程中的情况也是如此。班菲尔德用蒙特格拉诺一位底层人士轻蔑而露骨的口吻来评论前任市长:"他傲慢自居的态度使他走到了尽头,他老是以军队元首命令他的军人的方式来命令手下……对于他喜欢的人把他们捧在手心,对于那些他不喜欢的人则践踏在脚下……他给人的印象就是我们仍活在封建地主年代。至于小镇的居民们,他们的所思取决于他们的身份。如果他们接受了好处,那么他们则成为他的附庸。"(1958,29)同样有趣的

146

是,我们必须注意蒙特格拉诺的选民对党派的承诺,或者是承诺给予个人的好处几乎不抱信心。相反,选民会用他手上的选票来偿还他们已经得到的好处,并且他们相信未来还会获得更多的好处。

权力名誉的解决方法与科尔曼

权力名誉论的主要优点在于,它能够被用来克服科尔曼关于投票悖论的解决方法的两种缺陷。首先,科尔曼关心的是投票规范只能在大多数人同意选举结果的社会条件下出现。在其他的社会条件下,交叉压抑可能导致一些选民弃权。但如果我们支持权力名誉论的话,交叉压抑引起的选民弃权现象将变得不再那么显著。让我们假设有两个敌对的权威的意见领导者——布莱克和雷德,他们都施压于弱势选民贝斯。布莱克希望贝斯投右翼党派,而雷德则希望他投左翼党派。那么贝斯该怎么办呢?贝斯最好的理性选择就是随大众在两个党派之间选择其一,并且希望能够与支持这个党派的权威的意见领导者建立一种互惠的合作关系。我们假设贝斯决定投右翼党派,他公开支持布莱克的好处有两个。第一,布莱克会保护贝斯不受雷德的制裁。如霍布斯所说,权力名誉之所以是一种权力,是因为它能够吸引那些寻求庇护的人群依附于它,在该种情况下,也就是保护贝斯不受敌方的威胁。第二,这是贝斯和布莱克建立信任与合作关系的第一步,这种关系将有利于双方当事人。同时,我们要谨记一点:选民只对那些能够提升其信誉的权威的意见领导者感兴趣。那么我们可以看到,即便他/她受敌方阵营的交叉压抑,选民的选举仍然是理性的。

科尔曼解决方法存在的第二个问题是,它反对没有人愿意承担影响他人投票行为的积极制裁和消极制裁的成本的说法。这一问题适用于科尔曼所说的规范遵循(norm-abiding)者,他们被期待对那些没有按照他们意愿投票的人进行制裁,另外,它还可能适用于本章前面所提到的有权力的意见领导者的权力名誉的解决方式。事实上,我想说的是,比起我的权力名誉解决方法,制裁的代价给科尔曼的规范解决方法带来了更大的麻烦。

这两种解决方法的主要差异在于:在科尔曼的解决方法中,选举所带来的好处是通过共同善(选举的结果)加以界定的;诚然,正是这种共同善最终验证了投票规范产生的合理性。在我的权力名誉解决方法中,那些能够确保制裁他人的行动者都是一些权威的意见领导者,他们希望通过选举获得的利益,部分是共同善(选举的结果)所给予的,也有部分是私人善所给予的,譬如获得或维持权力名誉的个人利益。

私人利益的愿景,确保了以积极制裁或消极制裁为代价的合法性。继博弈理论中的连锁店逻辑之后,[①]在权力名誉解决方法中显现出强硬是理性的做法;为了获取或维持强硬的名誉,会遭受高额的短期损失,同时也会带来长期收益。对权威的领导者来说,对选民施以积极制裁和消极制裁,只会付出短期的成本,却能够带来长期的潜在利益。这种收益与选举结果没有直接的关系,但与权力名誉的建立或维护却息息相关。换句话说,对他人实施制裁的代价,可以被视为对个人名誉的投资。周期性的选举,是权威的领导者增强其权力地位,或只是提醒他人铭记他们的权力名誉的契机。

同样值得指出的是,像所有商人一样,权威的领导者都乐于投资利润最大化的事业。权威的领导者不会肆意制造制裁。威胁那些给对手投票(并对其撒谎)的人,更可能让自己担上小丑一样的臭名,而不是权力名誉。由此,权威的领导者给予回报和施以惩罚手段的制裁对象,不仅仅包括选民,还包括那些有可能被对手劝服的人群。

权威的领导者也可能通过采取一定的措施,来鉴别那些假意对施压者表面上事事顺从、背地里却欺骗权力体系的选民。首先,那些试图同时对

---

① 关于博弈理论中的连锁店悖论的简单说明,参见 P. Ordeshook (1992, 247 - 249)。

几个党派投怀送抱的选民将受到那些将在这场政治游戏中失利的党派的惩罚。在《落后社会的道德基础》中,班菲尔德就投票行为采访了农民普拉图。普拉图称,在选举前所有党派都会派出专员调查选民是否会投他们党派。普拉图对所有调查代表都说"是的",但是他最后会选一个能够给他带来最大利益的党派。班菲尔德评论道,由于党派不信任个人口头承诺的投票意向,所以没有一个党派会贸然向个人贿赂。(1958,101—103)

增进个人权力名誉的可能性的另一种方式,是要求那些被选定为制裁对象的选民公开某种表示善意或信任的信号。譬如,权威的领导者布莱克可以让选民贝斯公开支持右翼党派。支持的形式多样:从参加选举活动到参加集会,再到同意在她的窗户上贴上政党标签。对贝斯来说,被迫公开支持权威领导者布莱克所青睐的右翼党派至少有一方面的优势,也就是说,其他权威领导者会放弃她的选票,从而撤销未来一切可能的消极制裁手段。

三种反对意见

当然,对我解决投票悖论的方法至少有三种可能的反对意见。第一,有学者称,我的解决方法超出了理性选择理论的范围。如我此前所指认的那样,如果在选举活动中公开个人的政治倾向是合理的,那么有人可能会说我对理性的说明存在某种符号主义倾向,符号理性与工具理性是不一样的。理性的符号向度最近由罗伯特·诺齐克激活。诺齐克称,工具理性(从因果关系上看,它往往被视为实用性)并不是理性的全部,因为除了原因和结果,我们还关注理性的符号意义:"事实因素和符号因素在人类历史中产生了非常重大的社会影响(再次回顾关于卡尔文主义的拣选记号论视角在资本主义发展中所产生作用的文献)。"[1](1993,137)作为对

---

[1] 诺齐克对工具理性和符号理性的区分,似乎是对斯坎伦(1988)关于选择的工具价值和符号价值的区分的回应。这一点早在第一版中就提到过了。

这一论点的一般回应，特别是对诺齐克观点的回应，我想说的是符号理性和工具理性不一定是相互排斥的，因为我们可能基于工具的原因而利用符号主义。投票就是最好的例证。我的投票论具有一定的符号主义倾向，这点不假。另外，我们须谨记这种符号主义本身不是目的而是手段；相反，它最终有助于其潜在利益的实现。

第二，在选举活动过程中，一些人起着积极的作用，而绝大多数人并不是，可能这个说法会遭到反对；另外，如前所述，只有少部分人才有望利用自身的名誉或公共地位来从事私人政治活动，因此理性选择理论无法解释没有名望的个人参与非理性投票行为的多数实例。作为对这一反对意见的回应，有一点需要我们特别注意：不同的行动者支持不同的名誉观。那些有足够能力利用自己的名望（权力名誉）从事私人政治活动的人，能从说服他人投他自己党派的代表一票中获利；而那些接受积极制裁或消极制裁的人，则容易在对权威领导者的信誉方面获利。这一观点的另一种表达方式是强调有两种岌岌可危的名誉：权力名誉和信誉，这两种名誉观相互促进。譬如，安东尼通过工具权力手段说服贝斯、克洛伊、多利斯等人以某种方式投票以增强其自身的名誉，[①]这些人只要听从安东尼的安排，反过来就能在安东尼的庇护下获得更多的名誉。

第三，可能有学者会称，秘密的投票规则会给权威领导者带来麻烦。在互相敌对的两个权威领导者布莱克和雷德的压力下，选民贝斯只能在两个党派之间作出选择。如果有人问起，她会对布莱克一派的人说她支持右翼党派，而对雷德一派的人说她会支持左翼党派，以此希望与布莱克和雷德都保持良好关系（由此提升她的好名声）。事实上，这是一个容易引火自焚的危险策略。我们已经把这种危险视为"经验法则"（rule of thumb），权威领导者没有兴趣对有可能投敌对党派一票的选民实施制裁

---

① 如霍布斯（1994，50）提醒我们的那样："［工具］权力的性质在这点上就像名望一样，在发展过程中不断得到提升。"

手段,因为这将会给领导者的投资造成损失。另外,权威领导者需要的
是善意的符号化姿态。这也是权威领导者能够克服秘密投票所带来的
问题的第三个策略:灌输对神秘性的恐惧。1948年意大利选举史上公然
发生了最无耻的一次竞选,这是一次政治党派通过交叉压抑战术赢取的
选举活动。在一个社会和意识形态分裂严重的国家里,天主教民主党设
想出了一个奇妙的选举口号:注意你的投票行为,上帝在看着呢! 这是
一个无耻的设想,它试图把不确定性的种子灌输进同情共产主义意识形
态的天主教徒的头脑中。①

结 论

几乎所有的理性选择理论的批评者,都抨击这一理论显然无法阐释
自由民主主义最基本的政治事件:在选举当天,成千上万的人都参与投
票活动的现实。

在本章中我曾提出理性选择理论家可能会回应这一谴责的方式。
如果理性选择理论非要解答"为什么要投票"的问题,名誉观或许是解答
这一问题的关键。在阐释奥弗拜的投票是个人信誉的投资方式的观点
时,我曾说过名誉也是一种权力,它是权力不断积累的手段。这种名誉
观(我称之为权力名誉观)完善了奥弗拜的信誉观。这两种名誉观又一
起补充了科尔曼对投票悖论的解决方法,在一定程度上讲,名誉是一些
权威人士用于说服他人投票的工具。②

本章所展示的解决投票悖论的方法为学术界增添了一个新的向度。
在最近解答"何时投票才是理性的"问题时,约翰·奥尔德里奇(John

---

① 1948年7月14日,天主教宗教法庭针对所有"信奉共产主义、唯物主义和反基督教教义的人
　及其宣传者"颁布了一项禁令。参见 P. A. Allum (1973, 58—61)。

② 在修订版中,奥弗拜表示他的解决方法可以作为科尔曼社会规范解释法的一个补充或替换。
　参见 Overbye, "Risk and Welfare", *NOVA* (Norsk institutt for forskning om oppvekst,
　velferd og aldring) Rapport 5/98, p. 291。

Aldrich)对比了两种对立方法的可行性:"投资模式"和"表达模式"。他总结道,投票的决策不是投资的决策,而是他所称的"消费行为"的决策:"机智的做法是不要把投票问题视为在特定时间的特定选举活动中的投资行为。在此我要说的是,投票应该被视为一种决策,一种表达某人意愿的完美的理性决策。"(1997,390)

对我而言,根据投资和表达的二分法来设定这一悖论,是有误的和有限的。当然,如果投资被界定为一种用于确保选举结果的资源,那么奥尔德里奇否认投资模式的看法就是正确的。然而,还有一种把投票决策视为投资决策,即投资某人的名誉的理解方式。对于权威领导者来说,这是他们对个人权力名誉的投资,而对选民来说,则是对信誉的投资。

最后,选举的结果不等于真正的投票结果。我们面临着一种嵌套博弈;因此,解决投票悖论的方法不应在选举政治的逻辑内加以探索。理性人参与投票活动不一定是因为他们想要影响选举结果,而是因为他们陷入了复杂的权力关系网,在这种错综复杂的关系中,名誉是最重要的因素。权力名誉的拥有者可以对弱势者施以消极制裁和积极制裁的手段,而弱势者反过来也在极力获取自身的信誉以及维持与社区权威人士之间的良好关系。

如果我们稍微放一放科尔曼的设想(即每个社会行动者对选举结果更感兴趣的设想),那么,解决投票悖论的方法就变得更为清晰了。投票规范,用科尔曼的术语来说,是在选民间的权力博弈中不经意产生的,或者更确切地说,是在权威领导者与选民的名誉博弈的不经意的结果中出现的。

第十二章 行动中的协商民主

　　民主与社会非正义之间存在一种紧张的关系。非强制性的民主通常是治愈专制政权的社会非正义的良药,然而,在"年轻的民主政权"(the young democracy)中"民主"这一理念通常被用作一种修辞手法,在某些情况下,还被用作遮蔽最坏的社会非正义的方便之辞。譬如,危地马拉在过去的 50 年以民主之名杀害了 20 万人,其中大多是无辜平民。20 世纪 80 年代,危地马拉政府呼吁要毫不退缩地捍卫使残暴的镇压政策合法化的民主。虽然遭受了灭顶之灾,但抵抗社群(Communities of Population in Resistance,简称 CPRs)在最先进的民主思潮中存活了下来,并在世界各地建立了它的机构。

　　在 20 世纪世界所见证的最凶残的暴行中,有一种政治实践似乎对危地马拉土著玛雅社区所发生的社会非正义具有免疫力。在本章中我将在 10 年前的实地考察经验的基础上,进一步揭示今天在抵抗社群中仍在运作的协商民主模式。

抵抗社群(CPR)简史

　　危地马拉军队对印第安农村人口的残暴镇压至今都有详细记录。

1975 到 1993 年间,仅在以希尔(Ixil)地区,无辜的死亡人数就飙升到数
千人。无人能幸免于危地马拉军队任意的恐怖主义政策,男人、妇女、小
孩、老人,谁都逃不过早逝的厄运。他们中的大多数死于残杀和折磨,虽 *153*
然军队还应该在道义上(如果不是在司法上的话)为那些死于饥饿和战
争的人负责。随着焦土政策的推广,痛苦和恐怖的程度不断加深。截至
1983 年,超过 600 个村庄被毁,百万人流离失所。仅在以希尔三角地区,
高达 90% 的村庄被夷为平地。虽然以希尔地区的玛雅人口只占危地马
拉总人口的 2%,但战争的受难人数就占了 10%。

　　军队虽然掠夺了玛雅印第安农民的土地、家园和财富,但掠夺不了
他们的希望、乐观和尊严。对于那些流离失所的人来说,他们有三种生
存方式可选择。数千人被迫居住在军事化的村庄里,他们生活在军队持
续的监视(和虐待)下。另一部分人不想失去寻求自由的机会,他们逃到
了墨西哥。逃难者的数量难以准确计算,但据信起码超过 20 万人。

　　第三种选择就是留在国内,隐匿在雨林深处,每天想方设法地活下
来。就这样他们成立了"抵抗社群"。曼兹(Beatriz Manz)解释了这一名
称的含意:"社群(community)一词强调的是群居生活的重要性;群体
(population)一词表示人们;抵抗(resistance)一词着重强调了他们拒绝
接受军队统治,虽然他们也不赞同武装起义。"(Beatriz Manz,1994,202)
最后需要强调的一点是,抵抗社群并不是游击队。抵抗社群是很平和的
亚流浪组织,他们选择一种自由的——同时也面临着疾病和各种挑
战——雨林生活,而不是生活于军队监视下的充满暴力和羞辱的所谓
"示范性村庄"(model villages)中。

　　至今都没有太多学者关注关于抵抗社群的历史研究。迄今为止,只
有两本著作涉及 20 世纪 80 年代期间的抵抗社群生活:理查德·法拉
(Ricardo Falla)的《一个伟大的爱情故事》(*Historia de un Gran Amor*)
(1993)和安德鲁·卡巴拿(And-és Cabanas)的《梦想的迫害:抵抗社群见
闻》(*Los Sueños Perseguidos：Memoria de las Comunidades de Población en*

Resistencia de la Sierra, Tomo I)(1999)。这两本著作证实了勇气和苦难。在军队杀光政策的持续发酵中,军队官兵掠夺平民的食物致他们饿死,空袭各个村庄试图将平民赶尽杀绝。15 年的抵抗社群生活使这些平民被迫在远离人烟的野生环境中生存,他们没有食物和固定住所,必须与成群的动物争夺食物,甚至以花草为食。这样一来,他们不可避免地就染上了痢疾、肠胃感染、山地麻风等疾病,营养不良长期伴随着他们。

154　　2000 年 9 月,我实地考察了一个抵抗社群。我所寄住的那户人家告诉我:20 世纪 80 年代,他们为躲避军队逃到了灌木林深处。社群设计了复杂的监视系统,整个社群生活都依赖于这一系统。八个人(包括男女)24 小时轮流监视这一片区域。如果军队靠近,就会有人发出警报,在数分钟内整个社群简单收拾点行李就逃到山上。他们明白军队会烧毁他们的房子、摧毁农作物、杀害牲畜、向水源投毒。最糟糕的情况是军队跟踪他们,顺着他们的脚印追到山上。在黑暗的雨林中,军队离抵抗社群成员的躲藏处仅有 50 米远,隔开他们和冷血嗜杀的搜查者的仅有一堵沉默之墙。在生死紧要关头,抵抗社群成员最大的危险就是新生儿,他们的哭声就等于许多无辜成人的死亡。为了防止新生儿哭闹,妈妈们会用衣服捂住他们的嘴。新生儿不止一次地窒息在妈妈的怀里,却使整个社群避免了一场屠杀。讲述的人以一种听天由命的口吻补充道:"死一个小孩总比几个成人被折磨而死强。"瑞戈伯特·曼楚的说法是对的,她称"抵抗社群史是一部 20 世纪 80 年代的焦土运动幸存者史"(1998,162)。

　　如前所述,15 年的抵抗社群生活让他们饱尝人间辛酸。然而仅仅把抵抗社群视为一种与焦土政策相关的现象是有误的。虽然他们的基因本质上与危地马拉另一段悲惨的历史有关,但抵抗社群仍旧是现今乃至未来的希望。在经历了多年的与世隔绝的山地生活之后,西拉(Sierra)的抵抗社群在 1990 年才走出大山,他们需要重获公民身份。在数年间,它作为公民社会组织(非联合的营利性组织,建立于 1994 年)的一分子被纳入和平进程,并为和平协定的签署开启了新的篇章。

在 1996 年 12 月签署和平协定后,抵抗社群并没有解散。西拉的抵抗社群与政府协商争取了居住权。政府把他们主要安置在南海岸的三处安置点——埃斯佩兰萨(*El Tesoro Nueva Esperanza*)、萨尔瓦多(*El Salvador*)、特里温福(*El Triunfo*)——祁斯(Quiché)的两处安置点和尤斯潘丹(Uspantán)、内瓦赫(Uspantán)。还有一些家庭选择继续留在战争期间避难的深山野林中,其中包括卡巴(Cabá)、圣克拉拉(Santa Clara)和西普渡(Xeputul)等地。其余的人则回到他们在大屠杀前居住的社区,也就是他们在 20 世纪 80 年代遭受屠杀时被迫离开的那个地方。今天,抵抗社群仍旧是危地马拉政治生活中的一个活跃的存在,他们在积极争取他们的土地和权利获得法律认可。遗憾的是,这些社群当前的生活仍旧未能引起学界的深入考察。我之所以说遗憾,是因为我们尽管居住在西方的工业化民主时代,但抵抗社群的建构经验仍有很多值得我们钦佩和学习的地方。

协商民主

在富足的工业化的西方,我们为发明民主而沾沾自喜。所有学术文献无一不孜孜不倦地重述民主起源于古希腊,因此西方文化优于其他文化。事实上,奴隶和妇女不被允许参与雅典的民主活动,这点作为诡异的历史细节往往被忽视或无视。非西方的民主模式在传统的历史文本中往往被过滤掉了或只是被轻描淡写。

我们所习惯的西方民主类型不是古希腊的直接民主,而是现代的代议制民主。相较于直接民主,代议制民主具有许多优点。第一,鉴于民主决策过程的参与者人数的剧增,直接民主不再是一种可行的选择:如果每一次决策都必须保证每个人在场,那么决策制定过程将很快停滞不前。

除了上述技术上的原因,直接民主在规范方面同样逊色于代议制民主。哲学家已经向我们解释过,直接民主很容易煽动政治,其修辞艺术很容易被误解为一种能力和技巧。为了避免公民投票出现民粹主义的危险,代议制民主必须代替直接民主。在代议制民主下,政党相互竞争,争取选区内的选票,这不管怎样都反映出市场体系的竞争机制。

过去的20年来,大西洋两岸的很多西方哲学家开始质疑当代民主理论中占绝对优势的代议制民主。大多数学者设想以一种不同的民主概念即协商民主来完善代议制民主,而不是取代它。

这两种民主的最大不同就是:代议制民主是根据冲突和谈判来界定集体决策的,而协商民主则是一种致力于达成能提高共同善(而不是在协商中居于优势者的善)的一致意见的协商模式,后者尊重个体自律和整体性的统一(而不是冲突)。协商民主是一种聚焦于共同善的公共协商,要求显现公民平等的形式,并通过养成正义感来建构公民的认同和利益的程序。

把握代议制民主和协商民主的差异的另一个方法就是根据动机来判断。没有人会不关心他们自身的人格善。代议制民主赞同以自私动机作为其激励机制。协商民主则采取的是另一种动机形式,即达成所有协商者都满意的决策的愿望。换句话说,当我有充足的理由去推行某种主张时,公平条件下的协商则要求,我要就我的建议征得每个人的同意,特别是那些从我的建议中获利比我少甚至会遭受损失的人。

最后,协商民主与代议制民主的差异还可以根据它们所吁求的平等的必要条件来加以判断。不管是代议制民主还是协商民主都要求协商各方在形式上是平等的,没有人在协商中处于优势,也没有人在协商中处于劣势。然而,协商民主不像代议制民主,它还要求参与者的实质平等。在协商民主中,权力和资源的现实分配不应该成为每个致力于协商民主过程的参与者的障碍。

协商民主流行于政治哲学界,但至今这种重思民主价值和程序的激进方式只能是纸上谈兵。在西方国家,民主仍旧是以冲突和谈判为主导的。西方民主现在是并在可预见的未来也仍然是一种制度性程序,其逻辑实质是人们以自身利益为先,以他人利益为后。

有一种说法显得比较谦虚,那就是,西方的协商民主仅仅是纸上谈 *157* 兵而已,而危地马拉的抵抗社群则是生活现实。从哲学的观点看,抵抗社群是复杂的协商民主模式的现实原型。抵抗社群仍旧有很多值得我们钦佩和学习的地方。

抵抗社群的民主回应

自首个抵抗社群建立 20 年来,在西拉和伊斯坎(Ixcán)大约有 18000 名居民加入了这一社群。抵抗社群因社群运行的令人印象深刻的组织性和民主性而闻名。在我抵达埃斯佩兰萨(亦称为泰索利多)社群的当天,碰巧他们正在召开集会。该社群由 175 个家庭组成,分为两个语言分支:吉切(K'iche)和以希尔。该集会从下午 1 点开始。我们在一棵大树树荫下的空旷地集合。这个集会欢迎每一位参加者:男人、女人、孩子、一些流浪狗,还有像我这样的外国人。集会的简朴是它成功的关键。不管年龄、性别,集会上的每个人都享有平等权和受尊重权。同时,他们还配备翻译,以确保交流畅通无阻。

这种集会由三位经选举产生的委员会成员召集,这三位委员的工作就是向集会提出需要解决的议题,保证每个人都能发表自己的意见。委员会成员对比其他社群成员不具有任何特权。他们的意见并不比其他人的意见更有价值。对他们身份的最好概括是社区的"主持人"或"协调者"。三位委员会成员被认为是"改善卫生条件和教育环境的倡导者"(*promotores de mejoramiento salud*, and *educación*)。这种集会召开的首要任务是寻求高度一致的意见,不管这一过程要耗费多长时间。因此,这种集会持续好几天是常态。重要的不是迫使大家达成统一的意见,因为异议往往是存在的,而是要确保少数派不会受到不公待遇或处于劣势。

　　虽然集会也表达了妇女平等参与决策的理念,但抵抗社群内部及其政治议程中仍存在性别不平等的问题。尽管社群在理论上实现了男女决策平等,实际上妇女在集会上很少能像男人一样滔滔不绝地发表意见,她们也很少有机会获得公共职位。由于妇女的受教育水平低,以及把妇女套牢在家里的文化模式,使得很多母亲在照顾小孩期间很难参与到统计和游说拉票等社群竞选活动中。然而,如果很多妇女都参与集会和决策过程的话,那么有人可能会质疑抵抗社群的民主的目标是妇女的全面参与。在集会上,委员会主持人通常直接鼓励女性大胆提出意见。另外,所有抵抗社群都有一个名为"妇委会"的妇女组织,该组织是战后组建起来的。它们的目标不仅仅是提高妇女权利,如受教育权、在社群外找工作的权利等,还要确保所有妇女都能积极参与到社群活动中。

　　同时,虽然成熟一点的成年人在集会上更善于表达,但年轻男女和青少年通常参会的积极性还是比较高的,甚至青少年也能参加投票。儿童从小就出席各种集会,在成长过程中耳濡目染地学习了决策和解决难题的过程。

　　与看到的表面现象不同的是,以上我所勾勒的场景不是直接民主的范例。首先,18000人对于直接民主来说人太多了。西拉的社群是按一个政治统一体来运行的,虽然该社群分布在国内不同的地方。譬如,埃斯佩兰萨的集会产生了一项决策,这一决策被送达危地马拉市的抵抗社群核心基地,然后由该核心基地向国内各地的其他社群通报。最后,抵抗社群是一个大社群,除非每个人的意见达成统一,否则无法产生决策。

　　西拉和伊斯坎抵抗社群在危地马拉市都有官方办公室,由抵抗社群成员轮流执岗。办公室的设立得益于加拿大非政府组织 Sombrilla[以及加拿大国际发展局(CIDA)和加拿大国际合作委员会(CCIC)]的资助。办公室的职责是:协调各定居点的行动;记录和应对正在进行的对抵抗社群的人权侵犯；协调公共宣传活动以保障他们的宪法权利；通告媒体；监督政府机构，以确保与政府签署的和平协定的履行，当然，首当其冲的是在法律上承认他们的土地所有权并把土地分配给抵抗社群居民。

抵抗社群不是直接民主的第二个原因是，集会不是由煽动者或修辞学家来召集的。抵抗社群始终如一地坚持任何人都不具有优先权，不允许有成员积极争取个人的政治地位。社群成员不可以自我推荐或通过其他途径争取公职，公职人员只能由其他社群成员提名。那些急切想获得领导地位或企图利用该职位之便来谋得自我发展和权力的人，将被开除公职。以下事例可作为一个有趣的旁注：在一次关于国家政策的讨论中，一些抵抗社群成员表示总统候选人的竞选活动是没有意义的，它只能反映出这些人对权力和金钱的欲望。难怪会有抵抗社群的成员若有所思地说："政府如此腐败！"他们强调，选举国家领导人的一个好办法，是把人们组织起来，提名他们所敬仰的对象。

在集会上，抵抗社群成员表达了他们对何为抵抗社群的公共利益的问题的担忧。由于享有高度的互助精神，那些在大会上发言的人关注的是，如何能够实现每个人利益的最大化，而不是个人自我利益的最大化。这并不表示抵抗社群成员没有追求自身利益——在某种程度上——的动机。然而，协商和讨论是以集体善为导向的。抵抗社群成员必须通过呼吁社区利益而不是个人需要，来证明他们争论的合法性。事实上，协商只有以共同善为目标时，人们的参与才有价值；也只有每个人平等参与其中，我们才能说抵抗社群的民主模式是协商民主的活生生的完美典范。

协商民主之所以能够在抵抗社群中运行良好，其中的一个原因在于社区成员间的实质平等。也就是说，社群成员的收入和基本经济资源的差距小到几乎不存在的程度。传统的玛雅文化和今天的抵抗社群文化都致力于通过相互合作、土地共有、压制个人财富增长等方式，来维持成员间的一定程度的经济平等。只有这样，当遇到需要协商问题时，经济地位就不再是一个问题了。确实,经济平等有可能提高和增强抵抗社群内每一位成员的道德平等性。在该社群中,不存在经济不平等的问题,也就自然没有嫉妒、憎恨和信任缺失的问题,这表明了公共利益被认可为实现民主协商的中心。

以下的两个抵抗社群追求集体善和他人需求优先于自身需求的案例,证明了抵抗社群是协商民主的现实典范。在 2000 年初,西拉抵抗社群的一个组织正准备从山区搬到位于南海岸的萨尔瓦多新社群。在收获季节即将到来的前一个月,他们几乎没有获得任何的外来粮食援助,搬迁时也没有得到外部的交通协助。虽然当时埃斯佩兰萨社群的人们也在努力地维持生计,他们在新土地上所收获的第一批玉米的产出量也非常有限,但他们召开全员大会,集体决定将这批玉米赠送给萨尔瓦多社群,并帮助他们的抵抗社群同胞搬到了新的住处。

在同一年的晚些时候,国际红十字会为帕尔(西普渡、祁斯)的抵抗社群提供二选一的援助:要么是给每个住户提供咖啡植株,要么是在社区建立医疗诊所。最后的决定权还是在社群成员那里,他们临时召开了一次全员大会。在大会上,社群医生(抵抗社群的一员)称,他的诊所急需更多的药物,因为他的药已经快用完了;他还说,不管什么时候他的药物总是不够。然而,不管他怎么哀求,社群的其他成员决定索要更多的咖啡植株。由于咖啡价格在国际市场上急速下降,如今证明这是个错误的选择,但这并不重要。医生始终没有任何抱怨。他呼吁多进药物,并不是因为凭他医生的身份可以从中获利,而是因为他把社群成员的健康看得比种咖啡的那点薄利重要。但那天的最后时刻,他欣然接受了社群的决定(不管是什么);在我访问期间,他种下了从国际红十字会那里领来的咖啡植株。

作为 20 世纪 80 年代焦土政策的受害者和幸存者,抵抗社群已经奠定了他们的历史地位。然而,如果我们把抵抗社群仅仅视为内战中所独有的现象,则是有误的。与亚流浪社群相比,抵抗社群是为了避开军事化的"示范性村庄"才逃到雨林深处的。在当代危地马拉政坛上，抵抗社群是一个活跃的存在，并且我们希望它能够一直活跃下去。抵抗社群同样是协商民主的现实中的典范。对于我们，特别是对于意图终止社会非正义扩散的政治哲学家来说，抵抗社群有很多值得学习的地方。

第十三章 21世纪的社会主义模式：自由社会主义、民主社会主义和市场社会主义

社会主义是消除社会非正义的最佳解毒剂。然而,这一回答并不能让人们满意,除非我们能够回答是哪种社会主义。[①] 1989年之后苏联与东欧社会主义实践的突然终结,迫使西方社会主义者不得不重构蓝图。过去的20年间,这种自省的社会主义历程在原创性与深度方面,已经带来一些显著的成效。这里特别值得关注的是三种不同类型的社会主义:自由社会主义、民主社会主义和市场社会主义。自由社会主义揭示了自由主义和社会主义传统的一致性,尤其是在社会正义问题上。民主社会主义则是遵循合作民主或协商民主原则的社会主义模式。市场社会主义强调将社会主义与市场体系结合起来。

这三种社会主义并不相互排斥,也并非完全等同。鉴于这三种社会主义的影响力和知名度,更重要的是,由于这三种社会主义具有一个共同的核心——皆构成了21世纪社会主义模式的支柱,我将在下文中对其逐一展开部分论述。每论述完一种类型的社会主义,我将紧接着对其

[①] 这个问题由诺贝尔托·博比奥(Norberto Bobbio)于1976年(冷战时期,当时的社会环境迥异于如今)首次提出。尽管原因不一,但是这个问题以及博比奥对该问题的回应至今仍旧有效。参见博比奥1987年的作品:《民主的未来》《何种社会主义?》。

作出简短的评论。在最后一部分，我将讨论以上三种社会主义的共同
点。对这三种社会主义共同核心的论述，将促使我们重新考虑对社会主
义两大基本原则——平等原则和社群原则——的理解，及其对我们思考
社会主义制度和社会主义伦理的方式的意义。对平等原则和社群原则
的分析，将为削弱全球社会非正义提供宝贵的契机。

自由社会主义

自由社会主义学说历史悠久，常见的引证文本来自卡洛·罗塞利 *162*
(Carlo Rosselli)的《自由社会主义》，该书第一版于1930年问世。在反
思了欧洲各种社会主义理想的衰落和法西斯主义的兴起之后，罗塞利建
议读者将社会主义视为一种道德理想。在罗塞利看来，要达成这一理
想，最好的方法是自由主义，而不是马克思主义的唯物辩证法。罗塞利
的自由社会主义是一种避免无节制的自由放任主义的缺陷的尝试，它赞
同通过国家干预实现公共服务和维护社会权利。北欧的社会民主主义
模式或许是其最真实的体现和最宝贵的遗产。

一方面，我们不能忽视罗塞利自由社会主义学说的意义；另一方面，
我认为罗塞利对自由社会主义模式的影响也没有人们想象的那么大。
反而是美国哲学家约翰·罗尔斯以及受他的著作启发的许多左翼思想
家们（如布莱恩·巴里、查尔斯·拜茨、J.科亨、罗纳尔多·德沃金、托马
斯·奈格尔、托马斯·博格等）的思想成为自由社会主义模式的思想来
源。罗尔斯于1971年出版的《正义论》引发了自由主义与社会主义的新
一轮对话。以对个体自由和自律的经典的自由主义假说为发端，罗尔斯
建构了一种激进的平等主义的分配正义理论，这使得许多社会主义者乃
至一些马克思主义者将自由主义视为同盟而非敌人。两位权威的社会
主义哲学家——约翰·罗默和G.A.柯亨——对自由主义的正义理论持
赞同态度，这可被视为他们对自由主义和社会主义是可以相互融合的观

点的巨大认可。

罗默的早期著述是关于马克思主义经济学的,最广为人知的当属他的剥削理论。我在本书第四章"剥削非正义"中就已经论证了罗默的《剥削与阶级的一般理论》(1982)中的观点,即不应从马克思的劳动价值论中,而应从两个相关的概念即生产资料的不平等和所有权中去挖掘剥削的关键。罗默指出,剥削概念可以根据资本所有权的不平等,继而根据议价权力的不平等加以界定。后来,罗默又在《平等主义视角:关于哲学的经济学论文集》(1994)中进一步指出,如果说剥削的实质在于财富的原初不平等,那么马克思主义者应该关注的就不是剥削,而是不平等。对此,罗默提出:"在我看来,对于马克思主义的正确的理解并非在于主张剥削,而是在于主张生产性财富的平均分配。"[1]在把注意力从关注剥削转向关注社会正义问题的过程中,罗默对罗尔斯给他带来的影响给予了很高评价:"如今关于社会主义的长远规划的最为重要的研究工作,当属政治哲学家们关于平等的正义理论之讨论……这项研究并非社会主义运动的首创,而是约翰·罗尔斯1971年出版的《正义论》的首创。"[2]

显然,并非每个人都同意罗默对剥削问题的阐述。譬如,G. A. 柯亨就倾向于怀疑自由主义和社会主义的联姻。他相信,平等主义的自由主义缺乏社群价值观,而社群价值观是社会主义传统的核心。不过,柯亨已经意识到自由主义和社会主义在社会正义问题上的共同之处:"关于正义,作为一种独立于社群的价值观,我不认为社会主义传统中有值得借鉴的任何东西,这种社会主义传统也不会出现在罗尔斯和德沃金的著述中。"[3]

① J. Roemer, *Egalitarian Perspectives: Essays in Philosophical Economics*, Cambridge: Cambridge University Press, 1994, p. 85.

② Ibid., p. 26.

③ G. A. Cohen, "Self-Ownership, History and Socialism: An Interview with GA Cohen", *Imprints*, 1996, Vol. 1, No. 1, p. 10.

　　自由主义和社会主义的融合，并非仅仅受罗尔斯的作为公平的正义的契约论的影响。在讨论罗尔斯对社会正义问题的论述之前，G. A. 柯亨还引人注目地指出，具有讽刺意味的是，马克思对资本主义的批判，有赖于自我所有权（self-ownership）的自由主义前提。因此，如果马克思主义在坚持个人自律的同时致力于批判资本主义剥削的话，那么它必须寻求一条与自我所有权观念相符合的路径。正是基于这一原因，G. A. 柯亨才肩负起全面批判右翼自由主义的重任，这一批判在其1995年出版的《自我所有权、自由和平等》中达到了极致。在此有必要强调的是，虽然G. A. 柯亨的这本著作无疑成功地完成了这项任务，但他写这部著作的目的并不是要质疑右翼自由主义，而是想要进一步推动马克思主义的伦理学。柯亨试图从自由主义对自我所有权的阐释中汲取养分，这一点进一步证明，实现自由主义和社会主义的联姻对双方都是有益的。

民主社会主义

　　社会主义可以被视为民主的自然衍展。它存在已久，只是在近年实现了华丽转身。在讨论民主社会主义之前，我要特别提一提在合作民主或协商民主旗帜下的社会主义学说。协商民主的最有趣的特点之一在于，不管是社会主义还是自由主义的拥护者都认可它。协商民主只是强调了自由主义与社会主义的二分法是以往学说残留下来的。接下来我¹⁶⁴将把重心转到两位学者的思想上，他们是协商民主谱系中的社会主义一边的典型代表J. 科亨（Joshua Cohen）①和哈贝马斯。

　　J. 科亨将协商民主界定为一种聚焦于能够体现公民平等的共同善的公共协商程序，它以促成正义感形成的形式形塑着公民认同和公民利益。协商民主的目的在于以不同于谈判理论（公共选择的典范）的形式

---

① J. 科亨，1951年生，美国政治哲学家，斯坦福大学政治科学、哲学、社会伦理和法律教授。代表作有《论民主》（1983）等。——译者注

实现集体决策的概念化。而 J. 科亨寻求一种承诺既能体现共同善又能尊重个体自由的协商模式。

另外,J. 科亨还关注动机的性质。他承认人们无一不关心自身的善,同时他也希望每一个人都寻求达到一种被承诺协商的大众所认同和接受的决策。换句话说,我会提出以我的个人偏好为充足理由的建议,但平等条件下的协商"要求我必须找到理由以作出能被那些不以我的偏好为充足理由而接受我的建议的人也认可的决议"①(1989a,24)。

这样一来,J. 科亨不再把协商民主视为一个抽象的理想。当他在阐述协商民主规范性的时候,他实际上是想探寻民主理论的制度化方式,譬如,通过使社会制度和政治制度对自由的公共协商更为开放的方式。这可以说是 J. 科亨作品的社会主义向度最明显的地方。在关于协商民主的经济前提问题上,J. 科亨显得一点也不含糊。譬如,协商领域中的参与机会和影响力应该独立于物质财富,或者企业应该由工人来经营。继而,J. 科亨从民主社会主义的视角出发称,为达成真正的民主,我们必须首先信仰社会主义,因为只有致力于社会主义事业,我们才能真正地投身于民主建设。

近来协商民主思想复兴的背后的另一位较有影响力的学者是哈贝马斯。显然,哈贝马斯的社会主义信仰是毋庸置疑的;因此,要想了解哈贝马斯的协商民主思想,需要先了解他在民主社会主义理论方面的突出贡献。与 J. 柯亨一样,哈贝马斯也设想了一种理论性强但同时制度规范性也强的模式。这样一来,他一方面要保证接近于理想状态的协商,另一方面又要保证政治协商被大多数人投票通过。与 J. 科亨不一样的地方在于,哈贝马斯并没有把这种理想的民主强加于一切社会制度和政府组织,相反,他认为这是不可行的。由此,哈贝马斯主张一种双轨的协

165

---

① J. Cohen (1989a), "Deliberation and Democratic Legitimacy", in A. Hamlin and P. Pettit (eds), *The Good Polity: Normative Analysis of the State*, Oxford: Blackwell, 1989, p. 24.

商政治模式，即立法和司法活动领域的规范的意志形成程序与公共领域的不规范的意见形成程序相辅相成。在哈贝马斯的民主社会主义观念中，这两个领域是互为补充的。

在以上对民主社会主义的简单介绍中，我们只关注了 J. 科亨和哈贝马斯的理论视角。无须多言，除了 J. 科亨和哈贝马斯的视角，还有许多有效的理论视角。在此我的旨趣不在于全面勘定所有民主社会主义的理论视角，而只在于表明新世纪的一种可行的社会主义路径。

市场社会主义

市场社会主义大概是近年来从社会主义阵营中脱颖而出的最具争议性的模式了。时至今日，市场体系终结社会主义这种无逻辑的、荒谬的乃至危险的观点早就该被打破了。然而，这种终结观的捍卫者却提出了一个极具说服力的论证，即市场社会主义并非一种"矛盾修辞法"。实际上，自从放弃古老的生产资料公有制和集中计划的概念，并投向市场体系的怀抱后，社会主义收获了许多东西。

效率和道德这两大前沿性讨论，推动了关于市场社会主义的争论。如果说苏联社会主义实践的失败给我们提供了某些启示的话，那么这一启示便是苏联对资源分配的集中管理方式是不可行的。任何官僚机器都不可能为现代复杂经济的顺利发展提供所有的决策。这不禁让我想起下面这个笑话：

> 当一位粗俗无礼的年轻商人死后进入地狱时，他看到一个牌子上写着"资本主义地狱"，而另一个牌子上写着"社会主义地狱"。于是商人就问地狱的门卫：
>
> 商人：他们在社会主义地狱里都干些什么呢？
>
> 门卫：他们把你扔到油锅，然后鞭打，最后再把你吊上刑架。
>
> 商人：那么他们在资本主义地狱里都干些什么呢？

166

门卫：一样。

商人：那为什么每个人都站在社会主义地狱门口排队呢？

门卫：因为在社会主义地狱里，他们通常没有油，没有皮鞭，连刑架也是坏的。

由于缺乏市场竞争，再加上政治机构过于集中管理，苏维埃政权显得一团糟，这是因为在那里没有任何一种机制可以阻止国家机构以侵犯其他社会团体为代价，而参与到有利于其自身利益的与国家企业的合作当中——经济学家把这种现象称为"寻租"。无可置疑，国家计划的唯一替代物就是市场。

市场经济远胜于计划经济。首先，市场有助于信息加工，它为信息加工提供了激励机制。其次，市场不仅激励生产的技术创新，同时也激励商品自身的创新。除了经济优势之外，市场还具有很多其他的优势。比如促进了自由。这个由来已久的论题由哈耶克首先提出，直到最近左派才将该论题提上议程。例如，大卫·米勒（David Miller）认为，市场在一个以自由为目的的社会中起到了核心的作用，因为只有在市场繁荣的地方人们才能够自由选择与他们特定的生活方式相符合的资源。米勒说："只有在某些供给者受到市场激励而销售日常必需品的基础上，人们才能够随心打扮，倾听自己喜欢的音乐……没有一个人愿意为某些公立机构的选择辩护，不管它是否是民主地建构的。"①同样在这篇文章中，米勒还讨论了个体自由选择职业类型和工作场所，以及自由表达和交流政治意见的重要性。

市场社会主义对于社会主义议程最大的贡献大概在于，它进一步揭示了社会主义传统的关于社会主义实质上究竟是一种议程还是最后的国家形态的困惑和"通病"。许多学者仍然要么错误地将社会主义等同

---

① D. Miller，"Why Markets?" in J. Le Grand and S. Estrin（eds），*Market Socialism*，Oxford：Clarendon Press，1989，pp. 32 - 33.

于计划经济,要么将其等同于生产资料公有制,即使这些特征至多只是构成通向社会主义目的的手段,而绝不构成足以界定社会主义愿景的一系列目的。社会主义的目标究竟是什么? 社会主义首先是一种道德哲学,它以一系列道德价值和道德原则为基础。在一定程度上讲,社会主义也是一种经济理论,而且社会主义的这种经济理论的性质仅是第二位的,寄生于哲学之下。

在《社会主义的未来》中为市场社会主义辩护之前,罗默作了如下声明:"我认为社会主义者渴望的机会平等应该是:(1)自我实现和福利,(2)政治影响力,(3)社会地位。"①在罗默看来,马克思主义的"自我实现"的人类解放,其本质上是一个"自我转变"(self-transformation)的过程。罗默强调他所主张的是自我实现和福利的机会平等,而不只是自我实现和福利的平等,两者的区别是十分关键的。罗默呼吁机会平等,是为了引入社会主义范式中的个体责任概念。这意味着一种社会主义优先性的重新排序。我们正经历一个转变,即从单一地关注需求的平等满足,向一种包括个体责任在内的新型社会主义范式的转变。

一句话,这是一个关于个体责任的问题。责任的价值,不在于人们因疏忽而遭到惩罚,也不在于保护负责者而无视不负责任者。责任是一种宝贵的品格,因为它能够使人拥有自律和自尊意识,使人成为自己生活的主人。用约瑟夫·雷兹的术语来讲就是,一个人在特定的社会地位中作出的选择,不仅关乎其关于美好生活的概念,而且关乎其如何去践行这种生活。选择一种自律的生活是一个学习的过程,在这一过程中,我们往往从过去的经验中吸取教训以引导未来的选择。因此,机会和责任是一对一体两面的范畴:没有责任的机会,就不是机会。

总之,市场社会主义里的市场的功能,不仅限于更有效的信息分配

① J. Roemer, *Egalitarian Perspectives: Essays in Philosophical Economics*, Cambridge: Cambridge University Press, 1994, p. 11.

和加工,它还包括社会主义范式中的自由选择和责任观念。

新型社会主义模式

至此,我已经简单地阐释了自由社会主义、民主社会主义和市场社会主义思想。虽然这三种理论存在某些分歧,但是相比于它们的相似处而言,这种分歧显得九牛一毛。譬如,罗默的市场社会主义受正义、平等和责任的自由思想的启发;哈贝马斯承认,协商民主与罗尔斯的正义社会中的民主政治之间有很多的共同点;J. 科亨承认任何一种社会主义类型都可以充分利用市场以及其他自由的企业交易和企业合作形式。[①]

自由社会主义、民主社会主义和市场社会主义之间的相似性并非偶然,它正表明了三者在理论上的共同点,那就是从尊重个体自律、承认多样性、谴责"去权力化"、向往所有人的自由和平等等信条中发展而来的两大核心原则:平等原则和社群原则。

社会主义的平等不仅仅指物质资源的平等分配,尽管这一点是社会主义的敌人永远讽刺的一点,但是深得社会主义平等原则精髓的,也许是显示关注和尊重每个人的宽泛概念。在某些情况下,关注和尊重的平等的前提要求是实现物质资源的平等分配,但这只是一种例外状态而不是永恒规则。

众所周知,对个体的关注和尊重的平等观是不确定的。"关注"(concern)和"尊重"(respect)这两个用词固有的模糊性引起了一些问题。其中最大的问题在于"无异议的关注"[②],德沃金根据人类承受痛苦和挫折的能力界定了这种关注。不幸的是,"尊重"的概念引起了更多的问题。德沃金指出一种狭义的"尊重",即我们只是在认识到他人具有规划

[①] 参见 J. 科亨《协商民主的经济基础》,载《社会哲学与政治》1989 年第六卷第 2 期,第 41 页。
同时,J. 科亨对于罗默的市场社会主义理论有所保留,参见 Joshua and Joel Rogers (1993)。
[②] R. Dworkin (1977), *Taking Rights Seriously*, London: Duckworth, pp. 272 – 278.

自身生活的智力时才尊重他人。另外，斯蒂芬·卢克斯（Steven Lukes）提出一个较广义的"尊重"概念，他指出了值得尊重的三种人格：具有相对的自律行动能力、从事有价值的活动的能力和自我发展的能力。[1] 换句话说，卢克斯称，尊重他人，就是要将每个个体看成自由的独立个体，要求有追求价值的活动和关系的自由空间的个体，并且能够自我发展的个体。

关于该种"关注"和"尊重"的平等观给我们的启示在于，我们应当把他人视为不仅容易遭受痛苦和挫折，而且是自身真实生活的书写者、个人选择和欲望的承受者，以及道德判断的来源的平等个体。值得指出的是，此前讨论的三种社会主义理论都认同这一平等原则。尤其值得我们注意的是，在这里自由主义对于社会主义道德原则的影响是无可非议的。自由主义者坚信个体自由，不管是积极自由还是消极自由，这在道德价值方面意义重大。[2] 这种自由观对于社会主义理论对尊重他人的理解具有重大意义。由此我们发现，罗默在阐释市场社会主义的过程中认可了个体自律概念：市场与社会主义的结合，一方面给予人们更大的自由选择空间，另一方面也给予人们相应的责任。J. 科亨在论述民主社会主义时也肯定了个体自律，他在最后的分析中提出了社会主义的如下愿景：没有自我尊重就没有自我实现，没有自律就没有自我尊重。

"社群"这个概念同样扑朔迷离，任何对这一概念范围的界定的尝试总是有问题。历史上，社会主义的传统是把它视为一种批判与现代资本主义挂钩的原子主义（和非正义）的方法。然而，就在最近，一种关于社群主义和个人主义的新视角呈现了：社会主义者不再反对个人主义。譬如，布莱恩·巴里把社会主义社会界定为："在该社会中，市民通过集体

169

---

[1] 参见 S. Lukes (1977),"Socialism and Equality", in L. Kolakpwski and S. Hampshire(eds), *The Socialist Idea: A Reappraisal*, London: Duckworth, pp. 77－79。

[2] 参见 Bobbio(1987b,106)。皮特·艾贝尔(Peter Abell)称社会主义并没有太多关注自由的概念，表现在马克思主义的正义原则中并无提及自由的问题，"即个人能力和个人需求"的问题。参见 Peter Abell(1989)。

行动能够控制大多数的社会局面,特别是克服不理想的个体行动所带来的负面效应。如若这般,那么社会主义理论首先是一种市民社会的理论。"①巴里并不是简单地反对个人主义,他只是反对一种特别的个人主义而已,这种个人主义由撒切尔夫人于 20 世纪 80 年代首先提出,在她那里个人主义同自私、虚荣和贪婪混同在一起。

将个人主义置于社会主义学说中,意味着左派试图超越个人—社群之争。其目的不仅仅在于表明个体和社群的道德价值具有融合的可能性,还在于表明个人主义和社群主义是相互联系、相互依赖的。尤其是社群在提高个体自律方面具有不可或缺的作用。在本章所阐释的三种社会主义模式中,市场社会主义被最为频繁地批判为侵犯了社会主义的社群原则:市场体系的激励机制与社群主义的团结机制是不相容的。但事实并非如此,市场社会主义只与如下语境中的社会主义的社群观相悖,那就是米勒所说的"整体的"社群概念。在整体的社群中,每个个人170 必须以他人福利为自己的直接行动目标,"但这仅仅指出了这种社群观的单调乏味和不合理性。整体社群是那种否定个性的自由发展空间和个人的生活方式的封闭社会……我们宁愿选择一种较为缓和的社群形式,起码这种缓和的社群允许个人的自由发展。"②在米勒所描述的"整体的社群"里,我们可以发现许多的社会非正义。

结 论

本章所阐释的这三种社会主义模式是苏联社会主义实践失败后的产物,它们分别为自由社会主义、民主社会主义和市场社会主义。这三种社会主义理论具有一个共同点,这一共同点构成重思新型社会主义的

① B. Barry (1989a), *Theories of Justice*, Berkeley: California University Press, 1989, p. 528.
② D. Miller, "Why Markets?" in J. Le Grand and S. Estrin (eds), *Market Socialism*, Oxford: Clarendon Press, 1989, pp. 46 – 47.

理论基础，即彻底重释社会主义的两大基本原则：平等原则和社群原则。社会主义的平等原则如今已包括个体的自由、自律和责任；而社会主义的社群原则不再被界定为个体主义的反题。这样一来，三种社会主义模式得以迅猛发展。

　　21 世纪的社会主义模式具有重大而深远的影响。首先，21 世纪的社会主义者必须在社会主义社会中重审国家的职能。当社会主义者开始以批判的眼光捍卫社会主义的传统时，可以说社会主义国家职能的重审工作在一定程度上已提上了议程。甚至是福利国家制度已被置于严肃的审查中。事实上，在社会主义阵营中已经出现了关于福利国家的根本替代物的讨论，同时，关于无条件的基本收入保障制度的研究论文也在持续推出。①

　　确切说来，关于社会主义制度应该如何建设的问题难以解答，它已经超出了本书的讨论范围。我写作本书的唯一目的在于澄清作为新型社会主义模式的规范基础的理论原则。我希望这些原则能够指导未来关于 21 世纪的社会主义制度建设的讨论。最后，这种新型的社会主义模式是我们防止和削弱在本书第一章中讨论的社会非正义的三重向度——分配不均、排他性和去权力化——的最美好的愿景。

---

① 左派对福利国家的批判，参见格兰德（Julian Le Grand）1999 年的作品。无条件的基本收入保障思想，参见帕里斯（Philippe Van Parijs）1995 年的作品。

参考文献

Abell, P. (1989). "An Egalitarian Market Socialism", in J. Le Grand and S. Estrin (eds) *Market Socialism*, Oxford: Oxford University Press.

Aldrich, J. (1997). "When Is It Rational to Vote?" in D. Mueller (ed.) *Perspectives on Public Choice*, Cambridge, Cambridge University Press.

Allen, T. B. and Polmar, N. (1995). *Code-Name Downfall: The Secret Plan to Invade Japan and Why Truman Dropped the Bomb*, Simon & Schuster, New York.

Allodi, F. (1993). "Somoza's National Guard: A Study of Human Rights Abuses, Psychological Health and Moral Development", in F. D. Crelinsten and A. P. Schmid (eds) *The Politics of Pain Torturers and their Masters*, Leiden, The Netherlands: Center for the Study of Social Conflicts.

Allum, P. A. (1973). *Italy – Republic Without Government?* New York: Norton.

Amnesty International (2003). *Amnesty International Report 2003* (London).

Amnesty International (1992). *Amnesty International Report 1992* (London).

Anderson, W. H. (2004). "Terrorism – Underlying Causes", *The Intelligencer* [Journal of the Association of Former Intelligence Officers], Vol. 14, No. 1.

Arrigo, J. M. (2005). *Correspondence between a U.S. Counterintelligence Liaison Officer and Jean Maria Arrigo, September 2002 – August 2005*, Intelligence Ethics Collection, Hoover Institution Archives, Stanford University, Stanford, CA.

Arrigo, J. M. (2004). "A Utilitarian Argument Against Torture Interrogation", *Science and Engineering Ethics*, Vol. 10.

Associated Press (2003). "Saudi Interrogators Use New Technique", *Washington Post*, 1 December.

Audi, R. (1989). *Practical Reasoning*, London: Routledge.

Aussaresses, P. (2002). *The Battle of the Casbah: Terrorism and Counter-terrorism in Algeria 1955–1957*, New York: Enigma Books.

Banfield, E. (1958). *The Moral Basis of a Backward Society*, Glencoe, IL: The Free Press.

Barber, B. (1984). *Strong Democracy: Participatory Politics for a New Age*, Berkeley: University of California Press.

Barry, B. (1965). *Political Argument*. London: Routledge & Kegan Paul.

Barry, B. (1989a). *Theories of Justice*, Berkeley: California University Press.

Barry, B. (1989b). "The Ethics of Resource Depletion", in B. Barry, *Democracy, Power and Justice: Essays in Political Theory*, Oxford: Oxford University Press.

Barry, B. (1989c). "The Continuing Relevance of Socialism", in *Democracy, Power and Justice: Essays in Political Theory*, Oxford: Oxford University Press.

Barry, B. (1990). *Political Argument: A Reissue with a New Introduction*. Hemel Hempstead: Harvester Wheatsheaf.

Barry, B. (1995). *Justice as Impartiality*. Oxford: Oxford University Press.

Barry, B. (1997). "The Attractions of Basic Income", in J.Franklin (ed.) *Equality*, London: Institute for Public Policy Research.

Barry, B. (2005). *Why Social Justice Matters*, London: Polity.

Barry, N. (1995). *An Introduction to Modern Political Theory*. Basingstoke: Palgrave Macmillan.

Baumeister, A. (2000). "Kant: The Arch-Enlightener", in N. Geras and R. Wokler (eds) *The Enlightenment and Modernity*, Basingstoke: Palgrave Macmillan.

Baynes, K. (1992). "Constructivism and Practical Reason in Rawls", *Analyze & Kritik*, Vol. 14.

Beccaria, C. (1995). *On Crimes and Punishments and Other Essays*, Ed. R. Bellamy (Cambridge: Cambridge University Press).

Beetham, D. (ed) (1994). *Defining and Measuring Democracy*, London: Sage.

Beitz, C. (1989). *Political Equality*, Princeton, NJ: Princeton University Press (1989).

Berlin, I. (1969). *Four Essays on Liberty*, 2nd edn. Oxford: Oxford University Press.

Biletzki, A. (2001). "The Judicial Rhetoric of Morality: Israel's High Court of Justice on the Legality of Torture". Electronic version. Unpublished paper. *Occasional Papers of the School of Social Science, No. 9*. Tel Aviv University, Tel Aviv, Israel.

Black, G. (1984). *Garrison Guatemala*, London: Zed Books 1984.

Blackburn, S. (1998). *Ruling Passions*. Oxford: Oxford University Press.

Blatt, D. (1992). "Recognizing Rape as a Method of Torture", *New York University Review of Law and Social Change*, Vol. 19, 821.

Bobbio, N. (1987a). *Which Socialism?* Minneapolis: University of Minnesota Press. Originally published as *Quale Socialismo?* Turin: Einaudi 1976.

Bobbio, N. (1987b). *The Future of Democracy*, Cambridge: Polity.

Botwinick, A. (1990). *Scepticism and Political Participation*, Philadelphia: Temple University Press.

Boucher, D. and Kelly, P. (1994). "The Social Contract and its Critics: an Overview", in D. Boucher and P. Kelly (eds) *The Social Contract from Hobbes to Rawls*, London: Routledge 1994.

Boulesbaa, A. (1999). *The U.N. Convention on Torture and the Prospects for Enforcement*, The Hague: Kluwer.

Bowers, F. (2002). "The Intelligence Divide: Can It Be Bridged?" *The Christian Science Monitor* 2–3, 8 October.

Buchanan, A. (1990). "Justice as Reciprocity versus Subject-Centered Justice", *Philosophy and Public Affairs* Vol. 19, No. 3, 227–252.

Buckler, S. (2003). "Normative Theory", in D. Marsh and G. Stoker (eds) *Theory and Methods in Political Science*, 2nd edition, Basingstoke: Palgrave Macmillan.

Bufacchi, V. (1998). "Reasonable Agreement: a Defence", *Imprints* Vol. 2, No. 2, 223–240.

Bufacchi, V. (2000). "The Enlightenment, Contractualism and the Moral Polity", in N. Geras and R. Wokler (eds) *The Enlightenment and Modernity*, Basingstoke: Palgrave Macmillan.

Bufacchi, V. (2007). *Violence and Social Justice*, Basingstoke: Palgrave Macmillan.

Bufacchi, V. (ed.) (2009). *Violence: A Philosophical Anthology*, Basingstoke: Palgrave Macmillan.

Bufacchi, V. (ed.) (2011). *Rethinking Violence*, London: Routledge.

Bunster-Burotto, X. (1986). "Surviving Beyond fear: Women and Torture in Latin America", in J.Nash and H.Safa (eds.) *Women and Change in Latin America*, South Hadley, MA: Bergin and Garvey.

Burns, J.H. (1984). "From Radical Enlightenment to Philosophic Enlightenment", *The Bentham Newsletter* (June).

Byrd, E. (2000). "Moral Issues Related to High Technology: Nonleathal Weapons and Psychic Warfare", *Pilot Workshop on the Ethics of Political and Military Intelligence. Intelligence Ethics Collection*, 29 September, Hoover Institution Archives, Stanford University, Stanford, CA.

Byrnes, A. (1992). "The Committee against Torture", in P.Alston (ed.) *The United Nations and Human Rights*, Oxford: Clarendon Press.

Cabanas, A. (1999). *Los Sueños Perseguidos: Memoria de las Comunidades de Población en Resistencia de la Sierra*, Tomo I, Guatemala: Magna Terra Editores.

Campbell, D. E. (1995). *Incentives: Motivation and the Economics of Information*, Cambridge: Cambridge University Press.

Camus, A. (1963). *The Fall*, Harmondsworth: Penguin.

Card, C. (2005). "Genocide and Social Death", in John K. Roth (ed.), *Genocide and Human Rights*, Basingstoke: Palgrave Macmillan.

Casebeer, W. D. and Russell, J. A. (2005). "Storytelling and Terrorism: Towards a Comprehensive 'Counter-narrative Strategy'", *Strategic Insights*, Vol. 4, No. 3. [http://www.ccc.nps.navy.mil/si/2005/Mar/casebeerMar05.asp][Center for Contemporary Conflict at the Naval Postgraduate School], accessed 24 April 2005.

Cassirer, E. (1951). *The Philosophy of the Enlightenment*, Princeton: Princeton University Press.

Cohen, B. (2001). "Democracy and the Mis-Rule of Law: The Israeli Legal System's Failure to Prevent Torture in the Occupied Territories", *Indiana International and Comparative Law Review*, Vol. 12, 75.

Cohen, G. A. (1995). *Self-Ownership, Freedom, and Equality*, Cambridge: Cambridge University Press.

Cohen, G. A. (1996). "Self-Ownership, History and Socialism: An Interview with GA Cohen", *Imprints*, Vol. 1, No. 1.

Cohen, G. A. (1997). "Back to Socialist Basics", in J.Franklin (ed.) *Equality*, London: Institute for Public Policy Research.

Cohen, G. A. (2009). *Why Not Socialism?* Princeton: Princeton University Press.

Cohen, J. (1989a). "Deliberation and Democratic legitimacy", in A. Hamlin and P. Pettit (eds) *The Good Polity: Normative Analysis of the State*, Oxford: Blackwell 1989.

Cohen, J. (1989b). "The Economic Basis of Deliberative Democracy", *Social Philosophy and Policy*, Vol. 6, No. 2.

Cohen, J. and Rogers, J. (1993). "Associative Democracy", in P.Bardhan and J.Roemer (eds) *Market Socialism: The Current Debate*, Oxford: Oxford University Press.

Cohen, S. and Golan, D. (1991). *The Interrogation of Palestinians during the Intifada: Ill-treatment, "Moderate Physical Pressure" or Torture?* Jerusalem: Israeli Information Center for Human Rights in the Occupied Territories.

Coleman, J. (1990). *Foundations of Social Theory*, Cambridge, MA: Harvard University Press.

Copp, D. (1991). "Contractarianism and Moral Skepticism", in P. Vallentyne (ed.) *Contractarianism and Rational Choice*, New York: Cambridge University Press.

Cottingham, J. Stoothoff, R. Murdoch, D., and Kenny, A. (eds) (1991). *The Philosophical Writings of Descartes. Volume III: The Correspondence*, Cambridge: Cambridge University Press.

Cupit, G. (1996). *Justice as Fittingness*, Oxford: Oxford University Press.

Dahl, R. (1989). *Democracy and Its Critics*, New Haven, CT: Yale University Press.

Danner, M. (2005). *Torture and Truth: America, Abu Ghraib and the War on Terror* (London: Granta).

Deák, I. (2004). "Improvising the Holocaust", Review of *The Origins of the Final Solution*, by C. R. Browning, *The New York Review of Books*, 23 September, pp. 78–81.

Dershowitz, A. M. (2004). "Tortured Reasoning", in S.Levinson (ed.) *Torture: A Collection*, Oxford: Oxford University Press.

Dershowitz, A. M. (2003–2004). "The Torture Warrant: A Response to Professor Strauss", *New York Law School Law Review*, 48, 275.

Dershowitz, A. M. (2002). "Torture of Terrorists: Is It Necessary to Do and to Lie About it?" in A. M. Dershowitz *Shouting Fire: Civil Liberties in a Turbulent Age*, Boston: Little, Brown & Co.

Dershowitz, A. M. (2002a). *Why Terrorism Works: Understanding the Threats, Responding to the Challenge*, New Haven, CT: Yale University Press.

Dershowitz, A. M. (2001). "America Needs 'Torture Warrants'", *Los Angeles Times*, 8 November.

de Wijze, S. (2002). "The political limits of reasonableness", *Imprints* Vol. 6, No. 2, 171–186.

Dôcker, H. (2002). "Turkey Continues Harassment, Arrests, and Torture of Medical Doctors", *Torture* Vol. 10, No. 2.

Dorling, D. (2010). *Injustice: Why Social Inequality Persists*, London: Policy Press.

Dowding, K. (1991). *Rational Choice and Political Power*, Aldershot: Edward Elgar.

Dowding, K. (1996). *Power*, Buckingham: Open University Press.

Dowding, K. Dunleavy, P. King, D., and Margetts, H. (1995). "Rational Choice and Community Power Structures", *Political Studies*, Vol. 43, No. 2.

Downs, A. (1957). *An Economic Theory of Democracy*, New York: Harper & Row 1957.

Dworkin, G. (1989). "The Concept of Autonomy", in J.Christman (ed.), *The Inner Citadel: Essays on Individual Autonomy*, Oxford: Oxford University Press.

Dworkin, R. (1977). *Taking Rights Seriously*, London: Duckworth.

Dworkin, R. (1983). "What Liberalism Isn't", *The New York Review of Books*, January 20.

Dworkin, R. (1985). "Liberalism", in *A Matter of Principle*, Oxford: Clarendon Press.

Dworkin, R. (1986). *Law's Empire*, Cambridge, MA: Harvard University Press.

Dworkin, R. (1996). "Objectivity and Truth: You'd Better Believe It", *Philosophy and Public Affairs*, Vol. 25, No. 2.

Elster, J. (1984). *Ulysses and the Sirens*, Cambridge: Cambridge University Press.

Elster, J. (1986). *An Introduction to Karl Marx*. Cambridge: Cambridge University Press.

Engels, F. (2009 [1886]). *The Conditions of the Working Class in England*, London: Penguin.

Falla, R. (1993). *Historia de un Gran Amor*, Guatemala: 1993.

Festenstein, M. (2002). "Fallible Democracy: Comment on Bufacchi", *Politics*, Vol.22, Issue 3.

Fletcher, L. E. and Weinstein, H. (2002)."Violence And Social Repair: Rethinking the Contribution of Justice to Reconciliation", *Human Rights Quarterly*, Vol. 24, No. 3.

Flikschuh, K. (1997). "On Kant's *Rechtslehre*", *European Journal of Philosophy*, Vol. 5, No. 1.

Fraser, N. (1997). *Justice Interruptus*, London: Routledge.

Feinberg, J. (1989). "Autonomy", in J.Christman (ed), *The Inner Citadel: Essays on Individual Autonomy*, Oxford: Oxford University Press.

Frankfurt, H. (1989). "Freedom of the Will and the Concept of a Person", in J. Christman (ed.), *The Inner Citadel: Essays on Individual Autonomy*, Oxford: Oxford University Press.

Freeman, S. (1990)."Reason and Agreement in Social Contract Views", *Philosophy and Public Affairs*, Vol. 19, No. 2.

Freeman, S. (1991). "Contractualism, Moral Motivation, and Practical Reason", *Journal of Philosophy*, Vol. 88, No. 6.

Fricker, M. (2007). *Epistemic Injustice*, Oxford: Oxford University Press.

Fried, C. (1978).*Right and Wrong* (Cambridge, Mass: Harvard University Press).

Friedrich, C. J. and Brzezinski, Z. K. (1966). *Totalitarian Dictatorship and Autocracy*, 2nd edn rev. C. J. Friedrich, New York: Prager.

Friedrich, C. J., Curtis, M., and Barber, B. (1969). *Totalitarianism in Perspective: Three Views*, New York: Praeger.

Galtung, J. (2009). "Violence, Peace and peace Research", in V.Bufacchi (ed.), *Violence: A Philosophical Anthology*, Basingstoke: Palgrave Macmillan.

Gambetta, D. (1994)."Inscrutable Markets", *Rationality and Society*, Vol. 6, No. 3.

Gaskell, E. (2008 [1848]). *Mary Barton*, ed. Thomas Recchio, New York: W.W. Norton and Co.

Gaskell, E. (1997 [1853]). *Ruth*, London: Penguin.

Guatemala Solidarity Network (1998). *Land in Guatemala: A Comprehensive Account of the Land Situation in Guatemala*, London: Guatemala Solidarity Network Report.

Gauthier, D. (1969). *The Logic of Leviathan*, Oxford: Clarendon Press.

Gauthier, D. (1986). *Morals by Agreement*, Oxford: Oxford University Press.

Gauthier, D. (1997). "Political Contractarianism", *Journal of Political Philosophy*, Vol. 5, No. 2, 132–148.

Geras, N. (1991). "Private Property and Moral Equality", in M. Moran and M. Wright (eds), *The Market and the State*, London: Macmillan.

Geras, N. (1998). *The Contract of Mutual Indifference: Political Philosophy After the Holocaust*, London: Verso.

Gert, B. (1969). "Justifying Violence", *The Journal of Philosophy*, Vol. 66, No. 19.

Gert, B. (1998). *Morality: Its Nature and Justification*. Oxford: Oxford University Press.

Gibbard, A. (1990). *Wise Choice, Apt Feelings*, Oxford: Oxford University Press.

Giddens, A. (1995). *A Contemporary Critique of Historical Materialism*. Basingstoke: Palgrave Macmillan.

Glover, J. (2001). *Humanity: A Moral History of the Twentieth Century*, New Haven, CT: Yale University Press.

Goodin, R. (1987)."Exploiting a Situation and Exploiting a Person", in A. Reeve (ed.), *Modern Theories of Exploitation*. London: Sage.

Goodin, R. (1992). *Motivating Political Morality*, Oxford: Blackwell.

Goodin, R. (1995). *Utilitarianism as a Public Philosophy*, Cambridge: Cambridge University Press.

Gómez, C. and Ángel, M. (1994). *Discriminación del Pueblo Maya en el Ordenamiento Jurídico de Guatemala*, Guatemala: Cholsamaj.

Gordon, N. J., and Fleisher, W. L. (2002). *Effective Interviewing and Interrogation Technique*, San Diego, CA: Academic Press.

Grayling, A.C. (1991). "Testing Notions of Knowledge", *Times Literary Supplement*, 6 September.

Green, D. and Shapiro, I. (1994). *Pathologies of Rational Choice Theory: A Critique of Applications in Political Science*, New Haven, CT: Yale University Press.

Grey, S. and Cobain, I. (2005). "British al-Qaida Suspect's Tale of US 'Torture by Proxy' ", *Guardian* 2 August.

Gross, M. (1997). *Ethics and Activism: The Theory and Practice of Political Morality*, Cambridge: Cambridge University Press.

Gross, O. (2003–2004). "Are Torture Warrants Warranted–Pragmatic Absolutism and Official Disobedience", *Minnesota Law Review*, Vol. 88, 1481.

Gudjonsson, G. (2003). *The Psychology of Interrogations and Confessions: A Handbook*, Chichester: John Wiley & Sons.

Gudjonsson, G. (1992). *The Psychology of Interrogations, Confessions, and Testimony*, Chichester: John Wiley & Sons.

Gur-Arye, M. (1989). "Excerpts of the Report. Symposium on the Report of the Commission of Inquiry into the Methods of Investigation of the General Security Service Regarding Hostile Terrorist Activity", *Israel Law Review*, Vol. 23, Nos 2 & 3, Special Issue.

Gutmann, A. and Thompson, D. (1996). *Democracy and Disagreement*, Cambridge, MA: Harvard University Press.

Habermas, J. (1987). *The Philosophical Discourse of Modernity*, trans. F. Lawrence, Cambridge: Polity Press.

Habermas, J. (1992). "Citizenship and National Identity: Some Reflections of the Future of Europe", *Praxis International*, Vol. 12, No. 1.

Habermas, J. (1996). *Between Facts and Norms: Contributions to a Discursive Theory of Law and Democracy*, Cambridge: Polity.

Hamlin, A. and Pettit, P. (eds). *The Good Polity*, Oxford: Blackwell.

Hamlyn, D. W. (1992). *Being a Philosopher: The History of a Practice*. London and New York: Routledge.

Hampsher-Monk, I. (1992). *A History of Modern Political Thought*, Oxford: Blackwell.

Hampton, J. (1986). *Hobbes and the Social Contract Tradition*, Cambridge: Cambridge University Press.

Hampton, J. (1991). "Two Faces of Contractarian Thought", in P. Vallentyne (ed.) *Contractarianism and Rational Choice*, New York: Cambridge University Press.

Hardin, R. (1988). *Morality within the Limits of Reason*, Chicago: University of Chicago Press.

Hardin, R. (1991). "Hobbesian Political Order", *Political Theory*, Vol. 19, No. 2.

Hargreaves Heap, S. and Varoufakis, Y. (1995). *Game Theory: A Critical Introduction*, London: Routledge.

Haritos-Fatouros, M. (2005). "Psychological and Sociopolitical Factors Contributing to the Creation of the Iraqi Torturers", *International Bulletin of Political Psychology*, Vol. 16, No. 2, on-line journal.

Haritos-Fatouros, M. (1993). "The Official Torturer: a Learning Model for Obedience to the Authority of Violence", in F. D. Crelinsten and A. P. Schmid (eds) *The Politics of Pain Torturers and their Masters*, Leiden, The Netherlands: Center for the Study of Social Conflicts.

Harsanyi, J. (1976). *Essays on Ethics, Social Behaviour and Scientific Explanation*, Dordrcht: D. Reidel.

Hart, L. (2005). "Afghan Detainee's Leg Was 'Pulpified', Witness Says", *Los Angeles Times*, 23 March.

Heinz, W. S. (1993). "The Military, Torture and Human Rights: Experiences from Argentina, Brazil, Chile and Uruguay", in F. D.Crelinsten and A. P. Schmid (eds) *The Politics of Pain Torturers and their Masters*, Leiden, The Netherlands: Center for the Study of Social Conflicts.

Hobbes, T. (1968 [1651]). *Leviathan*, ed. C. B.Macpherson, Harmondsworth: Penguin.

Hobbes, T. (1994 [1651]). *Leviathan*. Indianapolis: Hackett.

Hoffman, B. (2002). "A Nasty Business", *The Atlantic Monthly*, January, 49–52.

Honderich, T. (ed.) (1995). *The Oxford Companion to Philosophy*, Oxford: Oxford University Press.

Hook, S. (1976). *Revolution, Reform and Social Justice*, Oxford: Blackwell.

Huggins, M. K., Haritos-Fatouros, M., and Zimbardo, P. G. (2002). *Violence Workers: Police Torturers and Murderers Reconstruct Brazilian Atrocities*, Berkeley, CA: University of California Press.

Hyland, J. (2003). "Democracy and Political Scepticism: Comment on Bufacchi", *Politics*, Vol. 23, No. 2.

Jones, P. (1990). "Rushdie, Race and Religion", *Political Studies*, Vol. 38, No. 4, December.

Jones, P. (1998). "Political Theory and Cultural Diversity", *Critical Review of International Social and Political Philosophy*, Vol. 1, No. 1, Spring.

Kallen, Evelyn (2004). *Social Inequality and Social Injustice: A Human Rights Perspective*, Basingstoke: Palgrave Macmillan.

Kamm, F.M. (1988). "Ethics, Applied Ethics, and Applying Applied Ethics", in D. M.Rosenthal and F. Shehadi (eds) *Applied Ethics and Ethical Theory*, Salt Lake City: University of Utah Press.

Kane, T. M. (2002). "Strategic Analysis", *Military Intelligence Professional Bulletin*, February–March, 4–7.

Kant, I. (1991). "On the Common Saying: 'This May be True in Theory, but It Does not Apply in Practice'", in *Kant: Political Writings*, Cambridge: Cambridge University Press.

Kant, I. (1970). "Perpetual Peace", in H. Reiss (ed.) *Kant's Political Writings*, Cambridge: Cambridge University Press.

Kant, I. (1983 [1784]). "An Answer to the Question: What is Enlightenment?" in *Perpetual Peace and Other Essays*, Cambridge: Hackett.

Kant, I. (1953). *Groundwork of the Metaphysics of Morals*, H. J. Paton (trans.) as *The Moral Law*, London: Hutchinson.

Kassin, S. M. (2005). "On the Psychology of Confessions: Does Innocence put Innocents at Risk?" *American Psychologist*, Vol. 60, No. 3.

Kassin, S. M. (1997). "The Psychology of Confession Evidence", *American Psychologist*, Vol. 52.

Kassin, S. M. and Gudjonsson, G. H. (2004). "The Psychology of Confession Evidence: A Review of the Literature and Issues", *Psychological Science in the Public Interest*, Vol. 5, No. 2.

Kavka, G. (1986). *Hobbesian Moral and Political Theory*, Princeton: Princeton University Press.

Kepner, T. (2000–2001). "Torture 101: The Case against the United States for Atrocities Committed by School of the America Alumni", *Dickinson Journal of International Law*, Vol. 19.

Klayman, B.M. (1978). "The Definition of Torture in International Law", *Temple Law Quarterly*, Vol. 51.

Kreps, D. (1990). *Game Theory and Economic Modeling*, Oxford: Clarendon Press.

Kukathas, C. (1989). *Hayek and Modern Liberalism*, Oxford: Clarendon Press.

Kymlicka, W. (1993). "The Social Contract Tradition", in P. Singer (ed.) *A Companion to Ethics*, Oxford: Blackwell.

Langbein, J. (2004). "The Legal History of Torture", in S.Levinson (ed.) *Torture: A Collection*, Oxford: Oxford University Press.

Laslett, P. (ed.) (1956). *Philosophy, Politics and Society*, Series 1, Oxford: Blackwell.

Laver, M. (1997). *Private Desires, Political Action*, London: Sage.

Le Grand, J. (1999). "New Approached to the Welfare State", *Political Quarterly*, Vol. 70, Special Issue.

Lehning, P. (1990). "Right Constraints? An Analysis of Gauthier's Reasoning About Morals", *Acta Politica* 25, January, 3–36.

Lessnoff, M. (1990). "Introduction: Social Contract", in M. Lessnoff (ed.) *Social Contract Theory*, Oxford: Blackwell 1990.

Lewis, A. (2004). "Making Torture Legal", *The New York Review*, 25 July.

Lichtblau, E. (2003). "U.S. Uses Terror Law to Pursue Crimes from Drugs to Swindling", *New York Times*, 28 September.

Lifton, R.J. (2004). "Doctors and Torture", *New England Journal of Medicine*, Vol. 351, No. 5.

Litke, R. (2009). "Violence and Power", in V.Bufacchi (ed.), *Violence: A Philosophical Anthology*, Basingstoke: Palgrave Macmillan.

Luban, D. (2002). "The War on Terrorism and the End of Human Rights", *Philosophy & Public Policy Quarterly*, Vol. 22, No. 3.

Lucas, J. R. (1980). *On Justice*, Oxford: Oxford University Press.

Luke, S. (1977). "Socialism and Equality", in L. Kolakpwski and S. Hampshire (eds) *The Socialist Idea: A Reappraisal,* London: Quartet Books.

MacIntyre, A. (1985). *After Virtue*, London: Duckworth 1985.

MacMaster, N. (2002). "The Torture Controversy (1998–2002): Towards a 'New History' of the Algerian War?" *Modern and Contemporary France*, Vol. 10, No. 4.

Mandel, E. (1970). *An Introduction to Marxist Economic Theory*, New York: Pathfinder Press.

Manz, B. (1988). *Refugees of a Hidden War: The Aftermath of Counterinsurgency in Guatemala*, Albany, NY: SUNY

Manz, B. (1994). "Epilogue: Excdus, Resistance, and Readjustments in the Aftermath of Massacres", in Ricardo Falla's *Massacres in the Jungle: Ixcán, Guatemala, 1975–1982*, Boulder, CO: Westview.

Maran, R. (1989). *Torture: The Role of Ideology in the French-Algerian War*, New York: Praeger.

Marquis, D. (2002). "An Argument that Abortion is Wrong", in H. LaFollette (ed.) *Ethics in Practice*, Oxford: Blackwell.

Mayer, J. (2005). "Outsourcing Torture: The Secret History of America's 'Extraordinary Rendition' ", *The New Yorker*, 14 February.

May, R. (2001). *Terror in the Countryside: Campesino Responses to Political Violence in Guatemala*, 1954–1985, Athens, OH: Ohio University Press.

McClintock, M. (1985). *The American Connection, Vol.II: State Terror and Popular Resistance in Guatemala*, London: Zed Books.

Melville, T. and Melville, M. (1971). *Guatemala: Another Vietnam?* Harmondsworth: Penguin 1971.

Menchú, R. (1984). *I, Rigoberta Menchú, An Indian Woman in Guatemala*, London: Verso 1984.

Menchú, R. (1998). *Crossing Borders*, London: Verso 1998.

Miles, S. (2004). "Abu Ghraib: Its Legacy for Military Medicine", *Lancet*, 364.

Mill, J. S. (1972). *Utilitarianism*, in *Utilitarianism, On Liberty and Considerations on Representative Government*, London: Everyman.

Mill, J. S. (1989). "On Liberty", in S. Collini (ed.) *J. S. Mill – On Liberty and Other Essays*, Cambridge: Cambridge University Press.

Mill, J. S. (1991). *On Liberty and Other Essays*, Oxford: Oxford University Press.

Miller, D. (1989). "Why Markets?" in J. le Grand and S. Estrin (eds) *Market Socialism*, Oxford: Clarendon Press.

Moher, A. (2003–2004). "The Lesser of Two Evils? An Argument for Judicially Sanctioned Torture in a Post-9/11 World", *Thomas Jefferson Law Review*, Vol. 46.

Moore, M. (1994). "Gauthier's Contractarian Morality", in D. Boucher and P. Kelly (eds) *The Social Contract from Hobbes to Rawls*, London: Routledge.

Moran, M. and Wright, M. (eds) (1991). *The Market and the State*, London: Macmillan.

Morriss, P. (1987). *Power: A Philosophical Analysis*. Manchester: Manchester University Press.

Mueller, D. (1989). *Public Choice II*, Cambridge, Cambridge University Press.

Murphy, R. (1985). "Exploitation or Exclusion?" *Sociology*, Vol.19.

Nagel, T. (1970). *The Possibility of Altruism*, Princeton: Princeton University Press.

Nelson, D. M. (1999). *A Finger in the Wound: Body Politics in Quincentennial Guatemala*, Berkeley, CA: University of California Press.

Noonan, J. (ed) (1970). *The Morality of Abortion*, Cambridge, MA: Harvard University Press.

Norman, R. (2002). "Equality, Envy, and the Sense of Injustice", *Journal of Applied Philosophy*, Vol. 19, No. 1.

Nozick, R.(1974). *Anarchy, State and Utopia*, oxford: Blackwell.

Nozick, R. (1993). *The Nature of Rationality*, Princeton, Princeton University Press.

Nussbaum, M. (1997). "Is Nietzsche a Political Thinker?" *International Journal of Philosophical Studies*, Vol. 5, No. 1.

Oakeshott, M. (1996). *The Politics of Faith and The Politics of Scepticism*, New Haven, CT: Yale University Press.

O'Neill, O. (1988). "How Can We Individuate Moral Problems?" in D. M. Rosenthal and F. Shehadi (eds) *Applied Ethics and Ethical Theory*, Salt Lake City: University of Utah Press.

O'Neill, O. (1993). "Kantian Ethics", in P. Singer (ed.) *A Companion to Ethics*, Oxford: Blackwell.

O'Neill, O. (1996). *Towards Justice and Virtue*, Cambridge: Cambridge University Press.

Oravecs, R., Hárdi, L., and Lajtai, L. (2004). "Social Transition, Exclusion, Shame and Humiliation", *Torture*, Vol. 14, No. 1.

Ordeshook, P. (1992). *A Political Theory Primer*, London: Routledge.

Ostrom, E. (1998). "A Behavioral Approach to the Rational Choice Theory of Collective Action", *American Political Science Review*, Vol. 92, No. 1, March.

Overbye, E. (1995). "Making a Case for the Rational, Self-regarding, 'Ethical' Voter ... and Solving the 'Paradox of Not Voting' in the Process", *European Journal of Political Research*, Vol. 27, No. 3.

Pals, J. L. (2004). "The Resilience of Great Ideas: Jack Block's Theoretical Contribution to Personality Psychology" [Review of the book *Personality as an Affect Processing System: Toward an Integrative Theory.*], *Contemporary Psychology*: APA Review of Books, 49.

Parry, G. (2000). "Education Can Do All", in N. Geras and R. Wokler (eds) *The Enlightenment and Modernity*, Basingstoke: Palgrave Macmillan.

Parry, J. (2004). "Escalation and Necessity: Defining Torture at Home and Abroad", in S. Levinson (ed.) *Torture: A Collection* (Oxford: Oxford University Press).

Parry, J. (2003). "What is Torture, Are We Doing It, and What if We Are?" *University of Pittsburgh Law Review*, Vol. 64.

Parry, J. and White, W. (2002). "Interrogating Suspected Terrorists: Should Torture be an Option?" *University of Pittsburgh Law Review*, Vol. 63.

Passerin d'Entreves, M. (2000). "Critique and Enlightenment: Michael Foucault on 'Was ist Aufklarung?'" in N. Geras and R. Wokler (eds) *The Enlightenment and Modernity*, Basingstoke: Palgrave Macmillan.

Perelman, C. (1963). *The Idea of Justice and the Problem of Argument*, London: Routledge & Kegan Paul.

Peters, E. (1996). *Torture* (Philadelphia, PA: University of Pennsylvania Press).

Pettit, P. (1993). "The Contribution of Analytical Philosophy", in R. Goodin and P. Pettit (eds) *A Companion to Contemporary Political Philosophy*, Oxford: Blackwell.

Plant, R. (1991). *Modern Political Thought*, Oxford: Blackwell.

Pogge, T. (2008). *World Poverty and Human Rights*, 2nd edn (London: Polity).

Posner, R. (2004). "Torture, Terrorism, and Interrogation", in S. Levinson (ed.) *Torture: A Collection* (Oxford: Oxford University Press).

Popper, K. (1988). "The Open Society and its Enemies Revisited", *The Economist*, April 23–29.

Postema, G. (1989). "Bentham on the Public Character of Law", *Utilitas*, Vol. 1, 41–61.

Przeworski, A. (1993). "Democracy as a Contingent Outcome of Conflicts", in J. Elster and R. Slagstad (eds) *Constitutionalism and Democracy* Cambridge: Cambridge University Press.

Qouta, S., Punamaki, R.-L., and Sarraj, E. E. (1997). "Prison Experiences and Coping Styles Among Palestinian Men", *Peace and Conflict*, Vol. 3, No. 1.

Rawls, J. (1958). "Justice as Fairness", *Philosophical Review*, Vol. 67.

Rawls, J. (1972). *A Theory of Justice* Oxford: Oxford University Press.

Rawls, J. (1979). "A Well-Ordered Society", in P. Laslett and J. Fishkin (eds) *Philosophy, Politics and Society*, Fifth Series, Oxford: Basil Blackwell 1979.

Rawls, J. (1980). "Kantian Constructivism in Moral Theory", *The Journal of Philosophy*, Vol. 77, No. 9.

Rawls, J. (1982). "Social Unity and Primary Goods", in A. Sen and B. Williams (eds) *Utilitarianism and Beyond*, Cambridge: Cambridge University Press.

Rawls, J. (1985). "Justice as Fairness: Political Not Metaphysical", *Philosophy and Public Affairs*, Vol. 14, No. 3.

Rawls, J. (1989a). "The Domain of the Political and Overlapping Consensus", *New York University Law Review*, Vol. 64, No. 2.

Rawls, J. (1989b). "Themes in Kant's Moral Philosophy", in E. Förster (ed.) *Kant's Transcendental Deductions*, Stanford: Stanford University Press.

Rawls, J. (1993). *Political Liberalism*, New York: Columbia University Press.

Rawls, J. (2000). *Lectures on the History of Moral Philosophy*, Cambridge, MA: Harvard University Press.

Rawls, J. (2001). *Justice as Fairness: A Restatement*, Cambridge, MA: Harvard University Press.

Raz, J. (1986). *The Morality of Freedom*. Oxford: Oxford University Press.

Reeve, A. (ed.) (1987). *Modern Theories of Exploitation*. London: Sage.

Reiman, J. (1987). "Exploitation, Force, and the Moral Assessment of Capitalism: Thoughts on Roemer and Cohen", *Philosophy and Public Affairs*, Vol. 16.

Roemer, J. (1982). *A General Theory of Exploitation and Class*, Cambridge, MA: Harvard University Press.

Roemer, J. (1988). *Free to Lose: An Introduction to Marxist Economic Philosophy*, London: Radius.

Roemer, J. (1994). *Egalitarian Perspectives: Essays in Philosophical Economics*. Cambridge: Cambridge University Press.

Roemer, J. (1994b). *A Future for Socialism*, London: Verso.

Roemer, J. (1996). *Theories of Distributive Justice*, Cambridge, MA: Harvard University Press.

Rogers, G. (1988–89). "Argentina's Obligation to Prosecute Military Officials for Torture", *Columbia Human Rights Law Review*, Vol. 20.

Rorty, R. (2005). "How Many Grains Make a Heap?" *London Review of Books*, Vol. 27, No. 2, January.

Rosenthal, D. M. and Shehadi, F. (1988). "Introduction", in D. M.Rosenthal and F.S hehadi (eds) *Applied Ethics and Ethical Theory*, Salt Lake City: University of Utah Press.

Rosselli, C. (1994). *Liberal Socialism*, Princeton: Princeton University Press.

Russell, B. (1965). "On Scientific Method in Philosophy", in H. W. Johnstone Jr. (ed.) *What Is Philosophy?* New York: Macmillan. Originally from B.Russell (1929), *Mysticism and Logic*, London: Allen & Unwin.

Sanford, V. (2003). *Buried Secrets: Truth and Human Rights in Guatemala*, Basingstoke: Palgrave Macmillan.

Saward, M. (1997). *The Terms of Democracy*, Cambridge: Polity.

Scanlon, T. (1977). "Liberty, Contract, and Contribution", in G. Dworkin et.al. (eds) *Markets and Morals*, London and New York: John Wiley & Sons.

Scanlon, T. M. (1982)."Contractualism and Utilitarianism", in A. Sen and B. Williams (eds) *Utilitarianism and Beyond*, Cambridge: Cambridge University Press.

Scanlon, T. (1988). "The Significance of Choice", Lecture 2, *The Tanner Lectures on Human Values*, VIII, ed. S. McMurrin, Cambridge: Cambridge University Press.

Scanlon, T. (1992). "The Aims and Authority of Moral Theory", *Oxford Journal of Legal Studies*, Vol. 12, No. 1.

Scanlon, T. M. (1998). *What We Owe to Each Other*, Cambridge, MA: Harvard University Press.

Scarry, E. (1985). *The Body in Pain: The Making and Unmaking of the World*, Oxford: Oxford University Press.

Scheffler, S. (1992). *Human Morality*, Oxford: Oxford University Press.

Schrepel, W. (2005). "Paras and Centurions: Lessons Learned from the Battle of Algiers", *Peace and Conflict*, Vol. 11, No. 1.

Sen, A. (1992). *Inequality Reexamined*. Cambridge, Mass.: Harvard University Press.

Sen, A. (2009). *The Idea of Justice*, London: Allen Lane.

Sexton, J.D. (1985). *Campesino: The Diary of a Guatemalan Indian*, Tucson, Arizona: University of Arizona Press.

Shapiro, L. (1972). *Totalitarianism*, London: Pall Mall.

Shatz, A. (2002). "The Torture of Algiers", *New York Review*, 21 November.

Shklar, J. (1990). *The Faces of Injustice*, New Haven, CT: Yale University Press.

Shue, H. (2003). "Response to Sanford Levinson", *Dissent*, Vol. 50, No. 3.

Shue, H. (1977–1978). "Torture", *Philosophy and Public Affairs*, Vol. 7, reprinted in S. Levinson (ed.) *Torture: A Collection*, Oxford: Oxford University Press.

Simon, T. (1995). *Democracy and Social Injustice*, Lanham, MD: Rowman & Littlefield.

Simon, Thomas (2005). "Genocide, Evil, and Injustice: Competing Hells", in John K. Roth (ed.) *Genocide and Human Rights*, Basingstoke: Palgrave Macmillan.

Singer, P. (1972). "Moral Experts", *Analysis*, Vol. 32.

Singer, P. (1975). *Animal Liberation*. New York: Random House.

Singer, P. (1979). *Practical Ethics*, Cambridge: Cambridge University Press, 1979.

Singer, P. (2000). *Writings on an Ethical Life*, London: Fourth Estate.

Soames, S. (2003). *Philosophical Analysis in the 20th Century*; Vol. 1, *The Dawn of Analysis*, Vol. 2, *The Age of Meaning*. Princeton, NJ: Princeton University Press.

Stallybrass, P. and White, A. (1987). *The Politics and Poetics of Transgression*. Ithaca, NY: Cornell University Press.

Steiner, H. (1984). "A Liberal Theory of Exploitation", *Ethics*, Vol. 94, No. 2.

Steiner, H. (1987). "Exploitation: A Liberal Theory Amended, Defended and Extended", in A. Reeve (ed.), *Modern Theories of Exploitation*. London: Sage.

Steiner, H. (1994). *An Essay on Rights*, Oxford: Blackwell.

Stewart, H. (2005). "A Nation of Bransons? That's Rich", *Observer*, 28 August.

Stockdale, J. B. (2001). "Courage under Fire", in Department of Philosophy and Fine Arts, United States Military Academy (eds.), *Moral Dimensions of the Military Profession*, 5th edn, New York: Forbes Custom Publishing.

Strategy Page, The (2005). "Intelligence Operations: The Opposite of Torture at Abu Ghraib", *The Strategy Page* 19 April.

Strauss, M. (2003–2004). "Torture", *New York Law School Law Review*, Vol. 48.

Sung, C. (2003). "Torturing the Ticking-bomb Terrorist: An Analysis of Judicially Sanctioned Torture in the Context of Terrorism", *Boston College Third World Law Journal*, Vol. 23.

Sun Tzu (1963). *The Art of War*, S. B. Griffeth translator, Oxford: Oxford University Press.

Sussman, D. (2005). "What's Wrong with Torture?" *Philosophy & Public Affairs*, Vol. 33, No. 1.

Taylor, T. (1993). *The Rise and Fall of Totalitarianism in the 20th Century*, New York: Paragon House.

Teather, D. (2005). "US Poverty Figure Rises for 4th Year", *Guardian*, 31 August.

Thomas, L. (1988). "Moral Motivations: Kantians versus Humeans (and evolution)", *Midwest Studies in Philosophy*, Vol. 12, 367–383.

Thomson, J. J. (2002). "A Defense of Abortion", in H. LaFollette (ed.) *Ethics in Practice*, Oxford: Blackwell.

Tindale, C. (1996). "The Logic of Torture: A Critical Examination", *Social Theory and Practice*, Vol. 22, No. 3.

Toliver, R. (1997). *The Interrogator: the Story of Hans-Joachim Scharff, Master Interrogator of the Luftwaffe*, Atglen, PA: Schiffer.

Tsebelis, G. (1990). *Nested Games: Rational Choice in Comparative Politics*, Berkeley: University of California Press.

Tuck, R. (1989). *Hobbes*, Oxford: Oxford University Press.

Tumin, M. (1952). *Caste in a Peasant Society*, Princeton: Princeton University Press.

Twining, W. L. and Twining, P. E. (1973). "Bentham on Torture", *Northern Ireland Law Quarterly*, Vol. 24, No. 3.

Udehn, L. (1996). *The Limits of Public Choice: A Sociological Critique of the Economic Theory of Politics*, London: Routledge.

Uhlaner, C. (1989). "Rational Turnout: The Neglected Role of Groups", *American Journal of Political Science*, Vol. 33, No. 2.

US Senate (1977). "Select Committee on Intelligence and Subcommittee on Health and Scientific Research of the Committee on Human Resources", *Project MKULTRA: the CIA's Program of Research in Behavioral Modification*, Washington, DC: U.S. Government Printing Office.

Van Gerwen, J. (2002). "Three Methods in Applied Ethics", in R. Chadwick and D. Schroeder (eds) *Applied Ethics: Critical Concepts in Philosophy. Vol.I: Nature and Scope*. London: Routledge.

Van Parijs, P. (1995). *Real Freedom for All: What (If Anything) Can Justify Capitalism?* Oxford: Oxford University Press.

Vesti, P., and Somnier, F. E. (1994). "Doctor Involvement in Torture: A Historical Perspective", *Torture*, Vol. 4, No. 3.

Waldron, J. (1988). *The Right to Private Property*, Oxford: Clarendon.

Waldron, J. (1993). "Theoretical Foundations of Liberalism", in his *Liberal Rights: Collected Papers 1981–1991*, Cambridge: Cambridge University Press.

Walzer, M. (1983). *Spheres of Justice*, Oxford: Blackwell.

Warren, K. D. (1978). *The Symbolism of Subordination: Indian Identity in a Guatemalan Town*, Austin: University of Texas Press.

Warren, M. A. (2002). "On the Moral and Legal Status of Abortion", in H.LaFollette (ed.) *Ethics in Practice*, Oxford: Blackwell.

Washigton Times (2005). Editorial, "Towards a Realistic Interrogation Policy", *Washington Times*, 11 March.

Wechsler, L. (1991). *A Miracle, a Universe: Settling Accounts with Torturers*, New York: Penguin.

Weinstein, H. M. (1990). *Psychiatry and the CIA: Victims of Mind Control*, Washington, DC: American Psychiatric Press.

Wokler, R. (1994). "Projecting the Enlightenment", in J. Horton and S. Mendus (ed.) *After MacIntyre*, Cambridge: Polity Press.

Wood, A. W. (1995). "Exploitation", *Social Philosophy and Policy*, Vol. 12, No. 2, 132–148.

Woozley, A. D. (1973). "Injustice", *American Philosophical Quarterly*, Monograph No. 7.

World Bank, The (2003) *Poverty in Guatemala: A World Bank Country Study*, The World Bank, 1 December.

Young, Iris M. (1990). *Justice and the Politics of Difference*, Princeton, NJ: Princeton University Press.

Zeeberg, N. (1998) "Torture – A Public Health Puzzle in Europe", *Torture*, Vol. 8, No. 4a (Suppl. 1).

索 引[①]

---

① 本索引按原书索引顺序排列，条目所注页码为原书页码，即正文中的边码。——编者注